信息学竞赛入门篇

信息学名师工作室
主 编

清华大学出版社
北 京

内容简介

本书是一本关于信息学竞赛入门的图书,全书包括计算机程序设计 C++语言和基础数据结构及基础算法两篇,共 16 章。第一篇包括 C++编程入门、顺序结构、选择结构、循环结构、数组、字符串、函数与函数递归、结构体与文件;第二篇包括队列、栈、简单的排序、顺序查找与二分查找、枚举算法、贪心法、递推以及常用库函数。本书语言描述通俗易懂,通过知识讲解努力帮助读者形成编程思维和计算思维,提升创造力、想象力和分析问题、解决问题的能力。本书可作为信息学入门学习用书,也可为开展编程教育的中小学教师提供参考。

图书在版编目(CIP)数据

信息学竞赛入门篇/信息学名师工作室主编. —北京:清华大学出版社,2021.6(2023.11 重印)
ISBN 978-7-302-58463-6

Ⅰ. ①信… Ⅱ. ①信… Ⅲ. ①计算机课-中小学-教学参考资料 Ⅳ. ①G634.673

中国版本图书馆 CIP 数据核字(2021)第 111746 号

责任编辑:聂军来
封面设计:常雪影
责任校对:刘　静
责任印制:沈　露

出版发行:清华大学出版社
网　　　址:https://www.tup.com.cn,https://www.wqxuetang.com
地　　　址:北京清华大学学研大厦 A 座　　　　邮　　编:100084
社 总 机:010-83470000　　　　邮　　购:010-62786544
投稿与读者服务:010-62776969,c-service@tup.tsinghua.edu.cn
质量反馈:010-62772015,zhiliang@tup.tsinghua.edu.cn
印 装 者:三河市龙大印装有限公司
经　　销:全国新华书店
开　　本:185mm×260mm　　　印　张:18.5　　　字　数:424 千字
版　　次:2021 年 7 月第 1 版　　　印　次:2023 年 11 月第 4 次印刷
定　　价:76.00 元

产品编号:088788-02

本书编委会

主　任

张晓虎

副主任

刘　然

顾　问

王　宏　　尹宝林　　赵启阳　　蒋婷婷　　韩文弢

主　编

贾志勇　　叶金毅　　杨森林　　胡伟栋

编　委（按姓氏笔划排序）

孙梦嫽　　李天轶　　谷多玉　　佟松龄

张　军　　张　珊　　郭培培　　韩冬兵

前言

PREFACE

随着以计算机技术为基础的现代信息技术逐步深入到社会生活的方方面面,利用计算机程序解决问题对现代科技发展的推动作用日益凸显。计算机软硬件核心技术对我国科技发展十分重要,特别是近年来科技领域国际分工出现的新情况,让我们感受到,必须在关键领域下功夫,力争实现整体科技水平从跟跑向并跑、领跑的战略性转变。要实现这一转变,我们需要从基础学科、基础教育抓起。

学习计算机编程是步入信息技术领域的关键一步,也是了解计算机思维的重要入口,是中小学生了解计算机世界的一个良好载体。本书旨在为中小学生学习计算机编程,初探信息学竞赛提供系统指导,其特点是从学习者的角度出发,尽量避免片面强调学术性和全面性,通过精炼的知识要点,使零基础的学习者能够读懂掌握计算机编程。本书还考虑了中小学生学习基础学科知识内容的范围,强调编程与中小学数学思维相结合,增强了编程的趣味性和实用性,可以更好地引导初学者循序渐进地学习与编程相关的语法和算法知识,从而有效提升编程实践能力和计算思维能力,为后续深入学习算法和人工智能相关知识奠定良好的基础。

本书是信息学名师工作室教师集体智慧的结晶,凝聚了多位老师的心血。本书由清华大学计算机科学与技术系副教授王宏,原北京航空航天大学计算机学院教授、博士生导师尹宝林,北京航空航天大学计算机学院硕士生导师赵启阳,北京大学信息科学技术学院副教授蒋婷婷,清华大学计算机科学与技术系助理研究员韩文弢担任顾问。由北京市第八十中学贾志勇、中国人民大学附属中学叶金毅、首都师范大学附属中学杨森林、北京师范大学附属实验中学胡伟栋担任主编,具体编写分工如下:第1、2、3、8、13章由贾志勇编写;第4、7章由叶金毅编写;第5、6章由中国人民大学附属中学佘多玉编写;第9章由首都师范大学附属中学孙梦燎编写;第10章由杨森林编写;第11章由北京市广渠门中学李天轶编写;第12章由北京师范大学附属实验中学韩冬兵编写;第14章由北京师范大学附属实验中学郭培培编写;第15、16章由中国人民大学附属中学佟松龄编写。全书由贾志勇统稿,胡伟栋校正,叶金毅、杨森林以及北京青少年科技中心张军、张珊负责本书课件以及相关教学资源制作。

　　由于编者水平有限,书中难免存在不足之处,敬请各位同行和广大读者批评、指正。

编　者

2021 年 6 月

本书勘误及教学资源更新

目录
CONTENTS

第二篇 基础数据结构及基础算法

◆ 第一篇

计算机程序设计C++语言

第1章 C++编程入门

1.1 C++程序设计语言简介

C++是一种面向对象程序设计语言,在 C 语言的基础上发展而来,但它比 C 语言更容易学习和掌握。C++以其独特的语言机制在计算机科学的各个领域中得到了广泛应用。C++具有如下特点。

(1)继承自 C 语言的优点:语言简洁、紧凑,使用方便、灵活;拥有丰富的运算符;生成的目标代码质量高,程序执行效率高;可移植性好等。

(2)对 C 语言进行的改进:编译器更加严格,增加引用的概念,引入 const 常量和内联函数,取代宏定义等。

(3)同时支持面向过程和面向对象的方法:在 C++环境下既可以进行面向对象的程序设计,也可以进行面向过程的程序设计。因此,C++也具有数据封装和隐藏、继承和多态等面向对象的特征。

1.2 C++语言下载和安装

Dev-C++(也叫 Dev-Cpp)是一个基于 Windows 的可视化集成开发环境,可以用此软件实现 C/C++程序的编辑、预处理/编译/链接、运行和调试。从 Dev-C++官方网站上下载符合系统要求的相关版本(32 位或 64 位),双击可执行文件进行安装,如图 1-1 所示。

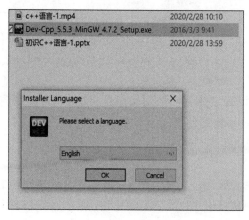

图 1-1 C++安装

安装完 Dev-C++后,可以通过双击桌面快捷方式或单击任务栏图标打开 Dev-C++,也可以通过"开始"菜单打开 Dev-C++,如图 1-2 所示。

图 1-2　打开 Dev-C++

运行 Dev-C++后,系统默认的是英文界面,如图 1-3 所示,可以通过菜单栏的工具选项将英文版转换成中文版。

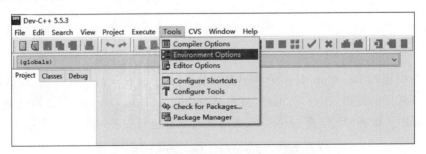

图 1-3　Dev-C++系统界面

具体操作:Tools→Enviroment Options→General→Language 选择"简体中文/Chinese",如图 1-4 和图 1-5 所示。

接下来,主要任务是设置字体、字号、语法颜色、代码风格和缺省源。建议初学者设置字号为 20,修改缺省源代码,其他都使用默认设置。

修改字号方法为单击"工具"→"编辑器选项"→"显示"→"大小",如图 1-6 和图 1-7 所示。

修改缺省源代码方法为代码→"缺省源",输入如图 1-8 所示内容。

新建源代码需要使用快捷键 Ctrl+N,如图 1-9 所示,经过以上四步完成了编程的初始化工作。

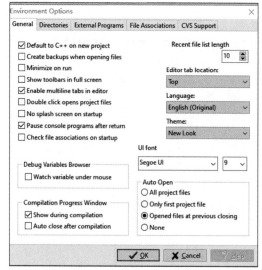

图 1-4　设置中文界面 1

图 1-5　设置中文界面 2

图 1-6　修改字号 1

图 1-7　修改字号 2

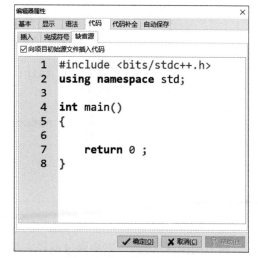

图 1-8　修改"缺省源"代码

图 1-9   新建源代码

1.4   程序框架

要想运行 C++语言必须建立一个基础程序框架,包括添加头文件和一个主函数,如图 1-10 所示,图中各语句含义如下。

(1) ♯include < bits/stdc++.h >:万能头文件,在编程中也可以添加其他头文件,比如< iostream >等。

(2) using namespace std:使用标准的名字空间。

(3) int main():一个 C++程序必须有一个主函数 main(),int 代表整数类型。

(4) return 0:函数的返回值是 0,代表主函数正常结束。

```cpp
#include <bits/stdc++.h>
using namespace std;

int main()
{

    return 0 ;
}
```

图 1-10   C++程序框架

输入完程序代码后,需要通过编译来检测程序的正确性,有两个重要步骤。

(1) 保存程序,方法为单击"文件"→"保存"(或按快捷键 Ctrl+S),设置相关路径和文件名称。

（2）运行程序,方法为单击"运行"→"编译运行"（或按快捷键 F11）,如图 1-11 所示。若程序代码正确,则会显示如图 1-12 所示的界面。

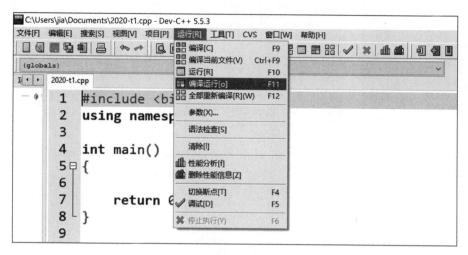

图 1-11　编译

图 1-12　编译完成

1.5　基础语法

1.5.1　标识符

标识符即自定义变量名,由字母、数字、下画线和 $ 组成,并且标识符开头不能是数字。C++关键字不能作为标识符。标识符的长度没有限制,但区分大小写。标识符命名应做到见名知意。

正确的变量名如：year、Day、ATOK、x1、_、CWS、_change_to。

不正确的变量名如：#123、COM、1996Y、1_2_3、Win3.2。

1.5.2　C++的关键字

C++的关键字如表 1-1 所示。

表 1-1　C++的关键字

asm	do	if	return	try
auto	double	inline	short	typedef
bool	dynamic_cast	int	signed	typeof
break	else	long	sizeof	typename
case	enum	mutable	static	union
catch	explicit	namespace	static_cast	unsigned
class	extern	operator	switch	virtual
const	false	private	template	void
const_cast	float	protected	this	volatile
continue	for	public	throw	wchar_t
default	friend	register	true	while
delete	goto	reinterpret_cast		

1.5.3　常量和常变量

常量是固定值,在程序执行期间不会改变。常量可以是任何的基本数字类型,可分为整型数字、浮点数字、字符、字符串及布尔值等。

C++语言中 const 允许指定一个语义约束,编译器会强制实施这个约束,允许程序员告诉编译器某值是保持不变的。例如:

```
const int a = 20;
int b = a;                          //正确
a = 55;                             //错误,不能改变
```

不能给常量赋值,因为常变量不允许作为赋值语句的左值。

定义符号常量:# define PI 3.1415926　　　　　　//注意语句后面没有分号

定义常变量:const float PI = 3.1415926;

1.5.4　变量

变量是指可以发生变化的量,使用一个名称表示一个数值。变量要先声明才可以赋值,进而参与运算。变量的较为专业的解释是程序可操作的存储区的名称。C++中每个变量都有指定的类型,类型决定了变量存储的大小和布局,该范围内的值都可以存储在内存中。

变量的名称应遵循标识符命名规则。

```
# include < iostream >
using namespace std;
int main () {
    //变量定义
    int a, b;
    int c;
    double f;

    //实际初始化
```

```
        a = 10;
        b = 20;
        c = a + b;
        cout << c << endl ;
        f = 70.0/3.0;
        cout << f << endl ;
        return 0;
    }
```

当上面的代码被编译和执行时，它会产生下列结果：

```
30
23.3333
```

赋值语句只能由右值赋值给左值。变量可以作为左值，也可以作为右值，即它可以出现在赋值号（等号）的左边，也可以出现在赋值号的右边。当变量是左值时，代表被等号右边的数据赋值；当变量是右值时，代表将其存储的数据赋给等号左边的变量。

数值型数据只能是右值，不能作为左值被赋值，因此不能出现在赋值号的左边。

下面是一个有效的语句：

```
int g = 20;
```

但是下面这个就不是有效的语句，编译时会产生错误：

```
10 = 20;
```

1.5.5　变量类型

C++的变量类型如表 1-2 所示。

表 1-2　C++的变量类型

类型	关　键　字	所占空间	范　　围
布尔型	bool	1 个字节	0 和 1
字符型	char	1 个字节	$-128 \sim 127$ 或者 $0 \sim 255$
	unsigned char	1 个字节	$0 \sim 255$
	int	4 个字节	$-2^{31}(-2147483648) \sim 2^{31}-1(2147483647)$
	unsigned int	4 个字节	$0 \sim 2^{32}-1(4294967295)$
	short	2 个字节	$-2^{15}(-32768) \sim 2^{15}-1(32767)$
	unsigned short	2 个字节	$0 \sim 2^{16}-1(65535)$
	long long	8 个字节	$-2^{63}(-9.2233720368548e+18) \sim 2^{63}-1(9.2233720368548e+18)$
	unsigned long long	8 个字节	$0 \sim 18446744073709551615$
	float	4 个字节	单精度型占 4 个字节（32 位）内存空间，$+/-3.4e+/-38$（精确到 6～7 位小数）
	double	8 个字节	双精度型占 8 个字节（64 位）内存空间，$+/-1.7e+/-308$（精确到 15 位小数）
	long double	16 个字节	长双精度型 16 个字节（128 位）内存空间（精确到 18～19 位小数）

1.5.6　typedef 声明

可以使用 typedef 为一个已有的类型起一个新的名字。下面是使用 typedef 定义一个新类型的语法：

```
typedef type newname;
```

例如，下面的语句会告诉编译器，feet 是 int 的另一个名称：

```
typedef int feet;
```

下面的声明是创建一个整型变量 distance：

```
feet distance;
```

1.5.7　表达式书写

所有表达式都具有数值，特别是对于赋值表达式，表达式的数值是最右边的数值。如 $a=b=5$；该表达式为 5，常量不可以赋值。使用圆括号"()"可以改变运算顺序，并且所有的括号嵌套都是()。

下面是将数学公式转换成 C++ 可以运行的表达式。

$$X=\frac{2+3\sqrt{2}}{4-3*2}$$

```
X = (2 + 3 * sqrt(2))/(4 − 3 * 2)
```

说明：sqrt()是计算平方根函数。

$$X_1=\frac{-b+\sqrt{b^2-4ac}}{2a}$$

$$X_2=\frac{-b-\sqrt{b^2-4ac}}{2a}$$

```
X1 = ( − b + sqrt(b * b − 4 * a * c))/(2 * a)
X2 = ( − b − sqrt(b * b − 4 * a * c))/(2 * a)
```

1.5.8　输入/输出流

C++ 的输出和输入是用流（stream）的方式实现的，如图 1-13 所示。

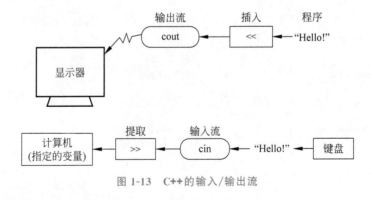

图 1-13　C++的输入/输出流

cout 语句的一般格式为

cout <<表达式 1 <<表达式 2 <<…<<表达式 n;

cin 语句的一般格式为

```
cin>>变量1>>变量2>>…>>变量n;
```

一个 cout 语句可以写成一行,如

```
cout <<"This is a simple C++program."<< endl;
```

也可以写成多个 cout 语句,即

```
cout <<"This is ";                    //语句末尾有分号
cout <<"a C++";
cout <<"program.";
cout << endl;
```

不能用一个插入运算符同时插入多个输出项,如

```
cout << a,b,c;                        //错误,不能一次插入多项
cout << a + b + c;                    //正确,这是一个表达式,作为一项
```

在用 cout 输出时,用户不必告诉计算机按何种类型输出,系统会自动判别输出数据的类型,从而使输出的数据按相应的类型输出。如已定义 a 为 int 型,b 为 float 型,c 为 char 型,则"cout << a <<' '<< b <<' '<< c << endl;"语句可以自动输出不同的类型。

1.5.9　scanf 输入语句

scanf 的输入语句如表 1-3 所示。

表 1-3　scanf 输入语句

语　句	备　注
scanf("%d%d",&a,&b);	输入两个整数,%d 代表整数,&a 代表接收数据给变量 a
scanf("%lld",&a);	输入一个 long long 类型的数据
scanf("%f",&a);	输入一个 float 类型的数据
scanf("%lf",&a);	输入一个 double 类型的数据
scanf("%s",a);	输入一个字符数组,第一个位置是 a[0]
scanf("%s",a+1);	输入一个字符数组,第一个位置是 a[1]
scanf("%s", &a[0]) ;	输入一个字符串 string a
scanf("%c",&a);	输入一个字符
scanf("%2d",&a);	输入两个宽度的整数

1.5.10　printf 输出语句

(1) 如果 int a=5,观察输出结果,如表 1-4 所示。

表 1-4　int a=5 的输出结果

语　句	输　出　结　果	备　注
printf("test %d",a);	test 5	
printf("test %10d",a);	test 5	a 所占场宽是 10
printf("test %-10d",a);	test 5	a 场宽 10,左对齐
printf("test%010d",a);	test0000000005	a 场宽 10,前面空位用 0 填补

（2）如果 double a＝12.24675，输出结果如表 1-5 所示。

表 1-5　double a＝12.24675 的输出结果

语　　句	输 出 结 果	备　　注
printf("test %7.2lf",a);	test　　12.25	a 所占场宽是 7，小数点占一位，小数后保留 2 位，四舍五入

（3）如果 int a＝10，b＝5，输出结果如表 1-6 所示。

表 1-6　int a＝10，b＝5 的输出结果

语　　句	输 出 结 果	备　　注
printf("test % * d",a,b);	test　　　5	a＝10 相当于"%10d"，可以动态地控制场宽

（4）如果 long long a＝1234567890123，输出结果如表 1-7 所示。

表 1-7　long long a＝1234567890123 的输出结果

语　　句	输 出 结 果	备　　注
printf("test %lld",a);	test　1234567890123	

与 cin 和 cout 有所区别，scanf 和 printf 语句需要指定数据类型进行输入/输出，用不同的符号，如"%d""%f"代表输入或输出整数、浮点数这样不同类型的数据。

1.6　基础题目

1.6.1　Hello World

【题目描述】

编程，在屏幕上显示"Hello World!"。

【编程建议和解释】

（1）语句结尾的分号代表一条语句结束。

（2）include 的前面有个♯。

（3）cout 是输出流，用于显示输出结果，注意<<的方向。

（4）注释语句的方法：/ * …… * /可以注释一段语句，//可以注释一行语句。

【参考代码】

```
# include < iostream >
using namespace std;
int main()
{
    cout <<"Hello World!" ;    //本行是注释,用于显示字符串,引号里的文字原封不动显示出来
    return 0;
}
```

续表

顺　序	处　　理	变量 A 的值	变量 B 的值	变量 C 的值
步骤 3	$C=A$	18	10	18
步骤 4	$A=B$	10	10	18
步骤 5	$B=C$	10	18	18
步骤 6	输出 A 和 B 的值	10	18	18

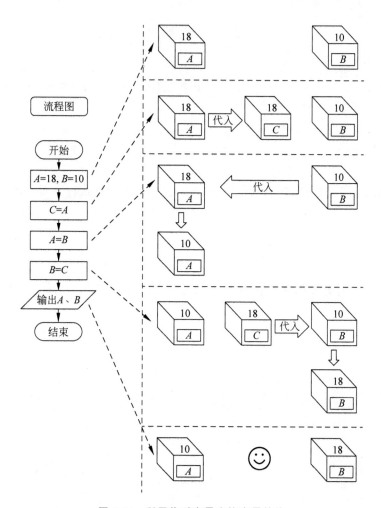

图 1-14　利用临时变量交换变量的值

1.6.5　用函数交换两个变量的值

【题目描述】

输入两个整数,分别是 a 和 b,输出交换之后的结果。

【样例】

输入:

3　5

输出：

5　3

【问题分析】

swap()函数是 C++系统提供的函数,功能是交换变量值。

【参考代码】

```cpp
#include <iostream>
using namespace std;
int main()
{
    int a,b;
    cin >> a >> b;
    swap(a,b);                     //swap()是系统提供的函数,用于交换两个变量值
    cout << a << " " << b << endl;
    return 0;
}
```

【拓展】

关于交换两个变量的值,还有其他实现方法,比如按照顺序执行下面三条语句:

```cpp
a = a + b;
b = a - b;
a = a - b;
```

请举一反三写出更多实现方法,模仿上面三条语句,可以使用一、*、\和^等运算符完成交换。

第2章 顺序结构

2.1 顺序结构的定义

顺序结构最简单的是程序设计，只要按照解决问题的顺序写出相应的语句即可，它的执行顺序是自上而下，依次执行，如图 2-1 所示。

顺序结构可以独立使用，构成一个简单的完整程序，常见的输入、计算、输出三部曲的程序就是顺序结构，例如计算圆的面积，其程序的语句顺序就是输入圆的半径 r，计算 $s = 3.14159 * r * r$，输出圆的面积 s。不过，大多数情况下顺序结构都是作为程序的一部分，与其他结构一起构成一个复杂的程序，例如分支结构中的复合语句、循环结构中的循环体等。

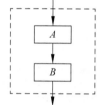

图 2-1　顺序结构程序执行顺序

2.2 基础题目

2.2.1 计算面积

【题目描述】

计算正方形面积(a^2)，长方形面积 ($a * b$)，圆形面积(πr^2)，梯形面积$[(a+b) * h/2]$，代码如下。

```cpp
#include <iostream>
#include <algorithm>
using namespace std;
const double pi = 3.1415926;
int main()
{
    double a,b,r,s,h;
    cin >> a >> b;
    cout << a * a << endl;          //正方形面积
    cout << a * b << endl;          //长方形面积
    cin >> r;                       //输入圆的半径
    cout << pi * r * r << endl;     //圆的面积
    cin >> h;
```

```
        cout <<(a + b) * h/2 << endl;              //梯形的面积
        return 0;
    }
```

2.2.2　表达式

【题目描述】

求一元二次方程的根,其中 $a=2,b=24,c=7$。

【数学知识】

只含有一个未知数(一元),并且未知数项的最高次数是 2(二次)的整式方程叫作一元二次方程。一元二次方程经过整理都可化成一般形式 $ax^2+bx+c=0(a\neq0)$。数学函数 sqrt,代表平方根。根号里面数值要求大于或等于 0。

求根公式如下:

$$x=\frac{-b\pm\sqrt{b^2-4ac}}{2a}$$

【参考代码】

```cpp
# include < iostream >
# include < algorithm >
# include < math. h >
using namespace std;
const double pi = 3.1415926;
int main() {
    int a,b,c,d;
    double x1,x2;
    a = 2, b = 24, c = 7 ;
    d = b * b - 4 * a * c;
    x1 = ( - b + sqrt(d))/(2 * a);
    x2 = ( - b - sqrt(d))/(2 * a);
    cout << x1 <<" "<< x2 << endl;
    return 0;
}
```

2.2.3　数字拆分

【题目描述】

求任意三位数的数字和。

【除法和求余数使用技巧】

(1) $n=n/10$ 删除 n 的最后一位。

(2) $n=n/100$ 删除 n 的后两位。

(3) $m=n\%10$ 取得 n 的最后一位。

【参考代码】

```cpp
# include < iostream >
using namespace std;
```

```
int main()
{
    int n,a,b,c;
    cin >> n;
    a = n % 10;
    b = n / 10 % 10;
    c = n / 100;
    cout << a + b + c;
    cout << endl;
    return 0;
}
```

2.2.4 计算售价

【题目描述】

已知一辆自行车的售价是 300 元,请编程计算 a 辆自行车的总价是多少?

【分析】

若总售价用 m 来表示,则这个问题可分为以下几步处理。

(1) 从键盘输入自行车的数目 a。

(2) 用公式 $m = 300 * a$ 计算总售价。

(3) 输出计算结果。

【参考代码】

```
#include <bits/stdc++.h>
using namespace std;
int main()
{
    int a,m ;
    cin >> a ;
    m = 300 * a ;
    cout << m << endl;
    return 0 ;
}
```

2.2.5 立方与平方

【题目描述】

自然数的立方可以表示为两个整数的平方之差,比如 $4^3 = 10^2 - 6^2$,请输出自然数 1996 的这种表示形式(这里的 4^3 用自乘三次的形式 $4 * 4 * 4$ 表示;10^2 也用自乘二次的形式 $10 * 10$ 表示)。

【分析】

此题没有现成的计算公式能直接利用,但可以自行推出处理方法或构建适当的运算公式,按照构想的处理方案编排出各步骤。

设这个自然数为 n,两个平方数分别为 x、y,将问题表示为求 $n^3 = x^2 - y^2$。

① 先找出 x 的值,仔细观察题中的示例,用数学方法归纳可得出 $x = n * (n+1)/2$(构

成本题可用的计算公式）。

　　② 再仔细观察，发现 y 值比 x 小一个 n 值，即 $y=x-n$。

　　③ 输出等式 $n^3=x^2-y^2$ 或 $n*n*n=x*x-y*y$。

【参考代码】

```
#include<iostream>
using namespace std;
int main()
{
    int x,y,n;
    n=1996;
    x=n*(n+1)/2;
    y=x-n;
    cout<<n<<" * "<<n<<" * "<<n<<" = "<<x<<" * "<<x<<" - "<<y<<" * "<<y;
    return 0;

}
```

2.2.6　分钱游戏

【题目描述】

　　甲、乙、丙三人共有 24 元钱，先由甲分钱给乙、丙两人，所分给的钱数与各人已有钱数相同；接着由乙分给甲、丙，分法同前；再由丙分钱给甲、乙，分法也同前。经上述三次分钱之后，每个人的钱数恰好一样多。求原先每个人的钱数分别是多少？

【分析】

　　设甲、乙、丙三人的钱数分别为 a、b、c。用倒推（逆序）算法，从最后结果入手，按反相顺序，分步骤推算出每次每个人当时的钱数（在每个步骤中，每个人钱数分别存在 a、b、c 中）。

　　① $a=8$ $b=8$ $c=8${这是最后结果的钱数，三人都一样多}

　　② $a=a/2(=4)$　$b=b/2(=4)$　$c=a+b+c(=16)${a、b 未得到丙分给的钱时，只有结果数的一半；c 应包含给 a、b 及本身数三者之和}

　　③ $a=a/2(=2)$　$c=c/2(=8)$　$b=a+b+c(=14)${a、c 未得到乙分给的钱时，只有已有数的一半；b 应包含给 a、c 及本身数三者之和}

　　④ $b=b/2(=7)$　$c=c/2(=4)$　$a=a+b+c(=13)$

　　c 未得到甲分给的钱时，只有已有数的一半；a 应包含给 b、c 及本身数三者之和。

　　⑤ 输出 $a(=13)$　$b(=7)$　$c(=4)${此时的 a、b、c 就是三人原先的钱数}

【参考代码】

```
#include<iostream>
using namespace std;
int main()
{
    int a,b,c;
    a=b=c=24/3;
    a=a/2;      b=b/2;      c=a+b+c;
    a=a/2;      c=c/2;      b=a+b+c;
    b=b/2;      c=c/2;      a=a+b+c;
    cout<<"甲原有钱数是："<<a<<endl;
    cout<<"乙原有钱数是："<<b<<endl;
```

```
    cout <<"丙原有钱数是： "<< c << endl;
    return 0;
}
```

2.2.7 鸡兔同笼

【题目描述】

笼子里同时有鸡和兔，已知鸡和兔共有头 30 个，脚 90 只，笼中的鸡和兔各有多少只？

【分析】

设鸡为 j 只，兔为 t 只，头的数量为 h，脚的数量为 f，则

$$j + t = 30 \qquad\qquad ①$$
$$2 * j + 4 * t = 90 \qquad\qquad ②$$

解此题暂不必采用数学上直接解方程的办法，可采用假设条件与逻辑推理的办法。

假设笼中 30 个头全都是兔，那么都按每头 4 只脚计算，总脚数为（$4 * h$），与实际脚数（f）之差为（$4 * h - f$），如果这个差等于 0，则笼中全是兔（即鸡为 0 只）；如果这个差大于 0，说明多计算了脚数，凡是鸡都多算了两只脚，用它除以 2 就能得到鸡的只数，处理步骤如下。

① $j = (4 * h - f)/2$ ｛先用脚数差值除以 2 算出鸡的只数｝
② $t = h - j$ ｛再用总头数减鸡数算出兔的只数｝

按此方法，这两步运算必须注意先后顺序才符合运算逻辑。

【参考代码】

```
# include< iostream >
using namespace std;
int main()
{
    int j,t,h,f;
    h = 30; f = 90;
    j = (4 * h - f)/2;
    t = h - j;
    cout <<"鸡: "<< j << endl;
    cout <<"兔: "<< t << endl;
    return 0;
}
```

2.3 顺序结构习题

（1）求如图 2-2 所示，边长为 5.6 的正方体表面积［正方体表面积＝（边长 * 边长）* 6］。

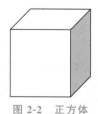

图 2-2 正方体

【参考代码】

```
# include < iostream >
using namespace std;
int main( )
{
    double s , a = 5.6 ;
    s = a * a * 6 ;
    cout << s << endl;
    return 0;
}
```

（2）已知图 2-3 圆柱体的高为 12，底面圆的半径为 7，求圆柱体表面积。（圆柱体表面积：$s = 2\pi r^2 + 2\pi r * h$）

图 2-3　圆柱体

【参考代码】

```
# include < iostream >
using namespace std;
const double pi = 3.1415926 ;
int main( )
{
    double s , h = 12 , r = 7 ;
    s = 2 * pi * r * r + 2 * pi * r * h;
    cout << s << endl;
    return 0;
}
```

（3）计算某次考试某同学语文、数学、英语和计算机四科的总成绩与平均成绩。

【参考代码】

```
# include < iostream >
using namespace std;
int main( )
{
    double a,b,c,d , sum , ave ;
    cin >> a >> b >> c >> d ;
    sum = a + b + c + d ;
    ave = sum / 4 ;
    printf(" % lf    % lf\n", sum , ave ) ;
    return 0;
}
```

（4）已知△ABC 中的三边长 a、b、c 分别为 25.76、74.03、59.31，求△ABC 的面积。

（参考海伦公式：$s = \sqrt{p(p-a)(p-b)(p-c)}$，其中 $p = (a+b+c)/2$）

【参考代码】

```
# include < iostream >
# include < math. h >
using namespace std;
int main()
{
    double a = 25.76 , b = 74.03 , c = 59.31 , s , p ;
    p = (a + b + c) / 2 ;
    s = sqrt( p * (p − a) * (p − b) * (p − c) ) ;
    cout << s << endl;
    return 0;
}
```

（5）第一位朋友带来了很多糖块赠送给各位朋友,使每人的糖块在各自原有的基础上增加了一倍;接着第二位好友也同样向每人赠送糖块,他同样使每人的糖块在各人已有的数量上增加了一倍;第三、第四、第五位好友都照此办理。经过这样的赠送之后,每人的糖块恰好都为32块。问各位好友原先的糖块数分别是多少?

【参考代码】

```
# include < iostream >
using namespace std;
int main()
{
    int a, b, c, d, e;
    a = b = c = d = e = 32;
    a = a/2;    b = b/2;    c = c/2;    d = d/2;    e = a + b + c + d + e;
    a = a/2;    b = b/2;    c = c/2;    e = e/2;    d = a + b + c + d + e;
    a = a/2;    b = b/2;    d = d/2;    e = e/2;    c = a + b + c + d + e;
    a = a/2;    c = c/2;    d = d/2;    e = e/2;    b = a + b + c + d + e;
    b = b/2;    c = c/2;    d = d/2;    e = e/2;    a = a + b + c + d + e;
    cout << a <<" "<< b <<" "<< c <<" "<< d <<" "<< e;
    return 0;
}
```

第3章 选择结构

3.1 选择结构的含义

选择结构根据条件表达式的值来控制程序的流程,如图 3-1 所示为选择结构的三种形式。

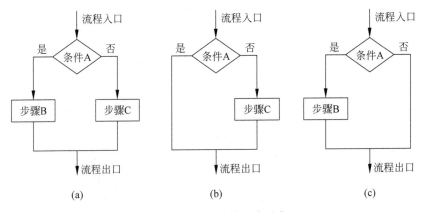

图 3-1 选择结构的三种形式

选择结构的核心是设计条件表达式,条件表达式可以分为两类:关系表达式和逻辑表达式。条件表达式的取值称为逻辑值(也称布尔值),即真(true)和假(false),用非 0 表示真,0 表示假。

3.1.1 关系表达式

关系表达式是用关系运算符将两个表达式连接起来并进行关系运算的式子。

C++语言提供 6 种关系运算符:<(小于)、<=(小于或等于)、>(大于)、>=(大于或等于)、==(等于)、!=(不等于)。

注意:在 C++语言中,等于关系运算符是双等号==,而不是单等号=(单等号是赋值运算符)。

1. 关系表达式的值—逻辑值(非真即假)

由于 C++语言没有逻辑型数据,所以用整数 1 或 true 表示逻辑真,用整数 0 或 false 表示逻辑假。表达式的数值只能为 1(表示为真),或 0(表示假)。如果 9>8 这个是真的,那么此表达式的数值就是 1。

例如,下面的关系表达式都是符合语法要求的:

a > b,a + b > c − d,(a = 3)< = (b = 5),'a'> = 'b',(a > b) == (b > c)

2. 关系运算符和关系表达式

(1) 关系运算是比较简单的一种逻辑运算,而且<、<=、>、>=优先级高于==、!=。

(2) 用关系运算符连接起来的式子称为关系表达式。

关系表达式的值是真或假。$a=3,b=5$,则关系表达式 $a>b$ 的值是假,而 $a<b$ 的值是真。

(3) 关系运算符与其他运算符的优先次序。

关系运算符是双目运算符。在双目运算符中,它的优先级比赋值运算符要高,具体如表 3-1 所示。

例如,$a=1,b=3$。$a=b>5$ 即 $a=(b>5)$,$a+b>5$ 即 $(a+b)>5$。而 $a>b=5$ 则是错误的表达式,因为它的实际含义是$(a>b)=5$。

表 3-1 运算符及其运算优先级

运算符	运算优先级
算术运算符	高
关系运算符	中
赋值运算符	低

3.1.2 逻辑表达式

逻辑表达式的值只能为 1(表示为真)或 0(表示假)。

逻辑运算三种操作如下。

- && 逻辑与(相当于同时)
- || 逻辑或(相当于或者)
- ! 逻辑非(相当于否定)

优先级:! > && > ||。

例如,要表示 x 是比 0 大,比 10 小的方法。$0<x<10$ 是不可以的(一定记住)。因为先计算 $0<x$ 得到的结果为 1 或为 0,再用 0 或 1 与 10 比较得到的结果总是真(为 1)。所以要用$(0<x)$&&$(x<10)$表示 x 比 0 大比 10 小。

3.1.3 if 语句格式

1. if 语句的一般格式

```
if (表达式)
    {语句组 1;}
[else
    {语句组 2;} ]
```

(1) if 语句中的表达式必须用圆括号括起来。

(2) else 子句(可选)是 if 语句的一部分,必须与 if 配对使用,不能单独使用。

(3) 当 if 和 else 下面的语句组仅由一条语句构成时,也可不使用复合语句形式(即去掉花括号)。

2. if 语句的执行过程

(1) 缺省 else 子句时

当表达式的值不等于 0(即判定为逻辑真)时,则执行语句组 1,否则直接转向执行下一条。

（2）指定 else 子句时

当表达式的值不等于 0（即判定为逻辑真）时，则执行语句组 1，否则执行语句组 2，然后转向下一条语句。

3. if-else-if 形式

当有多个分支选择时，可采用 if-else-if 语句，其一般形式为

```
if(表达式 1)
    语句 1;
else if(表达式 2)
    语句 2;
    else if(表达式 3)
    语句 3;
    …
    else if(表达式 m)
        语句 m;
        else
        语句 n;
```

其语义是：依次判断表达式的值，当出现某个值为真时，则执行其对应的语句。然后跳到整个 if 语句之外继续执行程序。如果所有的表达式均为假，则执行语句 n。然后继续执行后续程序。

3.1.4 问号表达式

1. 格式

问号表达式的格式为

(条件)?(语句 1)∶(语句 2)

问号前是条件，条件成立执行语句 1，否则执行语句 2。

例如：

```
if (a > b) max = a ; else max = b ;
```

2. 等效的问号表达式

问号表达式的实现方式有两种：

```
(a > b)? (max = a ) : (max = b) ;
max = (a > b)?a:b;
```

只要记住问号前面是条件表达式，满足条件执行语句 1（冒号前），否则执行语句 2（冒号后）。

3.1.5 switch 语句

多分支选择的 switch 语句，其一般形式为

```
switch(表达式){
    case 常量表达式 1: 语句 1; break;        //注意: 如果没有 break 还会判断后面的条件
    case 常量表达式 2: 语句 2; break;
    …
    case 常量表达式 n: 语句 n; break;
    default: 语句 n + 1;
}
```

其语义是：计算表达式的值,并逐个与其后的常量表达式值相比较,当表达式的值与某个常量表达式的值相等时,即执行其后的语句,然后不再进行判断,继续执行后面所有 case 后的语句。如表达式的值与所有 case 后的常量表达式均不相同时,则执行 default 后的语句。

3.2　选择结构例题

3.2.1　两个整数求最大值

输入两个整数,输出其中较大的一个数,代码如下:

```cpp
# include < iostream >
using namespace std;
int main()
{
    int a,b;
    cin >> a >> b;
    if (a > b) cout << a; else cout << b;
    cout << endl;
    return 0;
}
```

3.2.2　三个整数求最大值

(1) 题目要求三个整数互不相同,求最大值。

【分析】

一个数大于其余两个数就是最大值,前提是三个数均不相等。如果有两个或三个最大值相同,就没有输出结果了。

【参考代码】

```cpp
# include < iostream >
using namespace std;
int main()
{
    int a,b,c;
    cin >> a >> b >> c;
    if (a > b && a > c) cout << a;
    if (b > a && b > c) cout << b;
    if (c > a && c > b) cout << c;
    cout << endl;
    return 0;
}
```

(2) 题目中三个数没有限制,求最大值。

【分析】

如果一个数大于其余两个数,那么这个数就是最大值,否则在剩余的两个数中继续比较,最大值肯定在剩余的两个数当中。

【参考代码】

```cpp
#include <iostream>
using namespace std;
int main()
{
    int  a,b,c;
    cin >> a >> b >> c;
    if ( a > b && a > c ) cout << a ;
    else if (b > c) cout << b;   else cout << c;
    return 0;
}
```

（3）求三个数的最大值，擂台法。

【分析】

让第一个数作为最大值，然后让其余两个数与它进行比较，谁大谁就成为新的最大值标准，就像打擂台一样。

【参考代码】

```cpp
#include <iostream>
using namespace std;
int main()
{
    int  a,b,c,m;
    cin >> a >> b >> c;
    m = a;
    if (b > m) m = b ;
    if (c > m) m = c ;
    cout << m << endl;
    return 0;
}
```

【拓展】

利用 C++ 内部提供的函数 max() 求最大值，用法如下：

```cpp
cout << max(a,b);                    //两个数中求最大值
cout << max(a,max(b,c));             //三个数中求最大值
cout << max(a,max(b,max(c,d)));      //四个数中求最大值
```

3.2.3　三个数排序

【题目描述】

读入三个不同的数，编程按由小到大的顺序排列打印出来。

【分析】

设读入的三个数为 a、b、c，为了把较小的数排在前面，可作如下处理：

① 如果 $a > b$ 就交换 a、b 的值，将较大的值换至后面；

② 如果 $a > c$ 就交换 a、c 的值，将较大的值换至后面；

③ 如果 $b > c$ 就交换 b、c 的值，将较大的值换至后面；

④ 输出处理后的 a、b、c。

```
# include < iostream >
using namespace std;
int main()
{
    int a,b,c,t;
    cin >> a >> b >> c;
    if (a > b) {t = a;a = b;b = t;}
    if (a > c) {t = a;a = c;c = t;}
    if (b > c) {t = b;b = c;c = t;}
    cout << a <<" "<< b <<" "<< c << endl;
    return 0;
}
```

3.2.4　分段函数

【题目描述】

　　某服装公司为了推销产品,采取这样的批发销售方案:凡订购超过 100 套的,每套定价为 50 元,否则每套价格为 80 元。编程由键盘输入订购套数,输出应付款的金额数。

【分析】

　　设 x 为订购套数,y 为付款金额,则

$$y = \begin{cases} 50 * x & (x > 100) \\ 80 * x & (x <= 100) \end{cases}　\begin{array}{l}(如果\ x > 100\ 就用\ y = 50 * x\ 计算) \\ (否则用\ y = 80 * x\ 计算)\end{array}$$

　　(1) 输入 x;

　　(2) 判断 x 值;

　　(3) 根据判断结果选择符合条件的那种方法计算 y 值;

　　(4) 输出计算结果。

【参考代码】

```
# include < iostream >
using namespace std;
int main()
{
    int x,y;
    cin >> x;
    if (x > 100) y = 50 * x;     else y = 80 * x;
    cout << y << endl;
    return 0;
}
```

　　除上述解法外,我们还可以使用分段函数的方法解决此问题。根据 $y = \begin{cases} 3x - 5 & 0 \leqslant x \leqslant 3 \\ 4 & x > 3 \\ 14 - 2x & x < 0 \end{cases}$,

输入整数 x,计算 y 的值。

【参考代码】

```
# include < iostream >
using namespace std;
int main()
{
    int x,y;
    cin >> x;
    if ( x >= 0  &&  x <= 3 ) y = 3 * x - 5  ;
    if ( x > 3 ) y = 4 ;
    if ( x < 0 ) y = 14 - 2 * x ;
    cout << y << endl;
    return 0;
}
```

3.2.5　判断闰年

【题目描述】

闰年判定规则：本题限定闰年在 1～3200。

普通闰年：公历年份是 4 的倍数的，且不是 100 的倍数，为普通闰年（如 2004 年、2020 年就是闰年）。

世纪闰年：公历年份是整百数的，必须是 400 的倍数才是世纪闰年（如 1900 年不是世纪闰年，2000 年是世纪闰年）。

【参考代码】

```
# include < iostream >
using namespace std;
int main()
{
    int year;
    cin >> year;
    if  ( year % 400 == 0 || ( year % 4 == 0 && year % 100 != 0 ) )
        cout <<"YES"; else cout <<"NO";
    cout << endl;
    return 0;
}
```

3.2.6　四则运算

【题目描述】

用于四则运算求值，判断运算符，然后输出运算值。当输入运算符不是＋、－、＊、/时给出错误提示。

【参考代码】

```
# include < iostream >
using namespace std;
int main()
{
    double a,b,s;
```

```
        char c;
        printf("input expression: a + ( - , * ,/)b \n");
        scanf(" % lf % c % lf",&a,&c,&b);
        switch(c)
        {
            case '+': printf(" % lf\n",a + b);break;
            case ' - ': printf(" % lf\n",a - b);break;
            case ' * ': printf(" % lf\n",a * b);break;
            case '/': printf(" % lf\n",a/b);break;
            default: printf("input error\n");
        }
        return 0;
    }
```

3.2.7 征收税金

【题目描述】

对某产品征收税金,在产值 1 万元以上的征收税 5%;在 1 万元以下但在 5000 元以上的征收税 3%;在 5000 元以下但在 1000 元以上的征收税 2%;1000 元以下的免收税。编程计算该产品的收税金额。

【分析】

设 x 为产值,tax 为税金,用 p 表示情况常量各值,以题意中每 1000 元为情况分界,说明如下。

- $p=0$:$tax=0(x<1000)$
- $p=1,2,3,4$:$tax=x*0.02(1000<=x<5000)$
- $p=5,6,7,8,9$:$tax=x*0.03(5000<=x<10000)$
- $p=10$:$tax=x*0.05(x>=10000)$

这里的 p 是情况值,用产值 x 除以 1000 的整数值作为 p,如果 $p>10$ 也归入 $p=10$ 的情况。

【参考代码】

```
# include < iostream >
using namespace std;
int main()
{
    int p;
    double x, tax;
    cin >> x;
    p = int(x)/1000;
    switch(p)
    {
        case 0 :tax = 0;break;
        case 1 :
        case 2 :
        case 3 :
        case 4 :tax = x * 0.02;break;
        case 5 :
        case 6 :
        case 7 :
```

```
            case 8:
            case 9:tax = x * 0.03;break;
            default:tax = x * 0.05;
        }
        cout <<"税金: "<< tax << endl;
        return 0;
    }
```

3.3　选择结构习题

3.3.1　邮件收费

【题目描述】

假设邮局规定寄邮件时若每件重量在 1 千克以内(含 1 千克),按每千克 1.5 元计算邮费,如果超过 1 千克时,其超出部分每千克加收 0.8 元。请编程序计算邮件收费。

【参考代码】

```
# include < iostream >
using namespace std;

int main()
{
    double x,y;
    cin >> x;
    if (x <= 1) y = 1.5 * x;
    else y = 1.5 * x + (x - 1) * 0.8;
    cout << y << endl;
    return 0;
}
```

3.3.2　三角形面积

【题目描述】

输入三个正整数,若能用这三个数作为边长组成三角形,就计算并输出该三角形的面积,否则输出 Can't(组成三角形的条件为：任意两边之和大于第三边；求三角形面积可以参考海伦公式)。

【参考代码】

```
# include < iostream >
# include < math. h >
using namespace std;
int main()
{
    int a,b,c;
    double p,s;
    cin >> a >> b >> c;
    if ((a + b > c)&&(a + c > b)&&(b + c > a))
```

```
    {
        p = (a + b + c) / 2.0;
        s = sqrt(p * (p - a) * (p - b) * (p - c));
        cout <<"三角形面积: "<< s << endl;
    }
    else
        cout <<"Can't"<< endl;
    return 0;
}
```

3.3.3 重新排序

【题目描述】

输入一个三位数的整数,将数字位置重新排列,组成一个尽可大的三位数。

例如,输入 213,重新排列可得到尽可能大的三位数是 321。

【参考代码】

```
# include < iostream >
using namespace std;
int main()
{
    int a,b,c,t,n;
    cin >> n;
    a = n % 10;
    b = n / 10 % 10;
    c = n / 100;
    if (a < b) swap(a,b);
    if (a < c) swap(a,c);
    if (b < c) swap(b,c);
    t = a * 100 + b * 10 + c;
    cout << t << endl;
    return 0;
}
```

3.3.4 运费

【题目描述】

运输公司计算运费时,距离(S)越长,每千米运费越低,标准如下。

- 如果 $S<250$ 千米:运费为标准运价的 100%。
- 如果 250 千米$\leqslant S<500$ 千米,运费为标准运价的 98%。
- 如果 500 千米$\leqslant S<1000$ 千米,运费为标准运价的 95%。
- 如果 1000 千米$\leqslant S<2000$ 千米,运费为标准运价的 92%。
- 如果 2000 千米$\leqslant S<3000$ 千米,运费为标准运价的 90%。
- 如果 $S\geqslant 3000$ 千米,运费为标准运价的 85%。

请编程序计算运费。

【参考代码】

```cpp
# include < iostream >
using namespace std;

int main( )
{
    double s, x, y;
    int p;
    cin >> s >> x;
     p =  int(s) / 250 ;
    switch (p) {
        case 0: y = x; break;
        case 1: y = 0.98 * x; break;
        case 2:
        case 3: y = 0.95 * x; break;
        case 4:
        case 5:
        case 6:
        case 7: y = 0.92 * x; break;
        case 8:
        case 9:
        case 10:
        case 11: y = 0.9 * x; break;
        default: y = 0.85 * x;
    }
    cout << "运费: " << y << endl;
    return 0;
}
```

3.3.5 成绩

【题目描述】

输入考试成绩,85 分以上为 A 等,60～84 分为 B 等,60 分以下为 C 等,编程输出考试等级。

【参考代码】

```cpp
# include < iostream >
using namespace std;

int main( )
{
    double s;
    cin >> s;
    if(s > = 0&&s < 60)cout << "C";
    if(s > = 60&&s < 85)cout << "B";
    if(s > = 85&&s < = 100)cout << "A";
    return 0;
}
```

3.3.6 奖金

【题目描述】

某车间按工人加工零件的数量发放奖金,奖金分为五个等级:每月加工零件数 $n<100$ 者奖金为 10 元;$100 \leqslant n < 110$ 者奖金为 30 元;$110 \leqslant n < 120$ 者奖金为 50 元;$120 \leqslant n < 130$ 者奖金为 70 元;$n>130$ 者为 80 元。请编程,由键盘输入加工零件数量,显示器显示应发奖金数。

【参考代码】

```cpp
#include <iostream>
using namespace std;
int main()
{
    int n,y;
    cin >> n;
    if  (n<100) y = 10;
    else if  (n<110) y = 30;
        else if (n<120) y = 50;
            else if (n<130) y = 70;
                else y = 80;
    cout <<"应发奖金: "<< y << endl;
    return 0;
}
```

第4章 循 环 结 构

循环结构是指在程序中需要反复执行某个功能而设置的程序语言结构,循环结构由三个要素组成:循环变量、循环体、循环条件。

C++中的循环包括 for、while、do-while、goto 四种循环语法结构,其中 goto 语句易导致程序结构混乱,所以本书未介绍该结构,只介绍比较常见的是另外三种结构。

4.1 for 语句

1. for 语句的一般格式

for ([变量赋初值]; [循环条件]; [循环变量增值])
　{ 循环体语句组; }

2. for 语句的执行过程

(1) 变量赋初值。

(2) 求解循环条件表达式的值。如果其值非 0,执行循环体;否则,循环结束。

(3) 执行循环体语句组。

(4) 循环变量增值,执行完回到第二步,继续循环。

3. for 循环结构说明

(1) 变量赋初值、循环继续条件和循环变量增值部分均可缺省,甚至可全部缺省,但其间的分号不能省略。

(2) 当循环体语句组仅由一条语句构成时,可以不使用复合语句形式。

(3) 循环变量赋初值表达式,既可以是给循环变量赋初值的赋值表达式,也可以是与此无关的其他表达式(如逗号表达式)。

例如,

```
for(sum = 0;i <= 100;i++) sum += i;
for(sum = 0,i = 1;i <= 100;i++) sum += i;
```

(4) 循环继续条件部分是一个逻辑量,除一般的关系(或逻辑)表达式外,也允许是数值(或字符)表达式。

4.2 while 循环结构

while 语句的一般形式为:while(表达式) 语句。

其中,表达式是循环条件,语句为循环体。

while 语句的语义是：计算表达式的值，当值为真（非 0）时，执行循环体语句。

例如，计算 $1+2+3+\cdots+n$。

```cpp
int i = 1, s = 0;
while(i <= n)
{
    s = s + i;
    i++;
}
```

4.3　do-while 循环结构

do-while 语句的一般形式为

```
do
    语句;
while(表达式);
```

其中，语句是循环体，表达式是循环条件。

do-while 语句的语义是：先执行循环体语句一次，再判别表达式的值，若为真（非 0）则继续循环，否则终止循环。

do-while 语句和 while 语句的区别在于 do-while 是先执行后判断，因此 do-while 至少要执行一次循环体；而 while 是先判断后执行，如果条件不满足，则一次循环体语句也不执行。

4.4　break 和 continue 语句

break 和 continue 是 C++ 中的两个关键字，其中 break 表示终止本次循环，continue 表示跳过本次循环，进入下一步循环。

下面的代码表示循环到 7 的时候终止循环。

```cpp
for(int i = 1; i <= 10; i++)
{
    if(i == 7)
        break;
    cout << i << ' ';
}
```

下面的代码表示循环变量为奇数时跳到下一步循环。

```cpp
for(int i = 1; i <= 100; i++)
{
    if(i % 2 == 1)
        continue;
    cout << i << ' ';
}
```

4.5 ▶ 循环的嵌套

若一个循环语句中包含另一个循环语句,称为循环嵌套,可以通过下面的一段代码来理解循环嵌套语句的执行顺序。

```cpp
# include < iostream >
using namespace std;
int main( )
{
    for( int i = 1;i < = 5;i++)
        for( int j = 1;j < = 5;j++)
            cout <<"i = "<< i <<",j = "<< j << endl;
    return 0;
}
```

代码执行结果如下:

```
i = 1,j = 1
i = 1,j = 2
i = 1,j = 3
i = 1,j = 4
i = 1,j = 5
i = 2,j = 1
i = 2,j = 2
i = 2,j = 3
i = 2,j = 4
i = 2,j = 5
i = 3,j = 1
i = 3,j = 2
i = 3,j = 3
i = 3,j = 4
i = 3,j = 5
i = 4,j = 1
i = 4,j = 2
i = 4,j = 3
i = 4,j = 4
i = 4,j = 5
i = 5,j = 1
i = 5,j = 2
i = 5,j = 3
i = 5,j = 4
i = 5,j = 5
```

通过这段代码可以看出循环嵌套语句的执行顺序是外层循环执行一步,里层循环一轮之后,外层循环继续执行下一步,里层继续执行一轮,依此类推。

4.6 ▶ 循环结构例题

4.6.1 连续 n 个数

【题目描述】

输出 $1,2,3,\cdots,n$,每个数之间有一个空格。

【分析】

循环三要素,循环变量从 1 到 n,循环条件是循环变量小于等于 n,循环体是输出当前循环变量。

【参考代码】

```
# include < iostream >
using namespace std;
int main()
{
    int i,n;
    cin >> n;
    for (i = 1;i <= n;i++) cout << i <<" ";
    cout << endl;
    return 0;
}
```

4.6.2 求和

【题目描述】

求 $1+2+3+\cdots+n$ 的和。

【分析】

根据已有的知识,可以用 $1+2+\cdots+n$ 来求解,但这样做显然很烦琐。现在换个思路来考虑。

首先设置一个累计器 sum,其初值为 0,利用 sum $+= i$ 来计算(i 依次取 1、2、$\cdots$、n),只要解决以下 3 个问题。

(1) 将 i 的初值置为 1。

(2) 每执行 1 次 sum $+= i$ 后,i 增 1。

(3) 当 i 增到 $n+1$ 时,停止计算。此时,sum 的值就是 $1\sim n$ 的累计和。

【参考代码】

```
# include < iostream >
using namespace std;
int main()
{
    int i,n,sum = 0;
    cin >> n;
    for (i = 1;i <= n;i++) sum = sum + i;
    cout << sum << endl;
    return 0;
}
```

4.6.3 打印单行

【题目描述】

图形 ****$\cdots$**** 一共 n 个 * 号。

【参考代码】

```
# include < iostream >
using namespace std;
int main()
{
    int i,n;
    cin >> n;
    for (i = 0;i < n;i++) cout <<" * ";
    cout << endl;
    return 0;
}
```

4.6.4　打印矩形

【题目描述】

打印图形,如图 4-1 所示。

```
* * * … * * * *
* * * … * * * *
        …
* * * … * * * *
```

图 4-1　矩形

一共 n 行,m 列个 * 号。

【参考代码】

```
# include < iostream >
using namespace std;
int main()
{
    int i,j,m,n;
    cin >> m >> n;
    for (i = 0;i < n;i++)
    {
        for (j = 0;j < m;j++) cout <<" * ";
        cout << endl;
    }
    return 0;
}
```

4.6.5　打印三角形

【题目描述】

打印如图 4-2 所示的三角形,一共 n 行。

```
      *
     * * *
      …
* * * * * * * *
```

图 4-2　三角形

【参考代码】

```cpp
#include <iostream>
using namespace std;
int main()
{
    int i,j,n;
    cin >> n;
    for (i = 0;i < n;i++)
    {
        for (j = 0;j < n - i - 1;j++) cout <<" ";
        for (j = 0;j < 2 * i + 1;j++) cout <<" * ";
        cout << endl;
    }
    return 0;
}
```

4.6.6　最值

【题目描述】

　　键盘输入 1000 个数,求这 1000 个数的最大值和最小值。

【参考代码】

```cpp
#include <iostream>
using namespace std;
int main()
{
    int i,j,max,min;
    cin >> max;
    min = max;
    for (i = 1;i < 1000;i++)
    {
        cin >> j;
        if (j > max) max = j;
        if (j < min) min = j;
    }
    cout << max <<" "<< min << endl;
    return 0;
}
```

4.6.7　随机数

【题目描述】

　　随机产生 1000 个数,每个数的范围是[1,40],判断产生奇数的次数。

【参考代码】

```cpp
#include <iostream>
#include <time.h>
#include <cstdlib>
using namespace std;
```

```
int main()
{
    int i, j, sum = 0;
    srand(time(0));
    for (i = 0; i < 1000; i++)
    {
        j = rand() % 40 + 1;
        if (j % 2 != 0) sum++;
    }
    cout << sum << endl;
    return 0;
}
```

4.6.8 斐波那契数列

【题目描述】

斐波那契数列是指：数列的第一个和第二个数都为 1，接下来每个数都等于前面 2 个数之和。给出一个正整数 k，要求斐波那契数列中第 k 个数是多少。

输入：

输入一行，包含一个正整数 $k(1 \leqslant k \leqslant 46)$。

输出：

输出一行，包含一个正整数，表示斐波那契数列中第 k 个数。

输入样例：

19

输出样例：

4181

【分析】

从循环三要素考虑该问题，因为第一个数和第二个数已知，所以循环变量是从 3 开始一直到 k。循环体需要计算本次第 i 个数的值，第 i 个数的值等于第 $i-1$ 个数的值加第 $i-2$ 个数的值，由于没有使用数组计算，只使用了 a、b、c 三个变量计算，所以需要每次迭代更新使得 a 表示第 $i-2$ 个数，b 表示第 $i-1$ 个数，c 表示第 i 个数。循环条件就是一直计算到第 k 个数就结束。

【参考代码】

```
# include < iostream >
# include < iomanip >
using namespace std;
int k, a = 1, b = 1, c = 1;
int main()
{
    cin >> k;
    for(int i = 3; i <= k; i++)
    {
        c = a + b;
        a = b;
        b = c;
```

```
        }
        cout << c << endl;
        return 0;
    }
```

4.6.9 津津的储蓄计划(NOIP 2004 T1)

【题目描述】

津津的零花钱一直都是自己管理。每个月的月初妈妈给津津 300 元钱,津津会预算这个月的花销,并且总能做到实际花销和预算的相同。

为了让津津学会如何储蓄,妈妈提出,津津可以随时把整百的钱存在她那里,到了年末她会加上 20% 还给津津。因此津津制订了一个储蓄计划:每个月的月初,在得到妈妈给的零花钱后,如果她预计到这个月的月末手中还会有多于 100 元或恰好 100 元,她就会把整百的钱存在妈妈那里,剩余的钱留在自己手中。

例如,11 月初,津津手中还有 83 元,妈妈给了津津 300 元。津津预计 11 月的花销是 180 元,那么她就会在妈妈那里存 200 元,自己留下 183 元。到了 11 月月末,津津手中会剩下 3 元钱。

津津发现这个储蓄计划的主要风险是,存在妈妈那里的钱在年末之前不能取出。有可能在某个月的月初,津津手中的钱加上这个月妈妈给的钱,不够这个月的原定预算。如果出现这种情况,津津将不得不在这个月省吃俭用,压缩预算。

现在请你根据 2004 年 1—12 月津津每个月的预算,判断会不会出现这种情况。如果不会,计算到 2004 年年末,妈妈将津津平常存的钱加上 20% 还给津津之后,津津手中会有多少钱。

输入:

包括 12 行数据,每行包含一个小于 350 的非负整数,分别表示 1—12 月津津的预算。

输出:

包括一行,这一行只包含一个整数。如果储蓄计划实施过程中出现某个月钱不够用的情况,输出 $-X$,X 表示出现这种情况的第一个月;否则输出到 2004 年年末津津手中会有多少钱。

【分析】

循环变量从 1 到 12,表示一年的 12 个月份,循环体里需要读取每月的花销,根据上月的剩余计算本月的剩余,如果剩余为负数,说明本月钱不够花销,如果够花销,那么剩余的钱需要分成两部分,一部分是整百的钱存到妈妈那边,不足 100 元的钱留到下个月用。

【参考代码】

```
# include < iostream >
# include < cmath >
using namespace std;
int mth,ma,a;
int main()
```

```
{
    for(int i = 1; i <= 12; i++)
    {
        cin >> mth;
        a = a + 300 - mth;
        if(a < 0)
        {
            cout <<' - '<< i << endl;
            return 0;
        }
        ma = ma + a/100 * 100;
        a = a % 100;
    }
    cout << ma + ma/5 + a << endl;
    return 0;
}
```

4.6.10　数字反转

【题目描述】

给定一个整数,请将该数各个位上数字反转得到一个新数。新数也应满足整数的常见形式,即除非给定的原数为零,否则反转后得到的新数的最高位数字不应为零。

输入:

输入共 1 行,一个整数 N。

$-1000000000 \leqslant N \leqslant 1000000000$。

输出:

输出共 1 行,一个整数,表示反转后的新数。

输入样例 1:

123

输出样例 1:

321

输入样例 2:

-380

输出样例 2:

-83

【分析】

对于 0 的情况,直接输出,如果一个数字小于 0,翻转后需要先输出负号,然后需要处理数字翻转后的前导 0,这些 0 在翻转前是数字末尾的 0,由于这些 0 翻转后是不能出现的,所以先用一个循环将这些 0 处理掉,处理的方法就是将这个数字不断地除以 10,直到末尾数字不为 0。处理完之后再将剩下的数字不断模上 10(除以 10 的余数,运算符是％)取个位,然后再除以 10,删掉个位,如此完成倒序输出每位上的数字。

【参考代码】

```
# include < bits/stdc++.h >
using namespace std;
int main()
{
    int n,m;
    cin >> n;
    do {
        m = m * 10 + n % 10 ;
        n = n / 10;
    } while (n);
    cout << m << endl;
    return 0;
}
```

4.6.11　角谷猜想

【题目描述】

角谷猜想是指对于任意一个正整数,如果是奇数,则乘 3 加 1;如果是偶数,则除以 2,得到的结果再按照上述规则重复处理,最终总能够得到 1。如假定初始整数为 5,计算过程分别为 16、8、4、2、1。程序要求输入一个整数,将经过处理得到 1 的过程输出。

输入:

一个正整数 N($N \leqslant 2000000$)。

输出:

从输入整数到 1 的步骤,每一步为一行,每一部中描述计算过程。最后一行输出 End。如果输入为 1,直接输出 End。

输入样例:

5

输出样例:

5 * 3+1=16

16/2=8

8/2=4

4/2=2

2/2=1

End

【分析】

题目要求将一个给定的数最终变成数字 1。循环三要素中循环变量就应该是从 n 变成 1,循环条件是 n 不等于 1,因为循环变量的变换不是简单的++、--,而是分奇偶情况变换,所以循环体中要实现循环变量的变换,以及相关格式的输出。

【参考代码】

```cpp
# include < iostream >
using namespace std;
long long n;
int main()
{
    cin >> n;
    while(n!= 1)
    {
        if(n % 2 == 1)
        {
            cout << n <<" * 3 + 1 = "<< 3 * n + 1 << endl;
            n = 3 * n + 1;
        }
        else
        {
            cout << n <<"/2 = "<< n/2 << endl;
            n = n/2;
        }
    }
    cout <<"End"<< endl;
    return 0;
}
```

4.6.12　金币

【题目描述】

国王将金币作为工资,发放给忠诚的骑士。第一天,骑士收到一枚金币;之后两天(第二天和第三天),每天收到两枚金币;之后三天(第四、第五、第六天),每天收到三枚金币;之后四天(第七、第八、第九、第十天),每天收到四枚金币……这种工资发放模式会一直这样延续下去:当连续 n 天每天收到 n 枚金币后,骑士会在之后的连续 $n+1$ 天里,每天收到 $n+1$ 枚金币(n 为任意正整数)。

你需要编写一个程序,确定从第一天开始到给定天数内,骑士一共获得了多少枚金币。

输入:

一个整数(范围 $1 \sim 10000$),表示天数。

输出:

骑士获得的金币数。

输入样例:

6

输出样例:

14

【分析】

题目需要知道骑士 n 天一共能收到多少枚金币。可以从循环三要素考虑,循环变量如果是从第一天到第 n 天,那么就要考虑第 i 天能收到多少枚金币。这种关联不是很直观,所以换一个角度,如果设循环变量表示金币数,那么当前循环变量 i 就表示能够收到金币数量

为 i 的天数一共有 i 天,总收益就增加 $i*i$,循环终止条件是剩余天数里减去 i 为负数,那么剩余天数收到的金币数累加到总金币数里就可以了,循环体要实现金币的数的累加。

【参考代码】

```cpp
# include <iostream>
using namespace std;
int n, ans, i = 1;
int main()
{
    cin >> n;
    while(n - i >= 0)
    {
        n = n - i;
        ans = ans + i * i;
        i++;
    }
    ans = ans + n * i;
    cout << ans << endl;
    return 0;
}
```

4.6.13　画矩形

【题目描述】

根据参数,画出矩形。

输入:

输入一行,包括四个参数:前两个参数为整数,依次代表矩形的高和宽(高不少于 3 行不多于 10 行,宽不少于 5 列不多于 10 列);第三个参数是一个字符,表示用来画图的矩形符号;第四个参数为 1 或 0,0 代表空心,1 代表实心。

输出:

输出画出的图形。

输入样例:

5 7 ^ 0

输出样例:

```
^^^^^^^
^     ^
^     ^
^     ^
^^^^^^^
```

【分析】

将输出的图形分成三部分考虑,第一行、中间 $x-2$ 行,最后一行。第一行和最后一行分别用一个循环就可以解决,中间 $x-2$ 行因为有相同的特征可以使用循环解决,对于每一行还要考虑到,第一个和最后一个字符直接输出。如果是空心,中间 $y-2$ 个字符输出空格;如果是实心,中间 $y-2$ 个字符输出相应字符。所以需要循环嵌套。

【参考代码】

```
# include < iostream >
using namespace std;
int x,y,f;
char c;
int main()
{
    cin >> x >> y >> c >> f;
    for( int i = 1; i < = y; i++)
        cout << c;
    cout << endl;
    for( int i = 1; i < = x - 2; i++)
    {
        cout << c;
        for( int j = 1; j < = y - 2; j++)
            if( f == 0)
                cout <<' ';
            else
                cout << c;
        cout << c << endl;
    }
    for( int i = 1; i < = y; i++)
        cout << c;
    cout << endl;
    return 0;
}
```

4.6.14　第 n 小的质数

【题目描述】

输入一个正整数 n，求第 n 小的质数。

输入：

一个不超过 10000 的正整数 n。

输出：

第 n 小的质数。

输入样例：

10

输出样例：

29

【分析】

从数值 2 开始，判断每个数是不是质数，如果是质数，那么接下来只要求第 $n-1$ 个质数，对于循环变量 i 是否是质数的判定，只要从 2 开始一直到 i 的平方根，看是否存在 i 的约数，如果存在则不是质数，否则就是质数。需要循环嵌套。

【参考代码】

```
# include < iostream >
using namespace std;
```

```
int n,flag;
int main()
{
    cin >> n;
    for(int i = 2;i < 150000;i++)
    {
        flag = 1;
        for(int j = 2;j * j <= i;j++)
            if(i % j == 0)
                flag = 0;
        if(flag == 1)
        {
            n-- ;
            if(n == 0)
            {
                cout << i << endl;
                break;
            }
        }
    }
    return 0;
}
```

4.6.15　交替

【题目描述】

一个两位数 x，将它的个位数字与十位数字对调后得到一个新数 y，此时 y 恰好比 x 大 36，请编程求出所有这样的两位数。

【分析】

（1）用 for 循环列举出所有的两位数，x 为循环变量。

（2）用公式 $a = x/10$ 分离出 x 的十位数字。

（3）用公式 $b = x\%10$ 分离出 x 的个位数字。

（4）用公式 $y = b * 10 + a$ 合成新数 y。

（5）用式子 $y - x = 36$ 筛选出符合条件的数 x 并输出。

【参考代码】

```
# include < iostream >
using namespace std;
int main()
{
    int x,a,b,y;
    for (x = 10;x <= 99;x++)
    {
        a = x/10;
        b = x % 10;
        y = b * 10 + a;
        if (y - x == 36) cout << x << endl;
    }
    return 0;
}
```

4.6.16　四位数

【题目描述】

把整数 3025 从中剪开分为 30 和 25 两个数,此时再将这两数之和平方,$(30+25)^2=$ 3025 计算结果又等于原数。求所有符合这样条件的四位数。

【分析】

设符合条件的四位数为 n,它应当是一个完全平方数,用 $(a*a)$ 表示。

(1) 为了确保 $n=(a*a)$ 在四位数(1000~9999)范围内,可确定 a 在 32~99 循环。

(2) 计算 $n=a*a$;将四位数 n 拆分为两个数 $n1$ 和 $n2$。

(3) 若满足条件 $(n1+n2)*(n1+n2)=n$ 就输出 n。

【参考代码】

```
#include <iostream>
using namespace std;
int main()
{
    int a,n,n1,n2;
    for(a = 32;a <= 99;a++)
    {
        n = a * a;
        n1 = n/100;
        n2 = n % 100;
        if ((n1 + n2) * (n1 + n2) == n)    cout << n << endl;
    }
    return 0;
}
```

4.6.17　扑克牌

【题目描述】

从七张扑克牌中任取三张,有几种组合方法?请编程输出所有组合形式。

【分析】

设每次取出三张分别为 a、b、c。用三重循环分别从 1~7 的范围里取值;为了排除取到重号,用 $(a-b)*(b-c)*(a-c)\neq0$ 进行判断。

【参考代码】

```
#include <iostream>
using namespace std;
int main()
{
    int a,b,c;
    for (a = 1;a <= 5;a++)
        for (b = a + 1;b <= 6;b++)
            for (c = b + 1;c <= 7;c++)
                    cout << a <<" "<< b <<" "<< c << endl;
    return 0;
}
```

4.6.18　质数

【题目描述】

数学上把除了 1 和它本身，没有别的数能够整除的自然数称为素数（或质数）。现在由键盘输入一个自然数 n，编程判断 n 是否是素数，是则输出 Yes，否则输出 No。

【分析】

根据定义，对于给定的自然数 n，只需判断除 1 和它本身外，还有没有第三个自然数可整除即可。

（1）令 k 从 1 循环至 n。

（2）根据 $n\%k$ 是否为 0 可统计 k 的约数的个数。

（3）若 n 的约数的个数超过 2 个，则判定 n 不是素数。

【参考代码】

```cpp
# include < iostream >
using namespace std;
int main()
{
    int k,n,f;
    f = 0;
    cin >> n;
    for (k = 1;k <= n;k++) if (n % k == 0) f = f + 1;
    if (f == 2) cout <<"yes"; else cout <<"no";
    cout << endl;
    return 0;
}
```

4.6.19　最大公约数

【题目描述】

求两个自然数 m 和 n 的最大公约数。

【分析】

若自然数 a 既是 m 的约数，又是 n 的约数，则称 a 为 m 和 n 的公约数，其中最大的约数称为最大公约数。为了求得最大公约数，可以从最大可能的数（如 m 或 n）向下寻找，找到的第一个公约数即是最大公约数。

【参考代码】

```cpp
# include < iostream >
using namespace std;
int main()
{
    int m,n,i;
    cout <<"请输入数 m:";
    cin >> m;
    cout <<"请输入数 n:";
    cin >> n;
    i = m;
```

```
        while(m % i!= 0 || n % i!= 0)   i-- ;
        cout <<"m 和 n 的最大公约数是: "<< i << endl;
        return 0;
    }
```

4.6.20　体操队

【题目描述】

校体操队到操场集合,排成每行 2 人,最后多出 1 人;排成每行 3 人,也多出 1 人;分别按每行排 4、5、6 人,都多出 1 人;当排成每行 7 人时,正好不多。求校体操队至少是多少人?

【分析】

设校体操队为 x 人,根据题意 x 应是 7 的倍数,因此 x 的初值为 7,以后用 $x=x+7$ 改变 x 值。

【参考代码】

```
# include < iostream >
using namespace std;
int main()
{
    int i;
    i = 7;
    while(i % 2!= 1 || i % 3!= 1 || i % 4!= 1 || i % 5!= 1 || i % 6!= 1) i = i + 7;
    cout << i;
    return 0;
}
```

4.6.21　倍数

【题目描述】

从键盘输入一个整数 x(x 不超过 10000),若 x 的各位数字之和为 7 的倍数,则输出"Yes",否则输出"No"。

【分析】

本题考查的是数字分离的方法,由于 x 的位数不定,需要用到取余求商法来确定 x 的各位数字。

(1) 用 $x\%10$ 分离出 x 的个位数字。

(2) 用 $x/10$ 将刚分离的个数数字删除,并将结果送回给 x。

(3) 重复(1)、(2)直到 $x=0$。

【参考代码】

```
# include < iostream >
using namespace std;
int main()
{
    int x,i = 0;
    cout <<"请输入一个整数:";
    cin >> x;
```

```
while(x!= 0)
{
    i = i + x % 10;
    x = x/10;
}
if(i % 7 == 0) cout <<"Yes"; else cout <<"No";
return 0;
}
```

4.6.22　末两位

【题目描述】

求 1992 个 1992 的乘积的末两位数是多少？

【分析】

积的个位与十位数只与被乘数与乘数的个位与十位数字有关，所以本题相当于求 1992 个 92 相乘，而且本次的乘积是下一次相乘的被乘数，因此也只需取末两位参与运算就可以了。

【参考代码】

```
# include < iostream >
using namespace std;
int main()
{
    int s = 1, i;
    for(i = 1; i < = 1992; i++)
        s = s * 1992 % 100;
    cout << s << endl;
    return 0;
}
```

4.6.23　尼科彻斯定理

【题目描述】

将任何一个正整数的立方写成一组相邻奇数之和。

例如：

(1) $3^3 = 7 + 9 + 11 = 27$

(2) $4^3 = 13 + 15 + 17 + 19 = 64$

【分析】

从举例中可以发现：

(1) n^3 正好等于 n 个奇数之和。

(2) n 个奇数中的最小奇数的值是 x，它与 n 的关系为：$x = n(n-1) + 1$。

(3) 从最小的奇数值 x 开始，逐个递增 2，连续 n 个，用 t 从 1 开始计数，直到 $t = n$ 为止。

【参考代码】

```
# include < iostream >
using namespace std;
int main()
{
    int m, n, i, j;
```

```
        cout <<"请输入一个正整数:";
        cin >> n;
        i = n * (n - 1) + 1;
        cout << n <<"^3"<< i;
        for (j = 1;j < n;j++)
        {
            i = i + 2;
            cout <<" + "<< i;
        }
        cout << endl;
        return 0;
    }
```

4.6.24　猜价格

【题目描述】

中央电视台的幸运 52 栏目深受观众的喜爱,其中猜商品价格节目更是脍炙人口,现在请编一个程序模拟这一游戏:由计算机随机产生 200～5000 的一个整数,该整数作为某件商品的价格,然后由你去猜是多少,若你猜的数大了,则计算机输出提示 Gao,若你猜的数小了,则计算机输出提示 Di,然后你根据提示继续猜,直到你猜对了,计算机会提示 OK,并统计你猜的总次数。

【分析】

本题的游戏规则可以描述为如下过程。

(1) 用随机函数 Random 产生 200～5000 的一个整数 x。

(2) 你猜一个数 a。

(3) 若 $a>x$,则输出 Gao。

(4) 若 $a<x$,则输出 Di。

(5) 若 $a=x$ 则输出 OK。

(6) 重复(2)～(5)直到 $a=x$。

【参考代码】

```
# include < iostream >
# include < time. h >
using namespace std;
int main()
{
    int a, i, j, b = 0;
    cout <<"幸运五十二!请输入想猜的金额."<< endl;
    srand(time(0));
    a = rand() % 4800 + 200;
    while(b!= a)
    {
        cin >> b;
        if(b > a) cout <<"Gao"<< endl;
        if(b < a) cout <<"Di"<< endl;
        if(b == a)cout <<"OK"<< endl;
    }
    return 0;
}
```

4.6.25　最小公倍数

【题目描述】

输入任意自然数 a、b，求 a、b 的最小公倍数。

【分析】

这里采用适合计算机查找的方法：设 d 是它们的最小公倍数。先找出 a、b 当中的较大者并存放在 a 中，将较小者存放在 b 中，让 $d=a$，当 d 能够整除 b 时，则 d 是所求的最小公倍数；当 d 不能整除 b，就逐次地让 d 增加 a。例如：$a=18$、$b=12$，操作步骤如下。

(1) 让 $d=a(d=18)$。

(2) 当 $(d\%b)!=0$ 为真时 $(d$ 不能整除 $b)$，令 $d=d+a$，重复②。

(3) 当 $(d\%b)!=0$ 为假时，结束循环，并输出 d。

【参考代码】

```cpp
#include<bits/stdc++.h>
using namespace std;
int main()
{
    int a,b,d;
    cin>>a>>b;
    d = a;
    while(d % b != 0) d += a;
    cout<<d<<endl;
}
```

4.6.26　截钢管

【题目描述】

将一根长为 369cm 的钢管截成长为 69cm 和 39cm 两种规格的短料。在这两种规格的短料至少各截一根的前提下，如何截才能使余料最少。

【分析】

设两种规格的短料如下。

规格为 69cm 的 x 根，可在 1 至 $(369-39)/69$ 范围循环取值。

规格为 39cm 的 y 根，用 $y=(369-69*x)/39$ 计算。

余料 $R=369-69*x-39*y$。

步骤如下。

① 设最小余料的初始值 min=369。

② 在 x 循环范围内，每一个 x 值都计算出对应的 y 和 r。

③ 如果 $r<min$，就将 r 存入 min，x 存入 n，y 存入 m，记录余料最小时的 x 和 y。

④ 重复步骤②，当 x 值超出 $[(369-39)/69]$ 时结束循环。

【参考代码】

```cpp
#include<iostream>
using namespace std;
int main()
{
    int x,y,min = 369,r,n,m;
```

```
for(x = 1;x < = (330/69);x++)
{
        y = (369 − 69 * x)/39;
        r = 369 − 69 * x − 39 * y;
        if(r < min)
        {
                min = r;
                n = x;
                m = y;
        }
}
cout <<"69cm: "<< m <<" "<<"39cm: "<< n;
return 0;
}
```

4.6.27　成绩表

【题目描述】

甲、乙、丙三人都是业余射击爱好者,在一次练习中他们枪枪中靶:甲射了八发子弹,取得 225 环成绩;乙射了七发,也取得 225 环;丙只射了六发,同样取得 225 环。下面是成绩表,请编程完成表 4-1 中空项的填数。

表 4-1　统计表

	射子弹数	中 50 环有几发	中 35 环有几发	中 25 环有几发	成绩/环
甲	8				225
乙	7				225
丙	6				225

【分析】

① 设 n 为发射子弹数,只有 8、7、6 三个数字,正好又可用来代表甲、乙、丙。

② 设 a 为中 50 环的子弹数,最小为 0,最大为 4(225÷50)。

b 为中 35 环的子弹数,最小为 0,最大为 6(225÷35)。

c 为中 25 环的子弹数,$c = n − a − b$,但必须 $c > 0$ 才可能正确。

③ 先让 $n = 8$,a 取值 0~4,b 取值 0~6 用循环逐个选定,在 $c > 0$ 的情况下若能满足条件 $a * 50 + b * 35 + c * 25 = 225$ 就能确定一组填数。然后选 n 的下一数值,重复同样的过程。

【参考代码】

```
# include < iostream >
using namespace std;
int main()
{
    int n,a,b,c;
    cout <<"请输入射子弹数: ";cin >> n;cout <<" ------------- "<< endl;
    for(a = 0;a < 5;a++)
    {
        for(b = 0;b < 7;b++)
        {
            c = n − a − b;
            if(a * 50 + b * 35 + c * 25 == 225)
            {
```

```
                    cout <<"打中 50 环的子弹发数是: "<< a << endl;
                    cout <<"打中 35 环的子弹发数是: "<< b << endl;
              cout <<"打中 25 环的子弹发数是: "<< c << endl <<" ---- "<< endl;
                    }
              }
         }
         return 0;
    }
```

4.7　循环结构习题

（1）打印出 1～20 的平方数表。

【参考代码】

```cpp
# include < iostream >
using namespace std;
int main()
{
    int i;
    for( i = 1; i <= 20; i++)    {
        cout << i <<" : "<< i * i << endl;
    }
    return 0;
}
```

（2）打印出 100～200 的奇数。

【参考代码】

```cpp
# include < iostream >
using namespace std;
int main()
{
    int i;
    for( i = 100; i <= 200; i++)
        if ( i % 2 == 1) cout << i << endl;
    return 0;
}
```

（3）鸡兔同笼：头 30，脚 90，求鸡兔各几只？用 for 循环程序完成。

【参考代码】

```cpp
# include < iostream >
using namespace std;
int main()
{
    int x, y;
    for (x = 1; x <= 29; x++){
        y = 30 - x;
        if (2 * x + 4 * y == 90)   cout <<"鸡"<< x <<"兔"<< y << endl;
    }
    return 0;
}
```

（4）一辆快车和一辆慢车开往同一地点，快车票价为 18 元，慢车票价为 13.5 元，共售出 400 张，共计 5940 元，求快车票和慢车票各多少张？

【参考代码】

```cpp
# include < iostream >
using namespace std;
int main()
{
    int x,y;
    for (x = 0;x <= 400;x++){
        y = 400 - x;
        if (18 * x + 13.5 * y == 5940)   cout <<"快车:"<< x <<"   慢车:"<< y << endl;
    }
    return 0;
}
```

（5）求出能被 5 整除的所有四位数的和。

【参考代码】

```cpp
# include < iostream >
using namespace std;

int main(){
    int i,s = 0;
    for(i = 1000;i < 9999;i++)
        if (i % 5 == 0) s = s + i;
    cout << s << endl;
    return 0;
}
```

（6）在下面式子中的两个□内填入一个相同的数字，使等式成立。

$$□3 * 6528 = 3□ * 8256$$

【参考代码】

```cpp
# include < iostream >
using namespace std;
int main(){
    int i,a,b;
    for(i = 1;i <= 9;i++)
    {
        a = i * 10 + 3;
        b = 30 + i;
        if (a * 6528 == b * 8256) cout << i << endl;
    }
     return 0;
}
```

（7）有一个三位数，它的各位数字之和的 11 倍恰好等于它自身，请编程求出这个三位数。

【参考代码】

```cpp
# include < iostream >
using namespace std;
int main()
```

```
{
    int i,a,b,c;
    for (i = 100; i < = 999; i++)
    {
        a = i % 10;
        b = i / 10 % 10;
        c = i / 100;
        if ((a + b + c) * 11 == i) cout << i << endl;
    }
    return 0;
}
```

(8) 在自然数中,如果一个三位数等于自身各位数字之立方和,则这个三位数就称为水仙花数。如 $153 = 1^3 + 5^3 + 3^3$,所以 153 是一个水仙花数。求所有的水仙花数。

【参考代码】

```
# include < iostream >
using namespace std;
int main(){
    int i,j,k,n;

    for(n = 100; n < 1000; n++)
    {
        i = n/100;              //分解出百位
        j = n/10 % 10;          //分解出十位
        k = n % 10;             //分解出个位
        if( n == i * i * i + j * j * j + k * k * k) cout << n << endl;
    }
    return 0;
}
```

(9) 编程序打印出下列图案:

平行四边形	菱形
＊＊＊＊＊＊	＊
＊＊＊＊＊＊	＊＊＊
＊＊＊＊＊＊	＊＊＊＊＊
＊＊＊＊＊＊	＊＊＊
＊＊＊＊＊＊	＊

【参考代码】

① 平行四边形

```
# include < iostream >
using namespace std;

int main()
{
    int i,j,n;
    cin >> n;
    for (i = 1 ; i < = n ; i++)
    {
```

```
        for (j = 1; j <= n - i; j++) cout <<" ";
        for (j = 1; j <= n; j++) cout <<" * ";
        cout << endl;
    }
    return 0;
}
```

② 菱形

```
# include < iostream >
using namespace std;

int main()
{
    int i, j, n;
    cin >> n;
    for (i = 1; i <= n; i++){
        for (j = 1; j <= n - i; j++) cout <<" ";
        for (j = 1; j <= 2 * i - 1; j++) cout <<" * "; cout << endl;
    }
    for (i = n - 1; i > 0; i -- ){
        for (j = 1; j <= n - i; j++) cout <<" ";
        for (j = 1; j <= 2 * i - 1; j++) cout <<" * "; cout << endl;
    }
    return 0;
}
```

（10）编程打印出如下数字形状。

$$1$$
$$222$$
$$33333$$
$$4444444$$
$$555555555$$

【参考代码】

```
# include < iostream >
using namespace std;

int main()
{
    int i, j, n;
    cin >> n;
    for (i = 1; i <= n; i++)
    {
        for (j = 1; j <= n - i; j++)   cout <<" ";
        for (j = 1; j <= 2 * i - 1; j++)cout << i;
        cout << endl;
    }
    return 0;
}
```

（11）有三种明信片：第一种每套一张，售价 2 元；第二种每套一张，售价 4 元；第三种每套 9 张，售价 2 元。现用 100 元买 100 张明信片，要求每种明信片至少要买一套，问三种明信片应各买几套？请输出全部购买方案。

【参考代码】

```cpp
#include <iostream>
using namespace std;

int main()
{
    int x,y,z;                 //设各有 x、y、z 套
    for (x = 1;x <= 50;x++)
        for (y = 1;y <= 25;y++)
        {
            z = 100 - x - y;
            if (z % 9 == 0) {
                z = z / 9;
                if (x * 2 + y * 4 + z * 2 == 100)
                    cout << x <<" "<< y <<" "<< z << endl;
            }
        }
    return 0;
}
```

（12）某人想把一元钱换成伍分、贰分、壹分这样的零钱，在这三种零钱中每种零钱都至少各有一个的情况下，共有多少种兑换方案，请打印出这些方案。

【参考代码】

```cpp
#include <iostream>
using namespace std;

int main()
{
    int x,y,z;                    //设 5 分 x 个,2 分 y 个,1 分 z 个
    for(x = 1;x < 20;x++)
        for (y = 1;y < 50;y++)
            for(z = 1;z < 100;z++)
                if (5 * x + 2 * y + z == 100)
                    cout << x <<" "<< y <<" "<< z << endl;
    return 0;
}
```

（13）输出 100 以内的全部素数，要求每行显示 5 个。

【参考代码】

```cpp
#include <iostream>
using namespace std;
```

```cpp
int main()
{
    int j,i,f,t;
    t = 0;
    for (j = 2;j < = 100;j++)
    {
        f = 1;
        for (i = 2;i < j;i++) if (j % i == 0){ f = 0;break;}
        if (f == 1)
        {
            cout << j <<' ';
            t = t + 1;
            if (t % 5 == 0) cout << endl;
        }
    }
    return 0;
}
```

（14）A、B 两个自然数的和、差、积、商四个数加起来等于 243，求 A、B 两数。

【参考代码】

```cpp
# include < iostream >
using namespace std;

int main()
{
    int a,b;
    for (a = 0;a < 243;a++)
        for(b = 1;b < 243;b++)
            if (a + b + a - b + a * b + 1.0 * a/b == 243)
                cout << a <<" "<< b << endl;
    return 0;
}
```

（15）百钱买百鸡：今有钱 100 元，要买 100 只鸡，公鸡 3 元一只，母鸡 1 元一只，小鸡 1 元 3 只，若公鸡、母鸡和小鸡都至少要买 1 只，请编程求出恰好用完 100 元钱的所有的买鸡方案。

【参考代码】

```cpp
# include < iostream >
using namespace std;

int main()
{
    int x,y,z;
    for (x = 1;x < = 20;x++)
        for (y = 1;y < = 33;y++)
```

```
        {
            z = 100 - x - y;
            if (5 * x + 3 * y + z/3.0 == 100)
                cout <<"公鸡:"<< x <<"母鸡:"<< y <<"小鸡:"<< z << endl;
        }
        return 0;
}
```

(16) 求两个自然数 M 和 N 的最小公倍数(如果求三个或更多个数的最小公倍数呢?
应如何解决)。

【参考代码】

```
# include < iostream >
using namespace std;
int main()
{
    int m,n,s;
    cin >> m >> n;
    s = m;
    while (s % n!= 0) s += m;
    cout << s << endl;
    return 0;
}
```

(17) 小会议室里有几条相同的长凳,有若干人参加会议。如果每条凳子坐 6 人,结果
有一条凳子只坐 3 人;如果每条凳子坐 5 人,就有 4 人不得不站着。求会议室里有多少人开
会,有多少条长凳?

【参考代码】

```
# include < iostream >
using namespace std;
int main()
{
    int a,b;
    a = 1;
    while (1){
        if (6 * (a - 1) + 3 == 5 * a + 4) {
            cout <<"人数: "<< 5 * a + 4 <<"   "<<"凳子数: "<< a << endl;
            break;
        }
        else a++;
    }
    return 0;
}
```

(18) 某动物饲养中心用 1700 元专款购买小狗(每只 31 元)和小猫(每只 21 元)两种小
动物。要求专款专用,正好用完,应当如何购买? 请输出所有方案。

【参考代码】

```cpp
# include < iostream >
using namespace std;
int main()
{
    int a,b;
    for(a = 1;a < = 90;a++)
     for (b = 1;b < = 90;b++)
      if(a * 31 + b * 21 == 1700)
          cout <<"小狗: "<< a <<"   "<<"小猫: "<< b << endl;
    return 0;
}
```

(19) 某整数 x 加上 100 就成为一个完全平方数,如果让 x 加上 168 就成为另一个完全平方数。求 x。

【参考代码】

```cpp
# include < iostream >
# include < math. h >
using namespace std;
int main()
{
    int a,b,i;
    for(i = 1;i < = 1000;i++)
    {
        a = i + 100;
        b = i + 168;
        if (sqrt(a) == int(sqrt(a)) && sqrt(b) == int(sqrt(b)))    cout << i;
     }
    return 0;
}
```

(20) 某次同学聚会,老同学见面个个喜气洋洋,互相握手问好。参加此次聚会者每人都与老同学握了一次手,共握 903 次,试求参加聚会的人数。

【参考代码】

```cpp
# include < iostream >
using namespace std;
int main()
{
    int i,j,k,s = 0;
    i = 1;
    while (1){
        s = s + i;
        if (s == 903) {cout <<"参加聚会的人数: "<< i << endl;break;}
        i++;
    }
    return 0;
}
```

(21) 用自然数 300、262、205、167 分别除以某整数 a,所得到的余数均相同。求出整数 a 以及相除的余数。

【参考代码】

```cpp
#include<iostream>
using namespace std;
int main()
{
    int a,b;
    a=167;
     while (a>0){
       b=300 % a;
       if (262 % a==b && 205 % a==b && 167 % a==b){
            cout<<"整数是: "<<a<<"   "<<"余数是: "<<300%a<<endl;
            break;
        }
       else a--;
     }
    return 0;
}
```

(22) 1600 年前我国的一部经典数学著作中有题：“今有物，不知其数，三三数之，剩二；五五数之，剩三；七七数之，剩二，问物几何。”求最小解。

【参考代码】

```cpp
#include<iostream>
using namespace std;
int main()
{
    int a=1,b;
    while (1){
        if((a%3==2)&&(a%5==3)&&(a%7==2))
        {
            cout<<"最小解是: "<<a<<endl;
            break;
        }
        else a++;
    }
    return 0;
}
```

(23) 编程求出所有不超过 1000 的数中，含有数字 3 的自然数，并统计总数。

【参考代码】

```cpp
#include<iostream>
using namespace std;
int main()
{
    int a,a1,b,js=0;
    for(a=1;a<=40;a++){
        b=a;
        while (b>0){
            a1=b % 10;
            if (a1==3) {js++;break;}
```

```
        b = b / 10;
        }
    }
    cout << endl <<"总数是: "<< js;
    return 0;
}
```

(24) 阿姆斯特朗数：如果一个正整数等于其各个数字的立方和，则该数称为阿姆斯特朗数，如 $407=4^3+0^3+7^3$，试编程求出 1000 以内的所有阿姆斯特朗数。

【参考代码】

```
# include < iostream >
using namespace std;
int main()
{
    int a,b,c,d;
    a = 1;
    while(a < 1000)    {
        b = a % 10;
        c = a / 10 % 10;
        d = a /100;
        if(a == b * b * b + c * c * c + d * d * d) cout << a << endl;
        a++;
    }
    return 0;
}
```

(25) 求 $s=1-1/2+1/3-1/4+1/5-1/6+\cdots+1/n$（求前 n 项的和）。

【参考代码】

```
# include < iostream >
using namespace std;
int main()
{
    double s, j = 1;
    int i,k,n;
    cin >> n;
    for (i = 1; i <= n; i++){
        s = s + j/i;
        j = - j;
    }
    cout << s << endl;
    return 0;
}
```

(26) 斐波那契数列前几项为：0,1,1,2,3,5,8,…，其规律是从第三项起，每项均等于前两项之和。求前 30 项，并以每行 5 个数的格式输出。

【参考代码】

```
# include < bits/stdc++.h >
using namespace std;
```

```
int main()
{
    int a = 0, b = 1, c;
    printf("%d%d",a,b) ;
    for (int i = 3;i < 31;i++)
    {
        c = a + b ;
        a = b ;
        b = c ;
        printf("%d",c) ;
        if (i % 5 == 0) printf("\n") ;
    }
    return 0;
}
```

　　（27）小球从 100m 的高处自由落下,着地后又弹回高度的一半再落下。求第 20 次着地时,小球共通过多少路程?

【参考代码】

```
# include < bits/stdc++.h>
using namespace std;
int main()
{
    doubles = 0, m = 100, n = 100;
    for (int i = 1;i <= 20;i++) {
        s = s + m;
        n = n/2;
        m = n * 2;
    }
    printf("%0.2lf\n",s) ;
    return 0 ;
}
```

　　（28）某登山队员第一天登上山峰高度的一半又 24m；第二天登上余下高度的一半又 24m；每天均如此。到第七天,距山顶还剩 91m。求此山峰的高度。

【参考代码】

```
# include < bits/stdc++.h>
using namespace std;
int main()
{
    int s = 91;
    for (int i = 1;i < 7;i++) s = (s + 24) * 2;
    cout << s << endl;
    return 0;
}
```

(29) 给出某整数 N,将 N 写成因数相乘的形式。例如,$N=12$,输出：$12=1*2*2*3$。

【参考代码】

```cpp
# include < iostream >
using namespace std;
int main()
{
    int a,b;
    cin >> a;
    cout << a <<" = ";
    for(b = 1;b <= a;b++)
    {
        while(a % b == 0)
        {
            a = a/b;
            if(a!= 1)   cout << b <<" * ";else cout << b;
            if(b == 1)   break;
        }
    }
    return 0;
}
```

(30) 某出售金鱼者决定将缸里的金鱼全部卖出。第一次卖出全部金鱼的一半加二分之一条；第二次卖出剩余的三分之一加三分之一条金鱼；第三次卖出余下金鱼的四分之一加四分之一条；第四次卖出余下的五分之一加五分之一条金鱼。还剩下 11 条金鱼。当然,出售金鱼时都是整数条,不能有任何破损。求缸里原有的金鱼数。

【参考代码】

```cpp
# include < bits/stdc++.h >
using namespace std;
int main()
{
    int s = 11;
    for (int i = 5;i > 1;i -- ) s = (s * i + 1) / (i - 1);
    cout << s << endl;
    return 0;
}
```

(31) 外出旅游的几位朋友决定次日早晨共分一筐苹果。天刚亮,第一个人醒来,他先拿了一个,再把筐里的八分之一拿走；第二个人醒来,先拿两个,再把筐里的八分之一拿走；第三个人醒来,先拿三个,再拿走筐里的八分之一……每个人依次照此方法拿出各人的苹果,最后筐里的苹果全部拿完,他们每人所拿到的苹果数恰好一样多。求原先筐里的苹果数和人数。

【参考代码】

```cpp
# include < iostream >
# include < algorithm >
using namespace std;
```

```cpp
int main()
{
    int i,j,k,s;
    for (k = 2;k < 100;k++){
        i = 1;s = k;
        while ((s - i)  %  8  == 0) {
            j = i + (s - i)/8;
            s = s - j;
            if (s == 0) {
                cout << i <<" "<< k << endl;break;
            }
            i++;
        }
    }
    return 0;
}
```

第 5 章　数　　组

　　数组是存放类型相同的一系列元素的容器,通过数组的下标可以访问到数组中每个元素,无须对每个元素声明一个单独的变量。数组一旦声明后,大小是固定的,不能随意修改数组的长度。

　　下面这个例题可以体现数组的应用优势。

　　请记录班级 10 位同学的成绩,提供查询操作:询问第 i 位同学的成绩。

　　如果每个同学用一个简单变量来表示,则记录成绩就需要采用如下形式:

scanf("%d%d%d%d%d%d%d%d%d%d",stu1,stu2,stu3,stu4,stu5,stu6,stu7,stu8,stu9,stu10);

　　当人数达到 50、100,甚至成千上万,以上的程序中仅输入的步骤就会非常烦琐复杂。

　　如果用数组来表示,则记录成绩:

```
for(int i = 1; i <= 10; i++)
    scanf("%d",&stu[i]]);
```

　　即使人数达到成千上万,以上程序只需要修改数组大小即可。

5.1 ▶ 一维数组

　　数组的定义形式如下:

type arrayName[arraySize]

　　其中,type 为数组中元素的类型,可以为通用的数据类型,也可以为自定义的结构体类型;arrayName 为数组名字,命名规则与变量名的命名规则一致;arraySize 为数组中元素的个数,arraySize 必须为大于零的整数常量,或者符号常量,但不可以是变量。数组一旦定义后,不可以随意改变数组长度。在实际使用中,通常会将数组长度定义得大一点,以免发生访问越界等情况。

　　以下数组的定义均正确:

```
const int MAXN = 15;
double a[MAXN];
int stu[10];
```

5.2 ▶ 访问数组

　　C++编译程序会将定义的数组在内存中开辟一段连续的空间,空间大小为数组元素个数 * 元素类型占用空间,数组名字是数组首元素的内存地址。数组如果定义为局部变量,该数组会被创建在栈空间中。而如果定义为全局变量,则该数组会创建在静态区中。

通过数组下标运算符[],可以访问数组中每个元素。数组下标从 0 开始,例如 int stu[10],该数组有 10 个整型元素,分别是 stu[0]、stu[1]、stu[2]、stu[3]、stu[4]、stu[5]、stu[6]、stu[7]、stu[8]、stu[9],如图 5-1 所示。

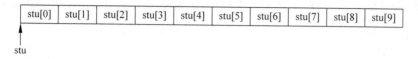

图 5-1　一维数组下标

在此需要注意的是,int stu[10]数组中只有 10 个元素,下标范围从 0 到 9,不存在元素 stu[10],如果在访问数组时发生了下标越界的情况,将产生不可预料的后果,例如修改了预期之外的变量。在编译时通常不会提醒该类问题,但是在运行时,有可能会遇到运行时错误(Runtime Error)的提示。

数组初始化时,需要对每个元素进行赋值,例如 int a[5]={0,1,2,3,4}。初始化时可以写出全部元素初始值,也可以只写部分,但{}中元素个数不可大于数组大小。如果只写了部分,则依次从前往后赋值,例如 int a[10]={0,1,2,3,4};对数组中前 5 个元素初始化为 0、1、2、3、4,其他元素未进行初始化。如果在定义数组大小时省略了数组大小,则数组的大小为初始时元素的个数,例如:

```
int a[] = {0,1,2,3,4};          //数组大小为 5
```

不能将一个数组直接赋值给另一个数组。通常使用数组下标和循环语句,遍历数组中元素,再对数组进行赋值或其他处理,代码如下:

```
int stu[10];
int a[10] = {0,1,2,3,4};
for(int i = 0; i <= 9; i++)
    stu[i] = a[i];
```

5.3　多维数组

多维数组的本质为数组的数组,当一维数组中的元素类型也是一维数组时,我们便定义了二维数组。一个二维数组需要两个维度,定义格式如下:

```
type arrayName[arraySize1][arraySize2]
```

访问数组时也需要写出两个维度的下标索引。

例如:

```
int a[3][4];                    //定义
a[0][2] = 0;                    //访问数组内元素
```

数组 a 实质上为一个 3 行 4 列的二维表格,行和列的下标均从 0 开始。访问二维数组元素时,第一维表示行,第二维表示列,a[0][2]就表示第 0 行第 2 列元素,如图 5-2 所示。

第0列	第1列	第2列	第3列
a[0][0]	a[0][1]	a[0][2]	a[0][3]
a[1][0]	a[1][1]	a[1][2]	a[1][3]
a[2][0]	a[2][1]	a[2][2]	a[2][3]

图 5-2　二维数组

二维数组的初始化和一维数组类似,可以将每一行用一个大括号分别隔开,也可以将所有元素的初值只写在一个括号中,例如以下两种初始化方式均正确:

```
int a[3][4] = {{0,1,2,3},{4,5,6,7},{8,9,10,11}};
int a[3][4] = {0,1,2,3,4,5,6,7,8,9,10,11};
```

通常使用嵌套的 for 循环来处理二维数组,例如完成上一行 3 行 4 列二维数组初始化:

```
int a[3][4], tot = 0;
for(int i = 0; i<=2; i++)
  for(int j = 0; j<=3; j++)
    a[i][j] = tot++;
```

5.4 数组例题

5.4.1 统计个数

【题目描述】

给出 n 个整数,然后给出一个基准数 num,求出这 n 个数中比 num 大的数的个数。

输入:

第一行一个整数 n,表示个数。

接下来一行 n 个整数,每两个整数之间用空格隔开。

接下来一行一个整数 num,表示基准数字。

输出:

一行一个整数,表示比 num 大的数的个数。

输入样例:

3

2 4 3

3

输出样例:

1

【分析】

如果基准数字在输入 n 个数字之前给出,则在输入时直接统计即可,无须用到数组。基准数字 num 在给出的 n 个数字之后给出,则无法在输入的同时直接比较统计,需要先将 n 个整数保存下来,这就需要用到数组。

用数组 a 保存 n 个数,注意数组大小要大于或等于 n;然后遍历数组元素,统计比基准数字大的数字的个数。

注意:在竞赛中,数组大小一般比给出的 n 的最大值略大,以免出现数组溢出的情况。

【参考代码】

```
#include <cstdio>
using namespace std;
const int MAXN = 1005;
int a[MAXN], n, num;
```

```
int main()
{
    scanf(" % d",&n);
    for(int i = 0; i < n; i++)
        scanf(" % d",&a[i]);
    scanf(" % d",&num);
    int cnt = 0;
    for(int i = 0; i < n; i++)
        if(a[i]> num)
            cnt++;
    printf(" % d",cnt);
    return 0;
}
```

5.4.2　总分及平均分

【题目描述】

班级内有 n 位同学,已知每位同学的语文、数学、英语三科成绩,请编程计算每位同学的总分以及平均分,结果保留整数部分。

输入:

第一行输入一个整数 n,表示班级同学个数。

接下来 n 行每行 3 个整数,第 $i+1$ 行表示第 i 位同学的三科成绩。

输出:

n 行,每行两个整数,表示每位同学的总分及平均分。

输出的两个整数右对齐占 3 个字符,两个整数之间一个空格。

输入样例:

```
4
95   89   78
83   94   93
97   76   99
100   92   100
```

输出样例:

```
262   87
270   90
272   90
292   97
```

【分析】

每科成绩用一维数组表示,三科成绩分别用数组 a、b、c 表示,数组大小为班级人数大小。则 $a[i]$,$b[i]$,$c[i]$ 表示第 $i+1$ 个人的三科成绩。数组 s 表示总成绩,数组 av 表示平均成绩。则 $s[i]=a[i]+b[i]+c[i]$ 为第 $i+1$ 个人的总成绩,$av[i]=s[i]/3$,表示第 $i+1$ 个人的平均成绩。

【参考代码】

```
# include < cstdio >
using namespace std;
```

```
const int MAXN = 1005;
int a[MAXN],b[MAXN],c[MAXN],s[MAXN],av[MAXN];
int main()
{
    int n;
    scanf("% d",&n);
    for(int i = 0; i < n; i++)
    {
        scanf("% d % d % d",&a[i],&b[i],&c[i]);
        s[i] = a[i] + b[i] + c[i];
        av[i] = s[i]/3;
    }
    for(int i = 0; i < n; i++)
        printf("% 3d  % 3d\n",s[i],av[i]);
    return 0;
}
```

5.4.3　成绩表

【题目描述】

输入学号 1101～1104 的 4 名学生语文、数学、物理、化学、英语、计算机六门课的考试成绩,如表 5-1 所示,编程求出每名学生的平均分,按每名学生数据占一行的格式输出。

表 5-1　学生考试成绩

Name	Chinese	Math	Physics	Chemistry	English	Computer	Average
1101	87	91	78	85	67	78	
1102	69	84	79	95	91	89	
1103	86	69	79	89	90	88	
1104	88	89	92	87	88	81	

【分析】

根据题目所给数据及要求,定义如下数据类型。

(1) 学生成绩:在数据表格中每人的成绩占一行,每行 6 列(每科占一列);定义二维数组 s,各元素为实型。

(2) 个人平均分:定义一维数组 av,各元素为实型。

(3) 个人总分:是临时统计,为计算机平均分服务,用简单实型变量 t。

处理步骤如下。

(1) 用双重循环按行 i、列 j 输入第 i 个人第 j 科成绩存入 $s[i-1][j-1]$。

(2) 每读入一科成绩,就累积到个人总分 t 中。

(3) 输完第 i 个人的各科成绩,就计算出第 i 个人平均分并存入数组 $av(i-1)$ 中。

(4) 重复上述步骤,直到全部学生的成绩处理完毕。

(5) 用双重循环按行列形式输出完整的成绩表。

【参考代码】

```
# include < iostream >
using namespace std;
int a[4][6] = {87,91,78,85,67,78,
```

```
                69,84,79,95,91,89,
                86,69,79,89,90,88,
                88,89,92,87,88,81};
    double ave[4];

    int main()
    {
        int i,j;
        double k;
        for (i = 0;i < 4;i++)
        {
            k = 0;
            for (j = 0;j < 6;j++) k += a[i][j];
            ave[i] = k / 6;
            cout << ave[i]<< endl;
        }
        return 0;
    }
```

5.4.4　约瑟夫问题

【题目描述】

有 n 个人围成一圈,按照顺序给他们从 1 到 n 依次编上号,从 1 号开始报数,报到 m 的人出圈,下一个在圈内的人再从 1 开始报数,报到 m 的人出圈,以此类推,直到所有人都出圈,请按出圈顺序输出每个人的编号。

输入:

两个整数 n 和 m,表示一共有 n 人,以及报到 m 的人出圈,$n \leqslant 100$。

输出:

n 个整数,顺序表示其出圈顺序。

输入样例:7 3

输出样例:3 6 2 7 5 1 4

【分析】

将每个人是否在圈内的状态用一个布尔类型的数组来表示 bool vis[105],对于第 i 个人 vis[$i-1$]为 false 时表示没有出圈,vis[$i-1$]为 true 时表示出圈。报数时只统计 vis[i]为 false 的人。直到所有人都出圈为止。

注意 n 个人围成一圈,第 n 个人的下一位应该是第 1 个人,在循环中编号 i 是自增,特判 $n+1$ 的情况即可。

【参考代码】

```
#include <cstdio>
using namespace std;
const int MAXN = 105;
bool vis[MAXN];                         //全局变量,默认初始化为 false
int main()
{
    int n,m;
    scanf("%d%d",&n,&m);
```

```
        int num = 0;                    //统计出圈的人数
        int now = 0;                    //报数
        for(int i = 1; num < n; i++)
        {
            if(i == n + 1) i = 1;
            if(!vis[i])now++;           //圈中人报数统计
            if(now == m)                //出圈
            {
                now = 0;
                vis[i] = true;
                num++;
                printf(" % d ",i);
            }
        }
        return 0;
    }
```

5.4.5 素数基本筛法

【题目描述】

输入正整数 n，请输出小于或等于 n 的所有素数，并按照每行 5 个显示，$n \leqslant 10000$。

输入：

一个整数 n。

输出：

第一行一个整数，表示素数个数；接下来按照每行 5 个数输出 n 之内所有素数。

输入样例：

10

输出样例：

4

2 3 5 7

【分析】

将每个数是否是素数用布尔数组表示，$vis[i-1]$ 为 true 表示 i 不是素数，$vis[i-1]$ 为 false 表示 i 是素数。从 2 到 n 数组初始化为 false。已知 2 是素数，将 2 的所有倍数都剔除，将 2 的倍数的 vis 设为 true。依次往后遍历，如果 $vis[i-1]$ 为 false，则说明 i 不是任何数（非 1）的倍数，i 是素数，并将 i 的所有倍数都设为非素数 vis 为 true。

该算法筛选素数的时间复杂度为 $O(n^2)$。素数筛法有更快的算法，复杂度为 $O(n)$，详见基本算法部分。

【参考代码】

```
# include < cstdio >
using namespace std;
const int MAXN = 10005;
bool vis[MAXN];                         //全局变量默认初始为 false
int prime[MAXN], tot = 0;
int main()
{
```

```
    int n;
    scanf(" % d",&n);
    for(int i = 2; i <= n; i++)
    {
        if(!vis[i])                 //i为素数,并剔除 i 的所有倍数
        {
            prime[++tot] = i;
            for(int j = 2; i * j <= n; j++)
                vis[i * j] = true;
        }
    }
    printf(" % d\n",tot);
    for(int i = 1; i <= tot; i++)
    {
        printf(" % d ", prime[i]);
        if(i % 5 == 0) printf("\n");
    }
    return 0;
}
```

5.4.6　颜色球

【题目描述】

从红(red)、黄(yellow)、蓝(blue)、白(white)、黑(black)五种颜色的球中,任取三种不同颜色的球,求所有可能的取法。

【分析】

(1)将五种颜色定义为枚举类型。

(2)a、b、c 都是枚举类型中取不同颜色之一。

(3)a 的取值范围从红色到黑色。

b 的取值范围从红色到黑色,但必须 $a \neq b$。

c 的取值范围从红色到黑色,且必须$(a \neq b)$and$(c \neq b)$。

(4)每次打印取出的三个球的颜色,即第一个到第三个(for($n=1$; $n<=3$; $n+1$))。

当 $n=1$:取 a 的值,根据 a 的顺序值输出对应颜色字符串。

当 $n=2$:取 b 的值,根据 b 的顺序值输出对应颜色字符串。

当 $n=3$:取 c 的值,根据 c 的顺序值输出对应颜色字符串。

(5)直至 a、b、c 的取值范围全部循环完毕。

【参考代码】

```
# include < iostream >
using namespace std;
char a[5][10] = {"red","yellow","blue","white","black"};
int main()
{
    int i,j,k;
    for (i = 0;i < 5;i++)
        for (j = i + 1;j < 5;j++)
            for (k = j + 1;k < 5;k++)
```

```
                        cout << a[i]<<" "<< a[j]<<" "<< a[k]<< endl;
        return 0;
    }
```

5.4.7　商店

【题目描述】

假设四个商店一周内销售自行车的情况如表 5-2 所示。

表 5-2　自行车销售情况

商店	自行车牌号		
	永久牌	飞达牌	五羊牌
第一商店	35	40	55
第二商店	20	50	64
第三商店	10	32	18
第四商店	38	36	28

几种牌号自行车的单价如表 5-3 所示。求各商店本周出售自行车的总营业额。

表 5-3　自行车价目表

自行车车牌	单价/元	自行车车牌	单价/元
永久牌	395	五羊牌	384
飞达牌	398		

【分析】

(1) 把表 5-2 看成由行(每个店占一行)与列(每种牌号占一列)共同构成的数据组,按表格排列的位置顺序,用 a 数组表示如下。

$a[0][0]=35$　$a[0][1]=40$　$a[0][2]=55$　　〔第一行共三个数据〕

$a[1][0]=20$　$a[1][1]=50$　$a[1][2]=64$　　〔第二行共三个数据〕

$a[2][0]=10$　$a[2][1]=32$　$a[2][2]=18$　　〔第三行共三个数据〕

$a[3][0]=38$　$a[3][1]=36$　$a[3][2]=28$　　〔第四行共三个数据〕

a 数组有 4 行 3 列,每个数组元素由两个下标号表示,这样的数组称为二维数组。

(2) 表 5-3 的数据按排列顺序用 b 数组表示如下。

$b[0]=395$　　　$b[1]=398$　　　$b[2]=384$

(3) b 数组有 3 个数据,用一维数组表示,下标号与表 5-2 中列的序号有对应关系。

(4) 计算各店营业额并用 t 数组表示如下。

$t[0]=a[0][0]*b[0]+a[0][1]*b[1]+a[0][2]*b[2]$　〔计算第一商店的营业额〕

$t[1]=a[1][0]*b[0]+a[1][1]*b[1]+a[1][2]*b[2]$　〔计算第二商店的营业额〕

$t[2]=a[2][0]*b[0]+a[2][1]*b[1]+a[2][2]*b[2]$　〔计算第三商店的营业额〕

$t[3]=a[3][0]*b[0]+a[3][1]*b[1]+a[3][2]*b[2]$　〔计算第四商店的营业额〕

t 数组共有 4 个数据,为一维数组,下标号与商店号有对应关系。输出 t 数组各元素的值。

【参考代码】

```
#include <iostream>
using namespace std;
int a[4][3] = {35,40,55,20,50,64,10,32,18,38,36,28};
int b[3] = {395,398,384};
int t[4];
int main()
{
    int i,j,k;
    for (i = 0;i < 4;i++)
    {
        t[i] = 0;
        for (j = 0;j < 3;j++)
            t[i] += a[i][j] * b[j];
        cout << t[i]<< endl;
    }
    return 0;
}
```

5.4.8　矩阵乘法

【题目描述】

两个矩阵如果满足第一个矩阵 A 的列数与第二个矩阵 B 的行数相等,则可以计算矩阵乘法 $A * B$。$n * m$ 阶的矩阵 A 乘以 $m * p$ 阶的矩阵 B 得到 $n * p$ 阶的矩阵 C,其中 C 中的元素 $C[i][j] = \sum_{k=1}^{m}(A[i][k] * B[k][j])$。 请编程实现矩阵乘法。

输入:

第一行三个整数 n、m、p,表示 A 矩阵阶数为 $n * m$,B 矩阵阶数为 $m * p$,其中 n、m、$p \leqslant 100$。

接下来 n 行,每行 m 个整数,为 A 矩阵中的元素。

接下来 m 行,每行 p 个整数,为 B 矩阵中的元素。

元素绝对值均小于或等于 10000。

输出:

矩阵 C,共 n 行,每行 p 个整数,两个整数之间用一个空格隔开。

输入样例:

3　4　5
1　2　3　4
3　2　1　4
5　3　2　1
2　3　4　5　6
5　4　3　2　1
2　4　2　1　1
1　1　1　1　1

输出样例:

22　27　20　16　15

```
22   25   24   24   25
30   36   34   34   36
```

【分析】

矩阵用二维数组表示,遍历矩阵 C 中的每一行每一列的元素 $C[i][j]$,对于 $C[i][j]$ 按照题目中的描述遍历 A 矩阵中的第 i 行以及 B 矩阵中的第 j 列中的元素,依次累加乘积。

注意:在竞赛中,定义多维数组时要注意计算空间大小,以免出现内存不够的情况。

【参考代码】

```cpp
# include <cstdio>
using namespace std;
const int MAXN = 105;
int a[MAXN][MAXN], b[MAXN][MAXN], c[MAXN][MAXN];
int main()
{
    int n,m,p;
    scanf("%d%d%d",&n,&m,&p);
    for(int i = 1; i<=n; i++)
        for(int j = 1; j<=m; j++)
            scanf("%d",&a[i][j]);
    for(int i = 1; i<=m; i++)
        for(int j = 1; j<=p; j++)
            scanf("%d",&b[i][j]);
    for(int i = 1; i<=n; i++)
        for(int j = 1; j<=p; j++)  {
            c[i][j] = 0;
            for(int k = 1; k<=m; k++)
                c[i][j] += a[i][k] * b[k][j];
        }
    for(int i = 1; i<=n; i++)  {
        for(int j = 1; j<=p; j++)
            printf("%d ", c[i][j]);
        printf("\n");
    }
    return 0;
}
```

5.4.9　扫雷游戏

【题目描述】

现在给出 n 行 m 列的雷区中的地雷分布,要求计算出每个非地雷格的周围格地雷数。

注意:每个格子周围格有 8 个,即上、下、左、右、左上、右上、左下、右下。

输入:

第一行包含两个整数 n 和 m,分别表示雷区的行数和列数。$1 \leqslant n \leqslant 100$,$1 \leqslant m \leqslant 100$。接下来 n 行,每行 m 个字符,∗ 表示相应格子中是地雷,? 表示相应格子中无地雷。字符之间无任何分隔符。

输出:

n 行,每行 m 个字符,描述整个雷区。若相应格中是地雷,则用 ∗ 表示,否则用相应的周围格地雷数表示。字符之间无任何分隔符。

输入样例：

3 3

＊??

???

? ＊ ?

输出样例：

＊ 10

221

1 ＊ 1

【分析】

嵌套循环遍历二维字符数组中的每行每列的每个元素,如果是?,遍历该元素的 8 邻域,统计 8 邻域中 ＊ 的个数。对于第 i 行 j 列元素而言,其 8 邻域分别为: $(i-1,j-1)$,$(i-1,j)$,$(i-1,j+1)$,$(i,j-1)$,$(i,j+1)$,$(i+1,j-1)$,$(i+1,j)$,$(i+1,j+1)$,八邻域可以用二维数组 $pos[8][2]=\{\{-1,-1\},\{-1,0\},\{-1,1\},\{0,-1\},\{0,1\},\{1,-1\},\{1,0\},\{1,1\}\}$ 来表示。

需要注意的是,判断邻域是否超过了二维数组边界。

【参考代码】

```cpp
# include < cstdio >
using namespace std;
const int MAXN = 105;
char str[MAXN][MAXN];
int pos[8][2] = {{-1,-1},{-1,0},{-1,1},{0,-1},{0,1},{1,-1},{1,0},{1,1}};
int main()
{
    int n,m;
    scanf("%d%d",&n,&m);
    for(int i = 1; i <= n; i++)
        scanf("%s",&str[i][1]);
    for(int i = 1; i <= n; i++)
    {
        for(int j = 1; j <= m; j++)
        {
            if(str[i][j] == '*')
            {
                printf("*");
                continue;
            }
            int num = 0;
            for(int k = 0; k < 8; k++)
            {
                int nx = i + pos[k][0];
                int ny = j + pos[k][1];
                if(nx < 1||ny < 1||nx > n||ny > m||str[nx][ny] == '?')continue;
                num++;
            }
            printf("%d",num);
        }
    }
```

```
        printf("\n");
    }
    return 0;
}
```

5.4.10　打印图形

【题目描述】

给出不大于 100 的数字 n，请用 1 到 $n * n$ 的整数打印出 n 行 n 列的数字方阵图形。

输入：

输入一个不大于 100 正整数 n，表示方阵行数。

输出：

输出该数字方阵图形，数字严格右对齐，至少占 5 个字符，一行中相邻两个数字之间用一个空格隔开。

输入样例：5

输出样例：

```
    1     2     3     4     5
    6     7     8     9    10
   11    12    13    14    15
   16    17    18    19    20
   21    22    23    24    25
```

【分析】

$N * N$ 的数字方阵，每行有 n 个数，共 n 行，第 1 行第 1 列的元素大小为 1。用双重循环遍历行和列，依次从第 1 行到第 n 行，每行从第 1 列到第 n 列，从 1 开始累加，每到下一个数，元素大小自增 1。

可以将方阵中的数字保存至二维数组中，最后统一按照要求的格式打印。

在本例题中，也可以在给每个数组元素赋值的同时，按照遍历顺序将数字图形打印出来。而有些图形不是按照从上到下、从左到右的顺序依次遍历时，就需要用数组保存每个元素。

【参考代码】

```cpp
#include <cstdio>
using namespace std;
const int MAXN = 105;
int a[MAXN][MAXN], n;
int main()
{
    scanf("%d",&n);
    int tot = 0;
    for(int i = 0; i < n; i++)
    {
        for(int j = 0; j < n; j++)
        {
            a[i][j] = ++tot;
            printf("%5d ",a[i][j]);
```

```
        }
        printf("\n");
    }
    return 0;
}
```

5.4.11　回形填数

【题目描述】

用数字 $1, 2, 3, \cdots, n$ 这些数填充规模为 $n * n$ 的方阵,填充方法为:从右上角顶点开始为第 1 个点,先向下依次填数,然后向左、向上、向右,填完一圈后,螺旋向内继续填充。例如当 n 为 4 时,方阵填充为输出样例形式。

输入:

输入一个不大于 10 的正整数 N,表示方阵行数。

输出:

输出该方阵,相邻两个元素之间用空格隔开(不必严格对齐)。

输入样例:

4

输出样例:

```
10  11  12   1
 9  16  13   2
 8  15  14   3
 7   6   5   4
```

【分析】

本题中数字图形的大小顺序不是从上到下从左到右依次累加,因此无法像上一个例题一样,遍历时就直接可以打印,因此需要用二维数组来保存方阵中每个元素的大小,计算完成后,再按照行列顺序打印出来。

待填数字方阵用二维数组 a 来表示,其中行用 i 表示,列用 j 表示,$a[i][j]$ 就表示第 i 行第 j 列的元素大小,初始化时 a 中元素均为 0。tot 表示待填数字,从 1 开始,每过一个元素,tot 自增 1。接下来就是将每个数字放到对应的位置上。

(1)初始化位置为左上角,$i = 1, j = n$ 开始填写第 1 个数字,$tot = 1$。

(2)向下填写,列 j 不变,行 i 自增,元素大小 tot 自增,直到到达数组边界或下一个格子已经填写;下一个格子也就是 $a[i+1][j]$ 中的数如果不为 0,则表示已经填写。

(3)向左填写,行 i 不变,列 j 自减,元素大小 tot 自增,直到达到数组边界或下一个格子 $a[i][j-1]$ 已经填写。

(4)向上填写,列 j 不变,行 i 自减,元素大小 tot 自增,直到达到数组边界或下一个格子 $a[i-1][j]$ 已经填写。

(5)向右填写,行 i 不变,列 j 自增,元素大小 tot 自增,直到达到数组边界或下一个格子 $a[i][j+1]$ 已经填写。

重复以上过程,直到 $tot > n * n$。

【参考代码】

```cpp
#include <cstdio>
using namespace std;
const int MAXN = 15;
int a[MAXN][MAXN];
int main()
{
    int n;
    scanf("%d",&n);
    int tot = 0, i = 0, j = n;
    while(tot < n * n)
    {
        while(i < n && a[i+1][j] == 0) a[++i][j] = ++tot;    //向下
        while(j > 1 && a[i][j-1] == 0) a[i][--j] = ++tot;    //向左
        while(i > 1 && a[i-1][j] == 0) a[--i][j] = ++tot;    //向上
        while(j < n && a[i][j+1] == 0) a[i][++j] = ++tot;    //向右
    }
    for(int i = 1; i <= n; i++)
    {
        for(int j = 1; j <= n; j++)
            printf("%d ",a[i][j]);
        printf("\n");
    }
    return 0;
}
```

5.4.12   幻方

【题目描述】

幻方是一个 $n*n$ 的矩阵,且每行、每列以及对角线加起来的数字是相同的。可以通过以下方法构建一个奇数阶幻方。

(1) 第一个数字写在第一行中间。

(2) 下一个数字,都写在上一个数字的右上方。

① 如果该数字在第一行,则下一个数字写在最后一行,列数为该数字的右一列。

② 如果该数字在最后一列,则下一个数字写在第一列,行数为该数字的上一行。

③ 如果该数字在右上角,或者该数字的右上方已经有数字,则下一个数字写在该数字的下方。

输入:

一个整数 n,表示幻方的阶数 $n \leqslant 20$。

输出:

按照题目描述中的方法构造的 $2n-1$ 阶的幻方。

输入样例:

3

输出样例:

17   24   1   8   15

23   5   7   14   16

```
 4   6  13  20  22
10  12  19  21   3
11  18  25   2   9
```

【分析】

用二维数组表示幻方，按照题目描述依次判断并填写数字。

【参考代码】

```cpp
# include < cstdio >
using namespace std;
const int MAXN = 55;
int a[MAXN][MAXN];
int main()
{
    int n;
    scanf(" % d",&n);
    n = n * 2 - 1;
    int num = 0;
    int i = 1, j = (n + 1)/2, nx, ny;
    a[i][j] = ++num;
    while(num < = n * n)
    {
        nx = i - 1; ny = j + 1;                          //右上方
        if(i == 1){nx = n; ny = j + 1;}                  //第一行
        if(j == n){nx = i - 1; ny = 1;}                  //最后一列
        if(a[nx][ny]!= 0||(i == 1&&j == n)){nx = i + 1;ny = j;}    //右上角或者右上方已经有数字
        a[nx][ny] = ++num;
        i = nx; j = ny;
    }
    for(int i = 1; i < = n; i++)
    {
        for(int j = 1; j < = n; j++)
            printf(" % d", a[i][j]);
        printf("\n");
    }
    return 0;
}
```

5.4.13　工作效益

【题目描述】

新录 a、b、c 三个工人，每人分配一个工种，每个工种只需一人，经测试，三人做某种工作的效率如表 5-4 所示。如何分配三人的工作才能使他们工作效益最大？

表 5-4　工人工作效率

工　人	工　种		
	一	二	三
a	4	3	3
b	2	4	3
c	4	5	2

【分析】

(1) 定义各元素值为整数型的 x 数组，将表中的数据按行列关系作如下处理。

- a 为第一行，将其三种工作效率(4,3,3)分别存入($x[a][0]$,$x[a][1]$,$x[a][2]$)。
- b 为第二行，将其三种工作效率(2,4,3)分别存入($x[b][0]$,$x[b][1]$,$x[b][2]$)。
- c 为第三行，将其三种工作效率(4,5,2)分别存入($x[c][0]$,$x[c][1]$,$x[c][2]$)。

在这里，x 数组第一个下标为枚举型，表示工人(a,b,c)；第二个下标为子界型，表示工种(一,二,三)：

(2) 计算三人工作的总效率：$s=x[a][i]+x[b][j]+x[c][k]$。

- a 的工种 i：0~2(用循环 for($i=0$；$i \leqslant 2$；$i++$))。
- b 的工种 j：0~2(用循环 for($j=0$；$j \leqslant 2$；$j++$))。
- c 的工种：$k=6-i-j$(工种代号总和为 6，减去两个代号就得到第三个)。

(3) 将每次计算得到的 s 与最大值 m(m 的初值为 0)比较，只要有大于 m 的 s 值即取代 m 原来的值，使之最大，同时用数组 dd 记录最大值 s 时的工种 i、j、k 值。

(4) 当循环全部结束时，打印记录下来的每个人的工种。

【参考代码】

```
# include < iostream >
using namespace std;
int a[3][3] = {4,3,3,2,4,3,4,5,2};
int main()
{
    int i,j,k,s = 0,max = 0,p1,p2,p3;
    for (i = 0;i < 3;i++)
      for (j = 0;j < 3;j++)
        for (k = 0;k < 3;k++)
            if (i!= j && i!= k && j!= k)
            {
                s = a[0][i] + a[1][j] + a[2][k];
                if (s > max)
                {
                    max = s;p1 = i;p2 = j;p3 = k;
                }
            }
    cout << max << endl;
    cout << p1 <<" "<< p2 <<" "<< p3 << endl;
    return 0;
}
```

5.5 数组习题

(1) 数列 1,1,2,3,5,8,13,21,…称为斐波那契数列，它的特点是数列的第一项是 1，第二项也是 1，从第三项起，每项等于前两项之和。编程输入一个正整数 N，求出数列的第 N

(N 不超过 30)项是多少?

【参考代码】

```cpp
# include < cstdio >
using namespace std;
const int MAXN = 55;
int a[MAXN] = {0,1,1};
int main()
{
    int n;
    scanf(" % d",&n);
    for(int i = 3; i <= n; i++)
        a[i] = a[i-1] + a[i-2];
    printf(" % d\n",a[n]);
    return 0;
}
```

(2) 下面的竖式是乘法运算,式中 P 表示为一位的素数,编程输出此乘法竖式的所有可能方案。

$$
\begin{array}{r}
PPPP \\
\times \quad P \\
\hline
PPPPP
\end{array}
$$

【参考代码】

```cpp
# include < iostream >
# include < cstring >          //包含此头文件,方可使用 memset() 函数
using namespace std;
int a[4] = {2,3,5,7};
int b[10000];
bool c[10000000];
int main()
{
    int i,j,k,t,n = 0,p;
    for (i = 0;i < 4;i++)
        for (j = 0;j < 4;j++)
            for (k = 0;k < 4;k++)
                for (t = 0;t < 4;t++)
                    b[n++] = a[i] * 1000 + a[j] * 100 + a[k] * 10 + a[t];
    memset(c,0,sizeof(c));
    for (i = 0;i < 4;i++)
        for (j = 0;j < 4;j++)
            for (k = 0;k < 4;k++)
                for (t = 0;t < 4;t++)
                    for (p = 0;p < 4;p++)
                        c[a[i] * 10000 + a[j] * 1000 + a[k] * 100 + a[t] * 10 + a[p]] = 1;
    for (i = 0;i < n;i++)
        for (j = 0;j < 4;j++)
            if (c[b[i] * a[j]])
            {
                cout <<" "<< b[i]<< endl <<" * "<< a[j]<< endl << b[i] * a[j]<< endl;
                cout <<"_____"<< endl;
```

```
        }
    return 0;
    }
```

（3）节目主持人准备从 N 名学生中挑选一名幸运观众，因为大家都想争当幸运观众，老师只好采取这样的办法：全体同学排成一列，由前往后依顺序 $1,2,1,2,\cdots$，报数，报单数的学生退出队伍，余下的同学向前靠拢后再重新由前往后 $1,2,1,2,\cdots$，报数，报单数的学生再退出队伍，如此下去最后剩下一人为幸运观众。编程找出幸运观众在原队列中站在什么位置？（N 由键盘输入，$N<1000$）。

【参考代码】

```
# include < cstdio >
using namespace std;
const int MAXN = 1005;
int a[MAXN];
int main()
{
    int n;
    scanf(" % d",&n);
    for(int i = 1; i <= n; i++) a[i] = i;
    int tot = 1;
    while(n > 1)
    {
        tot = 1;
        for(int i = 2; i <= n; i += 2) a[tot++] = a[i];
        n = n/2;
    }
    printf(" % d\n",a[1]);
    return 0;
}
```

（4）$1267 * 1267 = 1605289$，表明等式右边是一个有七位的完全平方数，而这七个数字互不相同，编程求出所有这样的七位数。

【参考代码】

```
# include < cstdio >
# include < cstring >
using namespace std;
const int MAXN = 10;
int a[MAXN];
int main()
{
    for(int i = 1000; i <= 3162; i++)
    {
        int x = i * i;
        int b = x;                      //判断 x 是否是每一位数互不相同
        int flag = 1;
        memset(a,0,sizeof(a));
        while(b > 0)
        {
```

```
            int k = b % 10;
            if(a[k]!= 0)
            {
                flag = 0;
                break;
            }
            a[k]++;
            b = b / 10;
        }
        if(flag == 1) printf("% d\n",x);
    }
    return 0;
}
```

（5）校女子 100m 短跑决赛成绩如表 5-5 所示，请编程打印前八名运动员的名次、运动员号和成绩（从第一名至第八名按名次排列）。

表 5-5　校女子 100m 短跑决赛成绩

运动员号	017	168	088	105	058	123	142	055	113	136	020	032	089	010
成绩/s	12.3	12.6	13.0	11.8	12.1	13.1	12.0	11.9	11.6	12.4	12.9	13.2	12.2	11.4

【参考代码】

```
# include < iostream >
# include < string >
using namespace std;
string
a[14] = {"017","168","088","105","058","123","142","055","113","136","020","032","089","010"};
double
b[14] = {12.3,12.6,13.0,11.8,12.1,13.1,12.0,11.9,11.6,12.4,12.9,13.2,12.2,11.4};
int main()
{
    int i,j,k;
    for (i = 0;i < 14;i++)
        for (j = i + 1;j < 14;j++)
            if(b[i]> b[j])
            {
                swap(b[i], b[j]);
                swap(a[i], a[j]);
            }

    for(i = 0;i <= 7;i++)
        cout <<"第"<< i + 1 <<"名: "<< a[i]<< " 成绩: "<< b[i]<< endl;
    return 0;
}
```

（6）求数字的乘积根。正整数的数字乘积这样规定：这个正整数中非零数字的乘积。例如整数 999 的数字乘积为 9 * 9 * 9，得到 729；729 的数字乘积为 7 * 2 * 9，得到 126；126

的数字乘积为 1∗2∗6,得到 12;12 从数字乘积为 1∗2,得到 2。如此反复取数字的乘积,直至得到一位数字为止。999 的数字乘积根是 2。编程输入一个长度不超过 100 位数字的正整数,打印出计算数字乘积根的每一步结果。输出如下:

($n=3486784401$)

3486784401

516096

1620

12

2

【参考代码】

```cpp
# include < cstdio >
# include < cstring >
# include < iostream >
using namespace std;
const int MAXN = 105;
int a[MAXN], b[MAXN], c[MAXN];
char str[MAXN];

int main()
{
    scanf(" % s", str);
    int n = strlen(str);
    int ans = 1;
    while(true)
    {
        printf(" % s\n", str);
        if(n == 1) break;
        ans = 1;
        for(int i = 0; i < n; i++)
            if(str[i]!= '0')
                ans = ans * (str[i] - '0');
        n = 0;
        while(ans)
        {
            str[n++] = '0' + ans % 10;
            ans /= 10;
        }
        str[n] = '\0';
        strrev(str);
    }
    return 0;
}
```

(7) 有一组 n 个齿轮互相啮合,各齿轮啮合的齿数依次由键盘输入,齿数均小于 100,问在转动过程中同时啮合的各齿到下次再同时啮合时,各齿轮分别转过了多少圈? 各齿轮啮合的齿数分别为 6,8,9,10,12,14,15,16,18,20,21,22,24。

【参考代码】

```cpp
# include < cstdio >
# include < iostream >
```

```
using namespace std;
const int MAXN = 105;
int a[MAXN];
int LCM(int a, int b)
{
    int c, d;
    c = d = max(a, b);
    while(c % a!= 0 || c % b!= 0) c += d;
    return c;
}
int main()
{
    int n, k = 1;
    scanf("% d",&n);
    for(int i = 0; i < n; i++)
    {
        scanf("% d",&a[i]);
        k = LCM(k, a[i]);
    }
    for(int i = 0; i < n; i++)
        printf("% d ", k/a[i]);
    return 0;
}
```

（8）集合 M 的元素定义如下。

① 数 1 属于 M。

② 若 X 属于 M，则 $A=2X+1$，$B=3X+1$，$C=5X+1$，也属于 M。

③ 再没有别的数属于 $M(M=\{1,3,4,6,7,9,10,13,15,16,\cdots\})$。如果 M 中的元素是按递增次序排列的，求出其中的第 201、202 和 203 个元素。

【参考代码】

```
# include < cstdio >
# include < cstring >
using namespace std;
const int MAXN = 100005;
bool a[MAXN];
int b[MAXN];
int main()
{
    memset(a, 0, sizeof(a));
    a[1] = 1;
    for(int i = 1; i < 1000; i++)
        if(a[i])
        {
            a[2 * i + 1] = 1;
            a[3 * i + 1] = 1;
            a[5 * i + 1] = 1;
        }
    int tot = 1;
    for(int i = 1; i < 1000; i++)
        if(a[i])
            b[tot++] = i;
```

```
        printf(" % d\n % d\n % d\n", b[201], b[202], b[203]);
        return 0;
    }
```

（9）一个素数，去掉最高位，剩下的数仍是素数；再去掉剩下的数的最高位，余留下来的数还是素数，这样的素数称为纯粹素数。求所有三位数的纯粹素数。

【参考代码】

```cpp
# include < cstring >
# include < cstdio >
using namespace std;
bool a[1005];
int main()
{
    memset(a, 1, sizeof(a));
    for( int i = 2; i * i < = 1000; i++)
        if(a[i])
        {
            for(int j = i + i; j < = 1000; j += i)
                a[j] = 0;
        }
    for( int i = 100; i < 1000; i++)
        if(a[i] && a[i % 100] && a[i % 10])
            printf(" % d\n",i);
    return 0;
}
```

（10）自然数 4、9、16、25 等称为完全平方数，因为 $2^2 = 4, 3^2 = 9, 4^2 = 16, 5^2 = 25$，当某一对自然数相加和相减，有时可各得出一个完全平方数。

例如，8 与 17 这对自然数：$17 + 8 = 25, 17 - 8 = 9$。

试编程，找出所有小于 100 的自然数对，当加和减该数对时，可各得出一个完全平方数。

【参考代码】

```cpp
# include < iostream >
# include < cstring >
using namespace std;
const int MAXN = 1005;
bool a[MAXN];
int main()
{
    memset(a, 0, sizeof(a));
    for( int i = 1; i < 20; i++) a[i * i] = 1;
    for( int i = 99; i > 0; i-- )
        for(int j = i - 1; j > 0; j-- )
            if(a[i + j] && a[i - j])
                printf(" % d  % d\n",i,j);
    return 0;
}
```

（11）输入 n 个学生五门功课的考试成绩，要求按个人总分从高到低排列输出二维成绩表格(即每行有学号,五科成绩及总分)。

【参考代码】

```cpp
# include < cstdio >
# include < cstring >
# include < algorithm >
using namespace std;
const int MAXN = 1005;
struct Stu
{
    int id, sum, score[10];
}a[MAXN];

int id[MAXN], sum[MAXN], score[MAXN][10];
int main()
{
    int n;
    scanf(" % d",&n);
    for(int i = 1; i < = n; i++)
    {
        id[i] = i;
        for(int j = 1; j < = 5; j++)
        {
            scanf(" % d",&score[i][j]);
            sum[i] += score[i][j];
        }
    }
    for(int i = 1; i < = n; i++)
        for(int j = i + 1; j < = n; j++)
        {
            if(sum[i] < sum[j])
            {
                swap(sum[i], sum[j]);
                swap(id[i], id[j]);
                swap(score[i], score[j]);
            }
        }
    for(int i = 1; i < = n; i++)
    {
        printf("ID = % d:", id[i]);
        for(int j = 1; j < = 5; j++)
            printf(" % d ", score[i][j]);
        printf("sum = % d\n", sum[i]);
    }
    return 0;
}
```

(12) 杨晖三角形的第 n 行对应着二项式 $n-1$ 次幂展开式的各个系数。例如第 4 行正好是 $(a+b)^3 = a^3 + 3a^2 b + 3ab^2 + b^3$ 展开式各项系数 1、3、3、1。

　　如图 5-3 所示的是 n 从 $0 \sim 4$ 的杨晖三角形。

　　第一行 $n=0$,即 $(a+b)^0 = 1$,系数为 1。

　　第二行 $n=1$,即 $(a+b)^1 = a+b$,系数为 1、1。

```
        1
      1   1
    1   2   1
  1   3   3   1
1   4   6   4   1
```

图 5-3　杨晖三角形($n=4$)

第三行 $n=2$，即 $(a+b)^2=a^2+2ab+b^2$，系数为 1、2、1。

编程输出 n 行的杨晖三角形。

【参考代码】

```cpp
# include < cstdio >
# include < cstring >
# include < algorithm >
using namespace std;
const int MAXN = 105;
int a[MAXN][MAXN];
int main()
{
    int n;
    scanf(" % d",&n);
    memset(a, 0, sizeof(a));
    a[1][1] = 1;
    for(int i = 2; i <= n; i++)
    {
        a[i][1] = 1;
        for(int j = 2; j <= n; j++)
            a[i][j] = a[i-1][j-1] + a[i-1][j];
    }
    for(int i = 1; i <= n; i++)
    {
        printf(" % * d",2 * n - 2 * i + 1,a[i][1]);
        for(int j = 2; j <= i; j++)
            printf(" % 4d",a[i][j]);
        printf("\n");
    }
    return 0;
}
```

(13) 如图 5-4 所示是一个 $4*4$ 的矩阵，它的特点是：矩阵的元素都是正整数；数值相等的元素相邻，这样，这个矩阵就形成了一级级平台，其上最大的平台面积为 8，高度（元素值）为 6。若有一个已知的 $N*N$ 的矩阵也具有上面矩阵的特点，求矩阵最大平台的面积和高度。

```
6 6 6 7
1 6 3 7        N=4
1 6 6 7
6 6 7 7        Maxs=8 H=6
```

图 5-4   4×4 矩阵

【参考代码】

```cpp
# include < cstdio >
# include < cstring >
# include < algorithm >
using namespace std;
const int MAXN = 105;
int a[MAXN][MAXN];
int h[100005];
int main()
{
    int n;
    scanf(" % d",&n);
```

```
        memset(h, 0, sizeof(h));
        for(int i = 1; i <= n; i++)
            for(int j = 1; j <= n; j++)
            {
                scanf(" % d",&a[i][j]);
                h[a[i][j]]++;
            }
        int maxa = 0, k = 0;
        for(int i = 0; i < 100000; i++)
            if(h[i]> maxa)
            {
                maxa = h[i];
                k = i;
            }
        printf("Maxs = % d ; H = % d\n", maxa, k);
        return 0;
}
```

第6章 字 符 串

6.1 字符

字符类型是基本数据类型,用 char 表示,可以保存一个字符,定义方式如下:

char 字符变量名;

字符变量名命名方式遵循变量名的命名规则。

(1) 只能用 $a \sim z$、$A \sim Z$、$0 \sim 9$ 及下画线组成。

(2) 首字符不可以是 $0 \sim 9$。

(3) 变量名不可以使用预留的关键词。

字符的大小由其 ASCII 码的大小决定。

6.2 字符数组

存放字符的数组称为字符数组。字符数组定义与一般数组相同,一维数组定义格式如下:

char 字符数组名[arraySize];

字符数组可以在定义的时候初始化,也可以在定义后初始化。举例说明如下。

```cpp
# include <cstdio>
# include <cstring>
using namespace std;
int main()
{
    char s1[15];
    s1[0] = 'H'; s1[1] = 'e'; s1[2] = 'l'; s1[3] = 'l'; s1[4] = 'o';
    char s2[15] = {'H', 'e', 'l', 'l', 'o', ',', 'W', 'o', 'r', 'l', 'd', '!'};
    char s3[15] = {"Hello,World!"};
    char s4[] = {"Hello,World!"};
    printf("%s\n%s\n%s\n%s\n",s1,s2,s3,s4);
    return 0;
}
```

字符数组中可以对单个字符逐一赋值,也可以用字符串常量对字符数组赋值。对单个字符赋值时,需要用单引号将值括起来。而用字符串常量赋值时,需要用双引号,字符串常量中的每个字符对应到字符数组中从零下标开始的元素。用字符串常量赋值时,系统会在字符串结尾自动添加结束标识符\0,而对单个字符赋值时,则不会自动添加结束标识符\0,

有可能除了赋值元素外,其他元素也有预期外的初始值。例题中 s2 与 s3 不同的地方在于,s3 中字符一定为 Hello,World! \0,末尾自动添加了结束标识符,而 s2 字符串结尾没有结束标识符,在 Hello,World! 后有可能会有其他字符。

如果定义时数组大小小于初始化赋值的字符串长度,则系统会报错。例题中 s2 数组最小为 12,s3 数组最小为 13,s3 数组之所以会多一个,是因为系统末尾自动添加的结束标识符。如果定义时未指定数组大小,例如 s4 数组,则按照赋值字符串常量的内容自动分配正好的内存空间,按照字符串常量赋值,系统同样会在末尾自动添加结束标识符。

区分字符数组中字符串长度和数组大小。字符串长度是指字符数组中字符串的字符个数,不包括结束标识符\0。而字符数组大小表示内存中数组占的字节数。字符串长度可以用函数 strlen() 来获取,或者逐一元素判断直到遇到\0,统计元素个数。数组占用字节数可以用 sizeof() 来获得。例题中 strlen(s4) 字符串长度为 12,sizeof(s4) 数组大小为 13。

6.3 字符数组输入及输出

字符数组可以用 scanf 语句以及 gets 语句输入,格式如下:

```
char str[15];
scanf("%s",str);
```

输入字符串自动忽略开头的空白字符,例如空格、制表符、换行符等,从第一个真正的字符开始读入,以下一个空白字符为输入结束标志,也就是只能读取单个词,例如要输入 "Hello World",用 scanf 语句一次只能读取一个单词,如果读取两个单词需要使用两次读入操作,将"Hello"以及"World"放入两个字符串中:scanf("%s%s",str1,str2)。

gets 语句格式为

```
gets(str);
```

gets 语句不以空格作为字符串输入结束的标志,只以回车作为输入结束。gets 语句中只能由 1 个变量,也就是一次只能输入一个字符串。

输出字符数组到屏幕可以用 printf 语句以及 puts 语句,格式为

```
printf("%s",str);
puts(str);
```

输出字符串不包括字符串结束标识符\0,只将 str 中\0 之前的内容输出。用 printf("%c",str[i])语句可以输出字符数组中指定位置的单个字符。

6.4 字符串处理函数

使用字符串处理函数需要包含头文件 cstring 或者 string.h,其中 cstring 是 C++标准库版本,string.h 是 C 标准库版本,格式为

```
#include<cstring>
```

或者

```
#include<string.h>
```

系统中还提供了其他字符串常用函数,用于字符串运算,如表 6-1 所示。

表 6-1   字符串常用函数

函 数 名	说 明
gets(char * str)	从输入设备键盘上输入一个字符串,gets 函数不以空格作为字符串输入结束的标志,只以回车作为输入结束
puts(char * str)	将字符数组中的内容输出到显示器
int strlen(char * str)	输入参数为字符串 str,返回字符串 str 从 0 下标元素开始到\0 之前的字符个数
intstrcmp(char * str1,char * str2)	按照字典序比较两个字符串 str1 和 str2 的大小。如果 str1 字典序小于 str2,则返回负数;如果 str1 字典序大于 str2,返回正数;如果两个字符串字典序相等,则返回 0
int strncmp(char * str1,char * str2,int cnt)	按照字典序比较字符串 str1 和 str2 前 cnt 个元素大小,返回值情况同 strcmp
strcpy(char * str1,char * str2)	把 str2 中的字符复制到 str1 字符数组中
strncpy(char * str1,char * str2,int cnt)	从 str2 中复制最多 cnt 个字符到 str1 字符数组中,如果 str2 中不足 cnt 个字符,则写入空字符到 str1 中直到达到 cnt 个字符
char * strcat(char * str1,char * str2)	将 str2 中字符接到 str1 结尾,删除 str1 字符串结尾的\0,并将 str2 中的字符依次接到 str1 结尾,直到 str2 中的结束符\0。返回值为 str1 字符串地址
char * strchr(char * str,char c)	找到字符串 str 中第一次出现字符 c 的位置,如果找到该字符,则返回 c 首次出现的位置,否则返回 NULL
char * strstr(char * str1,char * str2)	判断 str2 是不是 str1 的子串,如果 str2 是 str1 的子串,返回 str1 首次出现的地址;如果不是,返回 NULL
char * strlwr(char * str)	将字符串 str 中所有字符都转为小写字符,返回该小写字符串地址
char * strupr(char * str)	将字符串 str 中所有字符都转为大写字符,返回该大写字符串地址

6.5   string 类

C++标准库中提供了 string 字符串类对象,作为一个类出现,string 集成了很多实用的成员函数,并且相比字符数组,不必担心 string 类对象内存是否足够、字符串长度等问题,在竞赛中十分实用。区别于字符串头文件,string 类的头文件格式为

```
#include <string>
```

下面介绍一下 string 类的常用函数和使用方法。

1. 构造函数

string 类有多种构造函数,也就是有多种初始化方式,举例说明如下。

```
string s1();            //s1 字符串初始为空字符串
string s2("HelloWorld");    //s2 字符串初始化为 HelloWorld 字符串
string s3(4, 'o');        //s3 有 4 个元素,全为 o,s3 = "oooo"
string s4("012345",2,3);    //用 012345 字符串中的第 2 个元素开始的 3 个元素给 s4 赋初值,
                  s4 = "234"
```

2. 赋值

可以用 char * 类型给 string 对象赋值,string 类重载了运算符＝,可以直接用等号＝进行赋值,或者用成员函数 assign()对 string 对象赋值,assign 成员函数返回对象自身的引用,举例说明如下。

```
string str,s1;
str = "Hello World";        //用字符串常量给 string 对象 str 赋值
s1 = 'o';                   //单个字符赋值为 string 对象 s1 第 0 个元素,s1 = "o"
string s2, s3, s4, s5, s6;
s2.assign("Hello World");   //用字符串常量给 string 对象 s2 赋值
s3.assign(str);             //s3 = str
s4.assign(str, 2,4);        //s4 是 str 的子串,从第 2 个元素开始,连续 4 个元素,s4 = "lloW"
s5.assign(4,'o');           //s5 共 4 个元素,均赋值为 o,s5 = "oooo"
s6.assign("012345",2,4); //012345 的子串给 s6 赋值,从第 2 个元素开始,连续 4 个元素,s6 = "2345"
```

3. string 类的输入/输出操作

string 类重载的运算符＞＞以及＜＜分别用于输入和输出操作,执行输入读取操作时,string 对象会自动忽略开头的空格、换行符、制表符等空白,从第一个真正的字符开始读入,以空白字符为结束标志,一次只能读取单个词。

getline 函数可以读取一行,不以空格以及制表符为结束标志,而只以换行符作为一行输入的结束标志,且不会忽略开头的空白符号。基本格式为

getline(cin,string 对象)

举例说明如下。

```
# include < iostream >
# include < string >              //包含该头文件后方可使用 string 类 string str
using namespace std;
int main()
{
    string s1, s2;

    getline(cin, s1);       //输入样例：Hello World
    cout << s1 << endl;     //输出样例：Hello World

    cin >> s2;              //输入样例：Hello World
    cout << s2 << endl;     //输出样例：Hello

    return 0;
}
```

4. string 对象常用特性

string 对象常用特性描述如表 6-2 所示。

表 6-2　string 对象常用特性描述

成员函数名	说　　明
int capacity()	返回 string 对象当前的容量,在不增加内存的情况下可以存放的元素个数
int max_size()	返回 string 对象中可以存放的最大字符串长度
int size()	返回当前字符串的大小,使用方法与 length()相同

成员函数名	说　　明
int length()	返回当前字符串的长度,使用方法与 size()相同
bool empty()	判断当前字符串是否为空,如果为空返回 true,否则返回 false
void resize(int len,char c)	把字符串当前大小重置为 len,并用字符 c 填充不足的部分

string 对象常用特性举例说明如下。

```
# include < cstdio >
# include < string >                        //包含该头文件后方可使用 string str;
using namespace std;
int main()
{
    string str;
    printf(" % lld \n",str.max_size());        //string 类中对象的最大长度
    if(str.empty())   printf("字符串为空\n");
    else printf("字符串非空");
    str = "abcdefg";
    printf(" % d\n % d\n % d\n",str.capacity(),str.size(),str.length());    //7 7 7
    str = "a";
    printf(" % d\n % d\n % d\n",str.capacity(),str.size(),str.length());    //7 1 1
    return 0;
}
```

5. string 的比较

string 类提供了 compare 函数,用于比较两个字符串的大小,函数返回值为负值表示当前字符小,返回值为 0 表示两个字符串相等,返回值为正值表示当前字符串大。同时重载了比较运算符＝＝、!＝、<、<＝、>、>＝用于两个字符串的比较,举例说明如下。

```
# include < cstdio >
# include < string >   //包含该头文件,方可使用 string str、str.compare()函数以及比较运算符
using namespace std;
int main()
{
    string s1 = "abcdefg", s2 = "abcdef";
    if(s1 == s2) printf("相等\n");
    else if(s1 > s2) printf("s1 大于 s2 \n");
    else if(s1 < s2) printf("s1 小于 s2 \n");

    int cmp = s1.compare(s2);
    if(cmp == 0) printf("相等\n");
    else if(cmp < 0) printf("s1 小于 s2 \n");
    else if(cmp > 0) printf("s1 大于 s2 \n");

    cmp = s1.compare(1, 2, s2, 0, 3); //比较 s1 从 1 开始的 2 个字符组成的字符串与 s2 从 0
                                      //   开始的 3 个字符组成的字符串的大小
    cmp = s1.compare(0,6,s2);         //比较 s1 从 0 开始的 6 个字符组成的字符串与 s2 的大小
    cmp = s1.compare("abcdefg");      //比较 s1 与字符串 abcdefg 的大小

    return 0;
}
```

6. string 的连接

string 类提供了 append 函数,用于在当前字符串后面连接字符串,返回值为连接后对象自身的引用。同时重载了运算符＋、＋＝用于两个字符串的连接,举例说明如下。

```cpp
# include < iostream >
# include < iostream >
# include < string >
using namespace std;
int main()
{
    string s1 = "Hello ";
    s1 += "World! ";          //在 s1 的末尾连接"World!"字符串
    cout << s1 << endl;       //string 类对象的输出使用<<运算符,输出结果: Hello World!

    string s2 = "ABCD";
    s1.append(s2);            //在 s1 的末尾连接 s2 字符串
    cout << s1 << endl;       //输出 Hello World! ABCD

    s1.append(s2,0,3);        //在 s1 的末尾连接 s2 中从 0 开始的连续 3 个字符的字符串
    cout << s1 << endl;       //输出 Hello World! ABCDABC

    s1.append(3,'K');         //在 s1 的末尾连接 3 个字符,内容均为 K
    cout << s1 << endl;       //输出 Hello World! ABCDABCKKK

    return 0;
}
```

7. 交换两个 string 对象的内容

swap 成员函数用于交换两个 string 对象的内容,举例说明如下。

```cpp
string s1 = "ABC", s2 = "0123456";
s1.swap(s2);
cout << s1 << " " << s2 << endl;   //s1 = "0123456", s2 = "ABC"
```

8. 求 string 对象的子串

substr 成员函数用于求 string 对象的子串,基本格式为 string substr(int pos,int n),函数返回字符串从 pos 开始的连续 n 个字符组成的字符串,举例说明如下。

```cpp
# include < iostream >
# include < string >
using namespace std;
int main()
{
    string s1 = "0123456";
    string s2 = s1.substr(1,3); //s2 的值为 s1 字符串中从第 1 个元素开始连续 3 个字符的子串
    cout << s2 << endl;          //输出 123

    s2 = s1.substr(3);           //s2 的值为从第 3 个元素开始直到 s1 字符结束的子串
    cout << s2 << endl;          //输出 3456

    return 0;
}
```

9. string 类的查找函数

string 类可以查找字符串中的子串和字符,返回值是子串或字符在字符串中的位置,如果不存在,则返回−1,成员函数如下。

- find：从前往后查找子串或字符的位置。
- rfind：从后往前查找子串或者字符的位置。
- find_first_of：从前往后查找另一个字符串中任意字符在当前字符串中出现的位置。
- find_last_of：从后往前查找另一个字符串中任意字符在当前字符串中出现的位置。
- find_first_not_of：从前往后查找另一个字符串中没有包含的字符在当前字符串中的位置。
- find_last_not_of：从后往前查找另一个字符串中没有包含的字符在当前字符串中的位置。

举例说明以上成员函数的使用如下。

```cpp
# include < iostream >
# include < string >
using namespace std;
int main()
{
    string s1 = "Hello";
    int pos = s1.find("l");                    //从前往后查找 l 出现的位置为 2
    if(pos!= − 1)
        cout << pos << " " << s1.substr(pos) << endl;    //输出从 s1 字符串 pos 位置开始的子串,
                                                          输出结果: 2 llo

    pos = s1.rfind("l");                       //从后往前查找 l 出现的位置为 3
    if(pos!= − 1)
        cout << pos << " " << s1.substr(pos) << endl;    //输出结果: 3 lo

    pos = s1.find("ell",2);                    //从第 2 个元素开始寻找 ell 子串
    cout << pos << endl;                       //不存在该子串,输出 − 1

    pos = s1.find_first_of("world");           //从前往后查找第一次出现"w""o""r"
                                               "l"或者"d"的位置
    if(pos!= − 1)
        cout << pos << " " << s1.substr(pos) << endl;    //输出结果: 2 llo

    pos = s1.find_last_of("world");            //从后往前查找第一次出现"w""o""r"
                                               "l"或者"d"的位置
    if(pos!= − 1)
        cout << pos << " " << s1.substr(pos) << endl;    //输出结果: 4 o

    pos = s1.find_first_not_of("world");       //从前往后查找第一次出现的不是"w"
                                               "o""r""l"或者"d"字符的位置
    if(pos!= − 1)
        cout << pos << " " << s1.substr(pos) << endl;    //输出结果: 0 Hello

    pos = s1.find_last_not_of("world");        //从后往前查找第一次出现的不是"w"
                                               "o""r""l"或者"d"字符的位置
    if(pos!= − 1)
        cout << pos << " " << s1.substr(pos) << endl;    //输出结果: 1 ello

    return 0;
}
```

10. string 类替换、插入、删除成员函数

replace 成员函数用于对 string 对象子串进行替换,返回值为替换子串后对象的引用。insert 成员函数用于在 string 对象中插入另一个字符串,返回值为插入后的对象自身的引用。erase 成员函数用于删除 string 对象中的子串,返回值为删除子串后对象自身的引用。举例说明如下。

```cpp
# include < iostream >
# include < string >
using namespace std;
int main()
{
    string s1 = "Hello!";

    s1.insert(5,"World");        //在 s1 第 5 位置插入字符串 World
    cout << s1 << endl;          //输出 Hello World!

    string s2 = "ABC";
    s1.insert(0,s2);             //在 s1 第 0 位置插入字符串 s2
    cout << s1 << endl;          //输出 ABC Hello World!

    s1.insert(3,1,' ');          //在 s1 第 3 位置插入 1 个空格字符
    cout << s1 << endl;          //输出 ABC Hello World!

    s1.erase(4,5);               //删除 s1 串第 4 位置后连续 5 个字符
    cout << s1 << endl;          //输出 ABC World!

    s1.erase(3);                 //删除 s1 串第 3 位置后所有字符
    cout << s1 << endl;          //输出 ABC

    s1.replace(0,1,"Hello",0,5); //将 s1 中从 0 开始的 1 个字符替换为"Hello"中从 0 开始的
                                 //  5 个字符
    cout << s1 << endl;          //输出 HelloBC

    s1.replace(5,2,3,'A');       //将 s1 中从 5 开始的 2 个字符替换为 3 个 A
    cout << s1 << endl;          //输出 HelloAAA

    return 0;
}
```

6.6　字符串例题

6.6.1　列表

【题目描述】

输入一个仅有字母和数字组成的字符串,输出字母列表和数字列表。

【参考代码】

```cpp
# include < cstdio >
# include < cstring >          //包含此头文件,方可使用 strlen()等函数
```

```
using namespace std;
const int MAXN = 1005;
char a[MAXN], b[MAXN], c[MAXN];
int main()
{
    scanf("%s",a);
    int n = strlen(a);
    int j = 0, k = 0;
    for(int i = 0; i < n; i++)
        if(a[i] >= '0' && a[i] <= '9')
            b[j++] = a[i];
        else c[k++] = a[i];

    printf("%s\n%s\n",c,b);
    return 0;
}
```

6.6.2 数字之和

【题目描述】

输入一个数字的字符串,计算各位数字之和。

【参考代码】

```
#include <cstdio>
#include <cstring>            //包含此头文件,方可使用 strlen()等函数
using namespace std;
const int MAXN = 1005;
char a[MAXN];
int main()
{
    scanf("%s",a);
    int n = strlen(a);
    int sum = 0;
    for(int i = 0; i < n; i++)
        if(a[i] >= '0' && a[i] <= '9')
            sum += a[i] - '0';

    printf("%d\n",sum);
    return 0;
}
```

6.6.3 Vigenere 密码

【题目描述】

16 世纪法国外交家 Blaise de Vigenère 设计了一种多表密码加密算法 Vigenère 密码。Vigenère 密码的加密解密算法简单易用,且破译难度比较高,曾在美国南北战争中为南军所广泛使用。

在密码学中,我们称需要加密的信息为明文,用 M 表示;称加密后的信息为密文,用 C 表示;而密钥是一种参数,是将明文转换为密文或将密文转换为明文的算法中输入的数据,

记为 k。在 Vigenère 密码中,密钥 k 是一个字母串,k＝k1,k2,…,kn。当明文 M＝m1,m2,…,mn 时,得到的密文 C＝c1,c2,…,cn,其中 ci＝mi®ki,运算®的规则如表 6-3 所示。

表 6-3　®规则运算方法

®	A	B	C	D	E	F	G	H	I	J	K	L	M	N	O	P	Q	R	S	T	U	V	W	X	Y	Z
A	A	B	C	D	E	F	G	H	I	J	K	L	M	N	O	P	Q	R	S	T	U	V	W	X	Y	Z
B	B	C	D	E	F	G	H	I	J	K	L	M	N	O	P	Q	R	S	T	U	V	W	X	Y	Z	A
C	C	D	E	F	G	H	I	J	K	L	M	N	O	P	Q	R	S	T	U	V	W	X	Y	Z	A	B
D	D	E	F	G	H	I	J	K	L	M	N	O	P	Q	R	S	T	U	V	W	X	Y	Z	A	B	C
E	E	F	G	H	I	J	K	L	M	N	O	P	Q	R	S	T	U	V	W	X	Y	Z	A	B	C	D
F	F	G	H	I	J	K	L	M	N	O	P	Q	R	S	T	U	V	W	X	Y	Z	A	B	C	D	E
G	G	H	I	J	K	L	M	N	O	P	Q	R	S	T	U	V	W	X	Y	Z	A	B	C	D	E	F
H	H	I	J	K	L	M	N	O	P	Q	R	S	T	U	V	W	X	Y	Z	A	B	C	D	E	F	G
I	I	J	K	L	M	N	O	P	Q	R	S	T	U	V	W	X	Y	Z	A	B	C	D	E	F	G	H
J	J	K	L	M	N	O	P	Q	R	S	T	U	V	W	X	Y	Z	A	B	C	D	E	F	G	H	I
K	K	L	M	N	O	P	Q	R	S	T	U	V	W	X	Y	Z	A	B	C	D	E	F	G	H	I	J
L	L	M	N	O	P	Q	R	S	T	U	V	W	X	Y	Z	A	B	C	D	E	F	G	H	I	J	K
M	M	N	O	P	Q	R	S	T	U	V	W	X	Y	Z	A	B	C	D	E	F	G	H	I	J	K	L
N	N	O	P	Q	R	S	T	U	V	W	X	Y	Z	A	B	C	D	E	F	G	H	I	J	K	L	M
O	O	P	Q	R	S	T	U	V	W	X	Y	Z	A	B	C	D	E	F	G	H	I	J	K	L	M	N
P	P	Q	R	S	T	U	V	W	X	Y	Z	A	B	C	D	E	F	G	H	I	J	K	L	M	N	O
Q	Q	R	S	T	U	V	W	X	Y	Z	A	B	C	D	E	F	G	H	I	J	K	L	M	N	O	P
R	R	S	T	U	V	W	X	Y	Z	A	B	C	D	E	F	G	H	I	J	K	L	M	N	O	P	Q
S	S	T	U	V	W	X	Y	Z	A	B	C	D	E	F	G	H	I	J	K	L	M	N	O	P	Q	R
T	T	U	V	W	X	Y	Z	A	B	C	D	E	F	G	H	I	J	K	L	M	N	O	P	Q	R	S
U	U	V	W	X	Y	Z	A	B	C	D	E	F	G	H	I	J	K	L	M	N	O	P	Q	R	S	T
V	V	W	X	Y	Z	A	B	C	D	E	F	G	H	I	J	K	L	M	N	O	P	Q	R	S	T	U
W	W	X	Y	Z	A	B	C	D	E	F	G	H	I	J	K	L	M	N	O	P	Q	R	S	T	U	V
X	X	Y	Z	A	B	C	D	E	F	G	H	I	J	K	L	M	N	O	P	Q	R	S	T	U	V	W
Y	Y	Z	A	B	C	D	E	F	G	H	I	J	K	L	M	N	O	P	Q	R	S	T	U	V	W	X
Z	Z	A	B	C	D	E	F	G	H	I	J	K	L	M	N	O	P	Q	R	S	T	U	V	W	X	Y

Vigenère 加密在操作时需要注意以下两点。

(1)®运算忽略参与运算的字母的大小写,并保持字母在明文 M 中的大小写形式。

(2)当明文 M 的长度大于密钥 k 的长度时,将密钥 k 重复使用。

例如,明文 M＝Helloworld,密钥 k＝abc 时,密文 C＝Hfnlpyosnd。

明文	H	e	l	l	o	w	o	r	l	d
密钥	a	b	c	a	b	c	a	b	c	a
密文	H	f	n	l	p	y	o	s	n	d

输入:

共 2 行。

第一行为一个字符串,表示密钥 k,长度不超过 100,仅包含大小写字母。

第二行为一个字符串,表示经加密后的密文,长度不超过 1000,仅包含大小写字母。

输出:

一个字符串,表示输入密钥和密文所对应的明文。

输入样例：

CompleteVictory

Yvqgpxaimmklongnzfwpvxmniytm

输出样例：

Wherethereisawillthereisaway

【分析】

密钥 k 忽略大小写，密文转明文的规则即是：在对应位置，密文前移密钥字符与 a 的距离，如果字符超过了大小写字母，就循环移位，也就是 A-1 即为 Z。

样例中密文 Y 对应密钥 C，前移 2 位，得到 W，密文 v 对应密钥 o，前移 14 位，得到 h。前移位置用 ASCII 码直接计算即可。

密钥长度 n 小于密文长度 m 时，密钥循环使用。

【参考代码】

```cpp
# include < bits/stdc++.h>
using namespace std;
const int N = 105;
char k[N],b[N],c[N],m[N];
int main()
{
    cin >> k; int lenk = strlen(k);
    cin >> c; int lenc = strlen(c);strcpy(b,c);
    strlwr(k), strlwr(b);
    for (int i = 0;i < lenc;i++) {
        m[i] = (b[i] - k[i % lenk] + 26) % 26 + 97;
        if (c[i] < 97) m[i] -= 32;
    }
    cout << m << endl;
    return 0;
}
```

6.6.4   忽略大小写字符串比较

【题目描述】

用 strcmp 函数可以比较两个字符串的大小，比较方法为：对两个字符串从前往后逐个字符相比较（按 ASCII 码值大小比较），直到出现不同的字符或遇到\0 为止。如果全部字符都相同，则认为相同；如果出现不相同的字符，则以第一个不相同的字符的比较结果为准（注意：如果某个字符串遇到\0 而另一个字符串还未遇到\0，则前者小于后者）。但在有些时候，我们比较字符串的大小时，希望忽略字母的大小写，例如 Hello 和 hello 在忽略字母大小写时是相等的。请写一个程序，实现对两个字符串进行忽略字母大小写的大小比较。

输入：

输入为两行，每行一个字符串，共两个字符串（每个字符串长度都小于 80）。

输出：

如果第一个字符串比第二个字符串小，输出一个字符＜。

如果第一个字符串比第二个字符串大，输出一个字符＞。

如果两个字符串相等,输出一个字符＝。

输入样例:

Hello,how are you?

hello,How are you?

输出样例:

＝

【分析】

字符串中包含空格,输入时采用 gets()。将两个字符串中的字符都转换为小写字符再调用 strcmp 比较即可。

【参考代码】

```
# include < bits/stdc++.h>
using namespace std;
const int N = 105;
char s1[N],s2[N];
int main()
{
    gets(s1); gets(s2);
    strlwr(s1) , strlwr(s2);
    int cmp = strcmp(s1,s2);
    if (cmp < 0) printf("<");
    if (cmp == 0) printf(" = ");
    if (cmp > 0) printf(">");
    return 0;
}
```

6.6.5 ISBN 号码

【题目描述】

每一本正式出版的图书都有一个 ISBN 号码与之对应,2007 年以前的 ISBN 码包括 9 位数字、1 位识别码和 3 位分隔符,其规定格式如 x-xxx-xxxxx-x,其中符号-是分隔符(键盘上的减号),最后一位是识别码,例如 0-670-82162-4 就是一个标准的 ISBN 码。ISBN 码的首位数字表示书籍的出版语言,例如 0 代表英语;第一个分隔符"-"之后的三位数字代表出版社,例如 670 代表维京出版社;第二个分隔符"-"之后的五位数字代表该书在出版社的编号;最后一位为识别码。

识别码的计算方法如下。

首位数字乘以 1 加上次位数字乘以 2……以此类推,用所得的结果取模 11,所得的余数即为识别码,如果余数为 10,则识别码为大写字母 X。例如 ISBN 号码 0-670-82162-4 中的识别码 4 是这样得到的:对 067082162 这 9 个数字,从左至右,分别乘以 1,2,…,9,再求和,即 $0×1+6×2+…+2×9=158$,然后取 158 mod 11 的结果 4 作为识别码。

编写程序判断输入的 ISBN 号码中识别码是否正确,如果正确,则仅输出 Right;如果错误,则输出你认为是正确的 ISBN 号码。

输入:

只有一行,是一个字符序列,表示一本书的 ISBN 号码(保证输入符合 ISBN 号码的格式要求）。

　　输出：

　　共一行，假如输入的 ISBN 号码的识别码正确，那么输出 Right；否则，按照规定的格式，输出正确的 ISBN 号码（包括分隔符"-"）。

　　输入样例：

0-670-82162-4

0-670-82162-0

　　输出样例：

Right

0-670-82162-4

【分析】

　　识别字符串中的数字或者字符，按照 ASCII 码判断范围是否在 0～9，可以判定当前字符是否为数字。注意字符 0 和数字 0 的区别，参与验证码计算的需要是数字 0。

　　取模运算在加法以及乘法中满足分配率，所以运算过程中直接取模。结果为 10 时需要特别判断。

【参考代码】

```cpp
#include <cstdio>
#include <cstring>          //包含此头文件,方可使用 strlen()等函数
using namespace std;
char s[20];
int main()
{
    scanf("%s",s);
    int n = strlen(s);
    int sum = 0, mul = 1;
    for(int i = 0; i < n - 1; i++)
    {
        if(s[i] >= '0'&&s[i] <= '9') sum += (s[i] - '0') * (mul++);
        sum %= 11;
    }
    if(sum == 10)
    {
        if(s[n-1] == 'X') printf("Right");
        else{ s[n-1] = 'X'; puts(s); }
        return 0;
    }
    if(s[n-1] - '0' == sum) printf("Right");
    else{s[n-1] = '0' + sum; puts(s); }
    return 0;
}
```

6.6.6　回文串

【题目描述】

　　给定一个字符串，输出所有长度至少为 2 的回文子串。

　　回文子串即从左往右输出和从右往左输出结果是一样的字符串，例如，abba、cccdeedccc 都是回文字符串。

输入：

一个字符串，由字母或数字组成，长度 500 个字符以内。

输出：

输出所有的回文子串，每个子串一行。子串长度小的优先输出，若长度相等，则出现位置靠左的优先输出。

输入样例：

123321125775165561

输出样例：

33

11

77

55

2332

2112

5775

6556

123321

165561

【分析】

判断一个长度为 n 的字符串是否是回文串：从前以及从后逐位元素判断 $a[i]$ 以及 $a[n-1-i]$，直到判断 $n/2$ 个元素，如果中间有任何一个元素不相等，则不是回文串，否则是回文串。

题目要求是先按照字符串长度，再按照从左向右位置输出，所以首先遍历子串长度 len 从 2 到字符串长度 n，再遍历子串起始位置 i 从 0 到 $n-\text{len}$，然后判断 i 到 $i+\text{len}-1$ 位置构造的子串是否是回文子串。如果是，直接输出该子串。

【参考代码】

```cpp
# include < cstdio >
# include < cstring >                 //包含该头文件,方可使用 strlen() 等函数
using namespace std;
char str[2005];
int main()
{
    gets(str);
    int n = strlen(str);
    for(int len = 2; len <= n; len++)         //子串长度
    {
        for(int i = 0; i <= n - len; i++)     //子串开始位置
        {
            //判断[i, i + len - 1]是否是回文子串
            bool flag = true;
            for(int j = 0; j < len/2; j++)
                if(str[i + j] != str[i + len - 1 - j])  {flag = false;  break;}
            if(flag)
```

```
            {
                for(int j = 0; j < len; j++) printf(" % c",str[i + j]);
                printf("\n");
            }
        }
    }
    return 0;
}
```

6.6.7   行程编码压缩算法

【题目描述】

在数据压缩中,一个常用的途径是行程长度压缩。对于一个待压缩的字符串而言,可以依次记录每个字符及重复的次数。这种压缩,对于相邻数据重复较多的情况比较有效。例如,如果待压缩串为 AAABBBBCBB,则压缩的结果是(A,3)(B,4)(C,1)(B,2)。当然,如果相邻字符重复情况较少,则压缩效率就较低。

请编程根据输入的字符串,得到大小写不敏感压缩后的结果(即所有小写字母均视为相应的大写字母)。

输入:

一个字符串,长度大于 0,且不超过 1000,全部由大写或小写字母组成。

输出:

输出为一行,表示压缩结果,形式为:(A,3)(B,4)(C,1)(B,2)即每对括号内部分别为字符(都为大写)及重复出现的次数,不含任何空格。

输入样例:

aAABBbBCCCaaaaa

输出样例:

(A,3)(B,4)(C,3)(A,5)

【分析】

将所有的小写字符转换为大写字符处理。从第 1 个元素开始,判断是否与前一个元素相等,如果相等,个数自增 1;如果不相等,将前一个元素按照(字符,个数)的形式输出,然后将个数设置为 1。因为输出时是输出的前一个元素,最后一个元素需要单独输出,不管是否与之前相同,输出也是(字符,个数)格式。

【参考代码】

```
# include < cstdio >
# include < cstring >                 //包含此头文件,方可使用 strlen()等函数
using namespace std;
char str[1005];
int main()
{
    scanf(" % s",str);
    int n = strlen(str);
    for(int i = 0; i < n; i++) if(str[i] >= 'a'&&str[i] <= 'z') str[i] = 'A' + str[i] - 'a';
    int num = 1;
    for(int i = 1; i < n; i++)
```

```
    {
        if(str[i] == str[i-1]) num++;
        else
        {
            printf("(%c,%d)",str[i-1],num);
            num = 1;
        }
    }
    printf("(%c,%d)",str[n-1],num);
    return 0;
}
```

第 7 章　函数与函数递归

7.1 ▶ 函数的定义

函数是完成特定功能的程序模块,是一组语句的集合。对于部分重复使用的代码,使用函数可以使代码简洁直观,便于程序的维护,提高编写代码效率。每个 C++程序至少包括一个主函数,即 main()。

函数定义的一般形式:

```
返回类型 函数名(形参列表)
{
    函数体;
}
```

返回类型:一个函数可以返回一个值,该值类型就是函数的返回类型,可以包括 int、long long、float、double 等基础数据类型,或者自定义数据类型。有些函数仅需执行函数体语句,并不需要返回值,这种情况下返回值的类型是 void。

函数名:即函数的名称,起名规则须符合标识符的命名规则。

参数列表:用来向函数内传递信息,需要定义参数类型及名称,参数具体数量不限。

函数体:函数体包括完成特定功能的程序语句。

函数的返回值:返回语句为 return+值或者表达式,如果只有 return,那么没有返回值,此时函数终止,流程转向主函数。

下面是一个关于函数的代码,函数的功能是判断是否为素数。

```cpp
# include < iostream >
using namespace std;

bool isprime(int k) {
    for ( int i = 2;i * i <= k;i++)
        if (k % i == 0) return 0 ;
    return 1;
}
int main(){
    int n;
    cin >> n;
    for ( int i = 2;i <= n;i++)
        if (isprime(i)) cout << i <<" ";
    cout << endl;
    return 0 ;
}
```

7.2 函数的申明

函数的申明有如下两种方式。

1. 函数写在主函数的上面

```
# include < iostream >
using namespace std;
int maxnum(int x, int y)
{
    if(x > y) return x;
    return y;
}
int a, b;
int main()
{
    cin >> a >> b;
    cout << maxnum(a, b) << endl;
    return 0;
}
```

2. 函数定义写在主函数的上面,函数写在主函数的下面

```
# include < iostream >
using namespace std;
int maxnum(int x, int y);
int a, b;
int main()
{
    cin >> a >> b;
    cout << maxnum(a, b) << endl;
    return 0;
}
int maxnum(int x, int y)
{
    if(x > y) return x;
    return y;
}
```

两种函数申明的区别在于如果有多个函数,第一种情况是只能是后面的函数调用前面的函数,下面的代码在执行时会报错。

```
# include < iostream >
using namespace std;
void fun()
{
    cout <<"Hello, world!\n" ;
    print() ;                    //调用下面的 print()函数
}
void print()
{
    cout <<"print\n" ;
```

```
    }
int main()
{
    fun() ;
    return 0 ;
}
```

为了避免这样的错误,需要采用第二种方式进行函数的申明如下。

```
# include < iostream >
using namespace std;
void fun();
void print();
int main()
{
    fun() ;
    return 0 ;
}
void fun()
{
    cout <<"Hello, world!\n" ;
    print() ;                         //调用下面的 print()函数
}
void print()
{
    cout <<"print\n" ;
}
```

7.3   函数的三种参数传递方式

函数调用时有三种参数传递方式,分别是按值传递、指针传递、引用传递。

1. 按值传递

首先计算出实参表达式的值,接着给对应的形参变量分配一个存储空间,然后把已求出的实参表达式的值一一存入形参变量分配的存储空间中,成为形参变量的初值,供被调用函数执行时使用,其特点是函数对传入的副本进行操作不会影响到实参本身。

被调用函数本身不对实参进行操作,即使形参的值在函数中发生了变化,实参的值也完全不会受到影响,仍为调用前的值,所以类似两数交换的函数不能采用按值传递这种方式。

2. 指针传递

如果在函数定义时将形参说明为指针,调用函数时就需要指定地址值形式的实参,这时的参数传递方式就是按指针地址传递方式,地址传递意味着函数会找到变量的实际存储位置,如果函数对地址进行操作,那么实参的值也会发生变化。

按地址传递与按值传递的不同在于,形参指针和实参指针指向同一个地址,因此,被调用函数中对形参指针所指向的地址中内容的任何改变都会影响到实参。

3. 引用传递

如果以引用为参数,则既可以使得对形参的任何操作都能改变相应的数据,又使得函数调用显得方便、自然,引用传递方式是在函数定义时在形参前面加上引用运算符 &。

区分值传递和引用传递最典型的例子是交换函数。

```cpp
# include < iostream >
using namespace std;
void swap( int x, int y)
{
    int t = x;
    x = y;
    y = t;
}
int a, b;
int main()
{
    cin >> a >> b;
    swap(a, b);
    cout << a <<' '<< b << endl;
    return 0;
}
```

运行上一段代码并不会交换 a、b 的值,如果把上面的函数做如下修改,则可以交换 a、b 的值。

```cpp
# include < iostream >
using namespace std;
void swap( int &x, int &y)
{
    int t = x;
    x = y;
    y = t;
}
int a, b;
int main()
{
    cin >> a >> b;
    swap(a, b);
    cout << a <<' '<< b << endl;
    return 0;
}
```

上一段代码成功交换了 a、b 的值。

第 1 段代码因为形参不能改变实参的值,所以函数执行结束,a、b 的值不会交换。

第 2 段代码,按照引用传递参数,所作修改是针对地址进行的修改,所以函数结束,a、b 的值也发生了交换。

7.4 ▶ 数组作为函数参数

如果数组的某一个单独的元素作为参数传递,这与值传递没有区别。如果希望把整个数组作为函数的参数,则有如下三种方式。

(1) int func1(int * a);

（2）int func2(int a[]);

（3）typedef int arr[10001];
　　　　int func3(arr a);

数组名作为参数传递给函数时，实际函数收到的是一个指针，函数并不会为数组参数分配内存空间，只是记录一个指针，所以数组形参可以与任何长度的数组匹配，如果函数希望知道数组的长度，它必须有一个显式参数传递给函数。

多维数组作为函数的参数，必须要知道第二维以及后面各个维度的长度才能求值。

int func1(int (* a)[][10]);
int func2(int a[][10]);

7.5 ▶ inline()内联函数

inline()函数又称内联函数，其主要是运用在某些函数体执行语句较少，但是又会被频繁调用的函数中，例如：

```
# include < iostream >
using namespace std;
inline void print()
{
    cout <<"Hello!"<< endl;
}
int main()
{
    for( int i = 1; i < = 10000; i++) print();
    return 0;
}
```

print()函数被主函数调用了 10000 次，内联函数就把函数体中的语句直接替换主函数中的 print()函数，目的主要是为了减少函数调用的额外开销，加快程序运行速度。

7.6 ▶ 函数的递归

计算机专业的基础课程，呈现出从知识到能力再到思维的螺旋式上升的递进关系，递归一直伴随其中。在常用算法中，分治法、回溯法、动态规划法在很大程度上也依赖递归来实现。直接或间接调用自身的函数称为递归函数，递归的核心是把一个规模较大的问题拆解成规模较小的问题来求解。递归示意如图 7-1 所示。

图 7-1　递归示意图

1. 递归算法(recursion algorithm)

在计算机科学中递归算法是指一种通过重复性地将问题分解为同类的子问题而解决问题的方法。函数可以通过调用自身来进行递归。计算理论可以证明递归的作用能够完全取代循环。

2. 递归调用

函数调用其本身,称为递归。直接调用 a 本身,称为直接递归,函数 $a()$ 调用函数 $b()$,函数 $b()$ 又调用函数 $a()$,称间接递归。递归调用过程如图 7-2 所示。

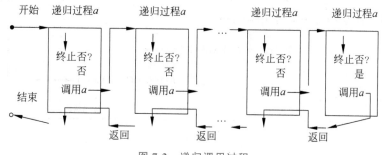

图 7-2　递归调用过程

递归算法通常把一个大型复杂的问题逐步转换为一个与原问题相似的规模较小的问题来求解,递归策略只需少量的程序就可描述出解题过程所需的多次重复计算,大幅地减少了程序的代码量。

一般来说,能够用递归解决的问题应该满足以下两个条件。

(1)需要解决的问题可以转换为一个或多个子问题来求解,而这些子问题的求解方法与原来问题的求解方法完全相同,只是在数量规模上不同。

(2)必须有结束递归的条件(边界条件)来终止递归。

递归求解问题步骤如下。

(1)分析问题,寻找规模较大问题与规模较小问题之间的关联,使得规模较大问题不断变成规模较小问题,以求得问题的解。

(2)设置边界:设置递归问题的最小边界,使得递归终止。

(3)设计函数及函数的参数,使得问题可以用递归函数解决。

递归算法的效率往往很低,对时间和内存空间都有较大的消耗。但是递归也有其长处,它能使一个蕴含递归关系且结构复杂的程序简洁精练,增加可读性。特别是在难以找到从边界到解的全过程的情况下,原问题的关系宜采用递归。

7.7　函数与递归习题

7.7.1　阶乘

【题目描述】

一个正整数的阶乘(factorial)是所有小于或等于该数的正整数的积,并且 0 的阶乘为 1。自然数 n 的阶乘写作 $n!$($0 \leq n \leq 12$)。

【分析】

阶乘的递归函数：$n!=\begin{cases}1 & n=0\\ n(n-1)! & n>0\end{cases}$

$n=3$ 时的阶乘递归调用过程如图 7-3 所示。

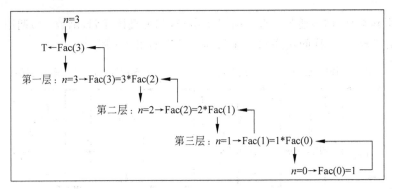

图 7-3　递归调用示例

【参考代码】

```
int f(int n)
{
    if (n == 0) return 1;
    return n * f(n - 1);
}
int main()
{
    int n;
    cin >> n;
    cout << f(n) << endl;
    return 0;
}
```

7.7.2　最大公约数

辗转相除法，又称为欧几里得算法（Euclidean algorithm），是求最大公约数的一种方法。它的具体做法是：用较大数除以较小数，再用出现的余数（第一余数）去除除数，再用出现的余数（第二余数）去除第一余数，如此反复，直到最后余数是 0 为止。如果是求两个数的最大公约数，那么最后的除数就是这两个数的最大公约数。

辗转相除法求最大公约数的原理如下。

设两数为 a、$b(a>b)$，用 $\gcd(a,b)$ 表示 a、b 的最大公约数，$r=a(\%b)$ 为 a 除以 b 的余数，k 为 a 除以 b 的商，即 $a/b=k\cdots r$。辗转相除法即是要证明 $\gcd(a,b)=\gcd(b,r)$。

第一步：令 $c=\gcd(a,b)$，则设 $a=mc$，$b=nc$。

第二步：根据前提可知 $r=a-k$，$b=mc-kn$，$c=(m-kn)c$。

第三步：根据第二步结果可知 c 也是 r 的因数。

第四步：可以断定 $m-kn$ 与 n 互质（假设 $m-kn=xd$，$n=yd(d>1)$，则 $m=kn+xd=kyd+xd=(ky+x)d$，则 $a=mc=(ky+x)cd$，$b=nc=ycd$，则 a 与 b 的一个公约数 $cd>$

c,故 c 非 a 与 b 的最大公约数,与前面结论矛盾),因此 c 也是 b 与 r 的最大公约数。

从而可知 $gcd(b,r)=c$,继而 $gcd(a,b)=gcd(b,r)$,函数如下:

```
int gcd(int a, int b)
{
    if(b == 0) return a;
    return gcd(b, a % b);
}
```

7.7.3　汉诺塔

【题目描述】

汉诺塔(又称河内塔)问题源于印度一个古老传说的益智玩具。据传说,大梵天创造世界的时候做了三根金刚石柱子,在一根柱子上从下往上按照大小顺序摞着 64 片黄金圆盘。大梵天命令婆罗门把圆盘从下面开始按大小顺序重新摆放在另一根柱子上。并且规定,在小圆盘上不能放大圆盘,在三根柱子之间一次只能移动一个圆盘,如图 7-4 所示。

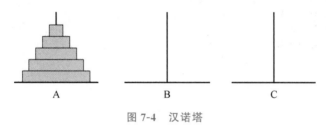

图 7-4　汉诺塔

【参考代码】

```cpp
#include <iostream>
using namespace std;
void hanoi(int n, char a, char b, char c)
{
    if (n > 0)
    {
        hanoi(n-1, a, c, b);
        printf("%c --> %c\n", a, c);
        hanoi(n-1, b, a, c);
    }
}
int main()
{
    int n;
    cout << "Input the number of diskes:" << endl;
    cin >> n;
    hanoi(n, 'A', 'B', 'C');
    return 0;
}
```

7.7.4　全排列

从 n 个不同元素中任取 $m(m \leqslant n)$ 个元素,按照一定的顺序排列起来,叫作从 n 个不同

元素中取出 m 个元素的一个排列。当 $m=n$ 时所有的排列情况称为全排列。

方法 1：主要思路是每个位置的数据范围是 $1\sim n$，只要判断当前数据没有使用过就可以进行赋值操作。

【参考代码】

```cpp
# include < iostream >
using namespace std;
int n,flag[100],memory[100];
void dfs(int i){
    for(int j = 1;j <= n;j++)
        if(flag[j] == 0) {
            flag[j] = 1;
            memory[i] = j;
            if(i == n) {
                for(int k = 1;k <= n;k++)
                    cout << memory[k]<<' ';
                cout << endl;
            }
            else
                dfs(i + 1);
            flag[j] = 0;
            memory[i] = 0;
        }
}
int main()
{
    cin >> n;
    dfs(1);
    return 0;
}
```

方法 2：主要思路是交换，将所有位置进行初始化 $a[i] = i$，然后每一次将当前位置与后续位置进行交换。

【参考代码】

```cpp
# include < iostream >
# include < cstdio >
# include < cstdlib >
using namespace std;
const int N = 10005 ;
int a[N] ;
int n , m , sum = 0 ;
void print()
{
    for (int i = 1;i <= m;i++) printf(" % d ", a[i]) ;    puts("") ;
    sum ++ ;
}
void pailie(int k )
{
    if (k > m) print() ;    else
    for (int i = k;i <= n;i++)
    {
```

```
        swap(a[k] , a[i]) ;
        pailie(k + 1) ;
        swap(a[k] , a[i]) ;
    }
}
int main()
{
    cin >> n >> m;
    for (int i = 1;i < = n;i++) a[i] = i ;
    pailie(1) ;
    cout << sum << endl;
    return 0 ;
}
```

7.7.5 组合

一般地,从 n 个不同的元素中,任取 $m(m \leqslant n)$ 个元素为一组,称为从 n 个不同元素中取出 m 个元素的一个组合。求 n 个数中 m 个数的组合。

主要思想:当前位置数值比前一个数值至少大 1,$a[x]$ 代表当前位置上的值,它的范围是 $[a[x-1]+1,n]$。

【参考代码】

```
# include < iostream >
using namespace std;
const int N = 10005 ;
int a[N] , n , m ;
void print()
{
    for (int i = 1;i < = m;i++) cout << a[i]<<' ';
    puts("") ;
}
void find(int x)
{
    if (x > m) print();
    else
        for (int i = a[x - 1] + 1;i < = n; i++){
            a[x] = i ;
            find(x + 1) ;
        }
}
int main()
{
    cin >> n >> m ;
    find(1) ;
    return 0 ;
}
```

7.7.6 排列——括号配对

一种形式的括号配对,例如:

```
4
(((())))
(((()())
((()))(())
((()))()
(()(()))
(()()())
(()())()
(())(())
(())()()
()(((()))
()(()())
()(())()
()()(())
()()()()
```

【参考代码】

```cpp
# include < iostream >
# include < cstdio >
using namespace std;
int leftsum = 0 , rightsum = 0 , n , s = 0 ;
void add( char * o, char i, int s){ o[s] = i;}
char lit[10005] ;
void perm( char * list, int s, int e)
{
    if(leftsum >= rightsum && leftsum <= n && rightsum <= n)
    //只有在左括号数大于或等于右括号数的前提下才继续进行
    {
        if(s > e)
        {
            for(int i = 0;i <= e; i++) printf(" %c", list[i]);
            printf("\n") ;
        }
        else                        //纵深
            for(int i = 0; i < 2; i++)
                if(i == 0)
                {
                    add(list, '(',s);
                    leftsum++;
                    perm(list, s + 1, e);
                    leftsum -- ;
                }
                else
                {
                    add(list, ')',s);
                    rightsum++;
                    perm(list, s + 1, e);
                    rightsum -- ;
                }
    }
}
int main()
```

```
    {
        cin >> n ;
        perm(lit, s, 2 * n - 1);
        return 0;
    }
```

7.7.7　组合例题

【题目描述】

X 星球要派出一个由 5 人组成的观察团前往 W 星球。其中：

A 国最多可以派出 4 人；

B 国最多可以派出 2 人；

C 国最多可以派出 2 人；

D 国最多可以派出 1 人；

E 国最多可以派出 1 人；

F 国最多可以派出 3 人。

那么最终派往 W 星球的观察团会有多少种国别的不同组合呢？

【分析】

首先从 A 国中抽人，可能抽的人数有 $0, 1, 2, \cdots, m$ 人，那么接下来要从剩下的 5 个国家中抽取 $n - m$ 人，问题又转换成了这个……不停递归，直到判断至最后一个国家结束。

【参考代码】

```cpp
# include < iostream >
using namespace std;
int alen = 6, n = 5;              //6 个国家, 抽 5 个人
int ans[10];
int a[6] = {4, 2, 2, 1, 1, 3} ;
void print() {
    for( int i = 0; i < alen; i++)
        for( int j = 0; j < ans[i]; j++){
            char d = 'A' + i;
            cout << d <<" ";
        }
    cout << endl;
}
void find(int k, int rest)         //第 k 个国家, 剩余人数是 rest
{
    if(k == alen)                  //结束标记很重要: 已经找完所有国家
    {
        if(rest == 0)    print() ; //剩余人数是 0, 就可以打印结果了
        return ;
    }
    int mins = min(a[k], rest);    //第 k 个国家可以使用的人数是 a[k] 和剩余人数的最小值
    for(int i = 0; i <= mins; i++) //这个范围 0 开始很重要, 第 k 个国家 0 人参与
    {
        ans[k] = i;                //第 k 个国家有 i 个人参与
        find( k + 1 , rest - i);
```

```
        }
    }

int main()
{
    find(0,n);    //从第 0 个国家开始,剩余人数是 n 人
    return 0;
}
```

7.7.8 螺旋矩阵

螺旋矩阵是指一个呈螺旋状的矩阵,它的数字由第一行开始到右边不断变大,向下变大,如此循环。螺旋矩阵如图 7-5 所示。

1	16	15	14	13
2	17	24	23	12
3	18	25	22	11
4	19	20	21	10
5	6	7	8	9

图 7-5　螺旋矩阵

【参考代码】

```
# include < bits/stdc++.h >
# define rep(i,n) for (int i = 1; i <= n; i++)
using namespace std;
int a[100][100], n;

void print(int x, int y) {
    if (x > n) return;
    printf(" % 3d", a[x][y]);
    if (y >= n) cout << endl, print(x + 1, 1); else print(x, y + 1);
}
void find(int x, int y, int k) {
    if (k > n * n) return;
    a[x][y] = k;
    if(a[x][y + 1] == 0&& a[x - 1][y]!= 0) find(x, y + 1, k + 1); else
    if(a[x + 1][y] == 0) find(x + 1, y, k + 1); else
    if(a[x][y - 1] == 0) find(x, y - 1, k + 1); else
    if(a[x - 1][y] == 0)find(x - 1, y, k + 1);
}
int main() {
    cin >> n;
    memset(a, - 1, sizeof(a));
    rep(i,n) rep(j,n) a[i][j] = 0;
    find(1,1,1);
    print(1,1);
    return 0;
}
```

7.7.9　最匹配的矩阵

【题目描述】

给定一个 $m \times n$ 的矩阵 A 和 $r \times s$ 的矩阵 B，其中 $0 < r \leqslant m$，$0 < s \leqslant n$，A、B 所有元素值都是小于 100 的正整数。求 A 中一个大小为 $r \times s$ 的子矩阵 C，使得 B 和 C 的对应元素差值的绝对值之和最小，这时称 C 为最匹配的矩阵。如果有多个子矩阵同时满足条件，选择子矩阵左上角元素行号小者，行号相同时，选择列号小者。

输入：

第一行是 m 和 n，以一个空格分开。之后 m 行每行有 n 个整数，表示 A 矩阵中的各行，数与数之间以一个空格分开。

第 $m+2$ 行为 r 和 s，以一个空格分开。之后 r 行每行有 s 个整数，表示 B 矩阵中的各行，数与数之间以一个空格分开。（$1 \leqslant m \leqslant 100$，$1 \leqslant n \leqslant 100$）

输出：

输出矩阵 C，一共 r 行，每行 s 个整数，整数之间以一个空格分开。

输入样例：

3 3

3 4 5

5 3 4

8 2 4

2 2

7 3

4 9

输出样例：

4 5

3 4

【分析】

从第一行第一列位置开始，将每个枚举的位置作为矩阵左上角顶点，与第二个矩阵求差值，记录最小差值，同时记录相应的最小差值位置，最后从最小差值位置开始输出对应的矩阵。

【参考代码】

```
#include <iostream>
#include <climits>
#include <cmath>
using namespace std;
int m,n,r,s,a[110][110],b[110][110],mn = INT_MAX,ansa,ansb;
int getdis(int x,int y)
{
    int ans = 0;
    for(int i = x;i <= x + r - 1;i++)
        for(int j = y;j <= y + s - 1;j++)
            ans += abs(a[i][j] - b[i - x + 1][j - y + 1]);
    return ans;
}
```

```
    }
    int main( )
    {
        cin >> m >> n;
        for( int i = 1; i <= m; i++)
            for( int j = 1; j <= n; j++)
                cin >> a[ i][ j];
        cin >> r >> s;
        for( int i = 1; i <= r; i++)
            for( int j = 1; j <= s; j++)
                cin >> b[ i][ j];
        int t;
        for( int i = 1; i <= m - r + 1; i++)
            for( int j = 1; j <= n - s + 1; j++)
            {
                t = getdis( i, j);
                if( t < mn)
                {
                    mn = t;
                    ansa = i;
                    ansb = j;
                }
            }
        for( int i = ansa; i <= ansa + r - 1; i++)
        {
            for( int j = ansb; j <= ansb + s - 1; j++)
                cout << a[ i][ j]<<' ';
            cout << endl;
        }
        return 0;
    }
```

7.7.10 回文质数

【题目描述】

因为 151 既是一个质数又是一个回文数(从左到右和从右到左看是一样的),所以 151 是回文质数。

写一个程序来找出范围$[a, b]$($5 \leqslant a < b \leqslant 100000000$)间的所有回文质数。

输入:

两个整数 a 和 b。

输出:

输出一个回文质数的列表。

输入样例:

5　500

输出样例:

5

7

11

101

131

151

181

191

313

353

373

383

【分析】

定义一个函数,判断是否是回文数,线性筛选将所有的质数筛出,再在所有筛出的质数中依次判断,将满足数值大小范围并且是回文数的数输出。

【参考代码】

```cpp
# include < iostream >
using namespace std;
const int N = 10000001 ;
int a,b,flag[N],p[2 * N],cnt;
bool check(int x)                        //判断 x 是否为质数
{
    int d = 0,t = x;
    for(;x;x/ = 10) d = d * 10 + x % 10;
    if(t == d) return true;
    return false;
}
int main()
{
    cin >> a >> b;
    for(int i = 2; i < = b&&i < =  N ;i++)          //线性筛选求质数
    {
        if(flag[i] == 0) p[++cnt] = i;
        for(int j = 1;j < = cnt&&i * p[j]< = b&&i * p[j]< = N; j++)
        {
            flag[i * p[j]] = 1;
            if(i % p[j] == 0) break;
        }
    }
    for(int i = 1;i < = cnt&&p[i]< = b; i++)
        if(p[i]> = a&&check(p[i]))
            cout << p[i]<< endl;
    return 0;
}
```

7.7.11　铺骨牌问题

【题目描述】

有 $1 \times n$ 的一个长方形,用 1×1、1×2、1×3 的骨牌铺满方格,共有几种铺法。

例如,当 $n=3$ 时为 1×3 的方格,此时用 1×1、1×2、1×3 的骨牌铺满方格,共有四种铺法,如图 7-6 所示。

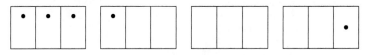

图 7-6　骨牌铺法

输入：

$n(0 \leqslant n \leqslant 30)$

输出：

铺法总数

【分析】

最后一个格的铺法，用 1×1、1×2、1×3 三种铺法，很容易就可以得出

$$f(n) = f(n-1) + f(n-2) + f(n-3)$$

其中，$f(1) = 1$，$f(2) = 2$，$f(3) = 4$。

【参考代码】

```cpp
#include <iostream>
using namespace std;
int f(int n){
    if (n == 1) return 1;
    if (n == 2) return 2;
    if (n == 3) return 4;
    return f(n-1) + f(n-2) + f(n-3);
}
int main(){
    int n;
    cin >> n;
    cout << f(n) << endl;
    return 0;
}
```

7.7.12　集合划分问题

【题目描述】

设 s 是一个具有 n 个元素的集合 $S = \{a_1, a_2, \cdots, a_n\}$，现将 s 集合划分成 k 个满足下列条件的子集合 $s_1, s_2, s_3, \cdots$：

（1）$s_i \neq$ 空。

（2）$s_i \cap s_j =$ 空。

（3）$s_1 \cup s_2 \cup s_3 \cdots \cup s_n = s (1 \leqslant i, j \leqslant k, i \neq j)$。

则称 $s_1, s_2, \cdots, s_n$ 是集合 s 的一个划分，它相当于把集合 s 中的 n 个元素放入 k 个无标号的盒子中，使得没有一个盒子为空，试确定 n 个元素的集合放入 k 个无标号盒的划分数 $s(n, k)$。

【分析】

例如，$s = \{1, 2, 3, 4\}$，$k = 3$。可得出 S 有 6 种不同的划分方案，即划分数为 6。其方案为

$\{1, 2\} \cup \{3\} \cup \{4\}$　　　$\{1, 3\} \cup \{2\} \cup \{4\}$

$\{1, 4\} \cup \{2\} \cup \{3\}$　　　$\{2, 3\} \cup \{1\} \cup \{4\}$

$\{2, 4\} \cup \{1\} \cup \{3\}$　　　$\{3, 4\} \cup \{1\} \cup \{2\}$

对于任意的 S 集合和 k 值,则不能凭借直觉和经验计算划分数和枚举划分方案。必须总结出一个数学规律:

设 n 个元素 $a_1 \cdots a_n$ 放入 k 个无标号盒的划分数为 $S(n,k)$。在配置过程中,有两种互不相容的情况:

(1) 设 $\{a_n\}$ 是 k 个子集中的一个子集,于是把 $\{a_1, \cdots, a_{n-1}\}$ 划分为 $k-1$ 个子集有 $S(n-1, k-1)$ 个划分数。

(2) 如果 $\{a_n\}$ 不是 k 个子集中的一个,即 a_n 必与其他的元素构成一个子集。首先把 $\{a_1, \cdots, a_{n-1}\}$ 划分成 k 个子集,这共有 $S(n-1, k)$ 种划分方式。然后再把 a_n 加入 k 个子集中的一个子集中,有 k 种加入方式。对于每一种加入方式,都使集合划分为 k 个子集,因此由乘法原理知,划分数共有 $k \cdot S(n-1, k)$。

应用加法原理于上述两种情况,得出 $\{a_1, \cdots, a_n\}$ 划分为 k 个子集的划分数:
$$S(n,k) = S(n-1, k-1) + k \cdot S(n-1, k) \quad (n > 1, k \geqslant 1)$$

$S(n,k)$ 的边界条件可通过如下方式来确定。

(1) 不能把 n 个元素不放进任何一个集合中去,即 $S(n,0)=0$;也不可能在不允许空盒的情况下把 n 个元素放进多于 n 的 k 个集合中去,即 $k > n$ 时 $S(n,k)=0$。

(2) 把 n 个元素放进一个集合或把 n 个元素放进 n 个集合,方式数显然是 1。即
$$S(n,1) = 1$$
$$S(n,n) = 1$$

显然,通过上述分析可得出划分数 $S(n,k)$ 的递归关系式:
$$S(n,k) = S(n-1, k-1) + k * S(n-1, k) \quad (n > k, k \geqslant 1)$$
$$S(n,k) = 0 \qquad\qquad\qquad\qquad (n < k) \text{ 或} (k=0)$$
$$S(n,k) = 1 \qquad\qquad\qquad\qquad (k=1) \text{ 或} (k=n)$$

按照划分数 $S(n,k)$ 的递归定义,可以直接写出它的递归函数 $S(n,k)$。

【参考代码】

```cpp
#include <iostream>
using namespace std;
int s(int n,int k)
{
    if (k==0 ||k>n) return 0;
    if (k==1 || k==n) return 1;
    return s(n-1,k-1)+k*s(n-1,k);
}
int main()
{
    int i,j,k,n;
    cin>>n>>k;
    cout<<s(n,k)<<endl;
    return 0;
}
```

7.7.13　计算交点数

【题目描述】

平面上有 n 条直线,且无三线共点,问这些直线能有多少种不同交点数?

输入：

$n(n \leqslant 20)$

输出：

若干行，列出所有相交方案，其中每一行为一个可能的交点数。

输入样例：

4

输出样例：

0

3

4

5

6

（注：表示在 4 条直线的情况下，可能有 0,3,4,5,6 个交点。）

【分析】

将 n 条直线排成一个序列，直线 2 和直线 1 最多只有一个交点，直线 3 与直线 1 和直线 2 最多有两个交点，…，直线 n 和其他 $n-1$ 条直线最多有 $n-1$ 个交点，由此得出 n 条直线互不平行且无三线共点的最多交点数 $\max(n) = 1+2+\cdots+(n-1) = n(n-1)/2$，但本题问的是这些直线有多少种不同的交点数。

设数组 $g[i] = 0$ 表示交点数 i 不存在，$g[i] = 1$ 表示交点数 i 存在 $(0 \leqslant i \leqslant \max)$。

可列举出 $i = 1、2、3$ 的情况，如图 7-7 所示。当 $n=4$ 时，四条直线全部平行，无交点，$g[0] = 1$；其中三条直线平行，交点数为 $(n-1)*1+0 = 3$，$g[3] = 1$；其中两条直线平行，这两条直线和另外两点直线的交点数为 $(n-2)*2 = 4$，而另外两条直线的交点数既可能平行也可能相交，因此交点数据分别为

$$(n-2)*2+0 = 4 \quad g[4] = 1$$
$$(n-2)*2+1 = 5 \quad g[5] = 1$$

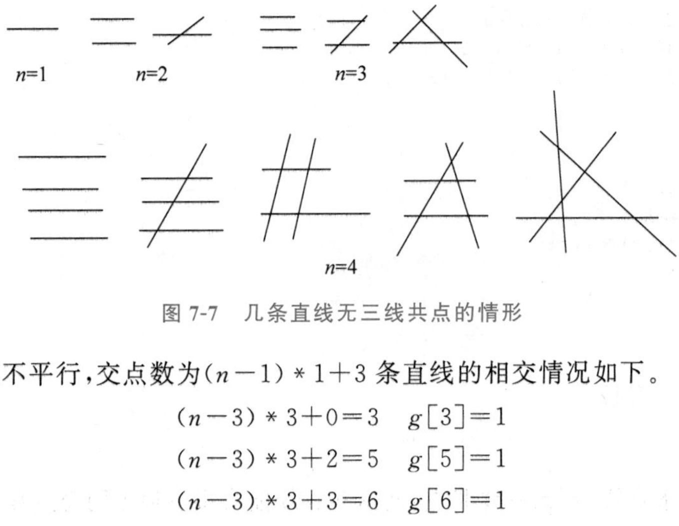

图 7-7　几条直线无三线共点的情形

四条直线互不平行，交点数为 $(n-1)*1+3$ 条直线的相交情况如下。

$$(n-3)*3+0 = 3 \quad g[3] = 1$$
$$(n-3)*3+2 = 5 \quad g[5] = 1$$
$$(n-3)*3+3 = 6 \quad g[6] = 1$$

即当 $n=4$ 时,有 0 个、3 个、4 个、5 个、6 个不同交点数,所以有 5 种可能。

从上述 $n=4$ 的分析过程中,我们发现:m 条直线的交点方案数=$(m-r)$ 条平行线与 r 条直线交叉的交点数+r 条直线本身的交点方案=$(m-r)*r+r$ 条之间本身的交点方案数($1{\leqslant}r{\leqslant}m$)。

上式说明,计算不同交点方案数的问题是可以递归的,可以描述成如下算法。

```
int g[10000];
void s(int n , int j)
{
    if (n > 0)
    for (int i = 1;i <= n;i++)
        s(n - i,(n - i) * i + j);
    else
        g[j] = 1;
}
```

有了上述递归程序后,便可以通过下述方式计算和输出 n 条直线的交点方案。

(1) 计算 max()=$n(n-1)/2$(计算最多交点数)。

(2) 初始化,memset(g,0,sizeof(g))。

(3) 递归求 $g[i]$:$s(n,0)$。

(4) 统计方案数并输出。

【参考代码】

```
# include < bits/stdc++.h >
using namespace std;
bool vis[101][10001] , g[10001] ;
void   s(int   n , int   j){
    if (n > 0)
    for (int i = 1;i <= n;i++) {
            if (vis[n - i][(n - i) * i + j]) {
                vis[n - i][(n - i) * i + j] = 0 ;
                s(n - i,(n - i) * i + j);
        }
    }
    else g[j] = 1;
}

int main()
{
    int n ;
    memset(g, 0 , sizeof(g)) ;
    memset(vis,1, sizeof(vis)) ;
    cin >> n ;
    s(n,0) ;
    int mx = n * (n - 1) / 2 ;
    for (int i = 0 ;i <= mx;i++)
        if (g[i]) cout << i << endl;
    return 0 ;
}
```

第 8 章 结构体与文件

8.1 结构体

8.1.1 什么是结构体

结构体是由一批数据组合而成的一种新的数据类型。组成结构型数据的每个数据称为结构型数据的成员。结构体通常用来表示类型不同但是又相关的若干数据。

结构体类型不是由系统定义好的,而是需要程序设计者自己定义。C 语言提供了关键字 struct 来标识所定义的结构体类型。C++的结构体可以包含函数,默认为 public。

8.1.2 结构体使用技巧

(1) 定义方法:使用关键字 struct,其中 score 是用户自己给结构体起的名字。

```
struct score{          //score 是结构体的名称,要符合标识符命名规则
    string ID ;          //ID 表示学号
    string name;         //name 表示姓名
    int m,c,sum ;        //m、c、sum 分别表示数学、语文和总分
} g[1005];             //g[1005]是一个结构体数组,每个数组元素都是一个结构体数据类型
```

结构体还有其他定义方法,比如

```
score zhangsan;        //代表了 zhangsan 是一个结构体数据类型
```

(2) 使用方法:数据成员通过以下程序完成。

```
for ( int i = 0 ; i < 1000; ++i) {
    cin >> g[i].ID ;
    cin >> g[i].name ;
    cin >> g[i].m >> g[i].c;
    g[i].sum = g[i].m + g[i].c ;
}
```

可以这样理解以上表示方法:一个年级有 1000 人参加考试,一个人对应的数据是 $g[i]$,其中,$g[i].ID$、$g[i].name$、$g[i].m$、$g[i].c$、$g[i].sum$ 分别表示每个人的学号、姓名、数学成绩、语文成绩和总成绩,这些元素就是结构体的成员。

8.1.3 经典例题

1. 计算各科成绩的总分

输入 n 个学生的语文、数学和英语成绩,计算每个学生三门学科的总分,并计算每门学科的总分。

```cpp
# include < bits/stdc++.h>
using namespace std;
struct score{
    int c,m,e,sum ;
}s[10001];
int main()
{
    int n , c,m,e;
    cin >> n ;
    for (int i = 1 ;i <= n;i++) {
        cin >> s[i].c >> s[i].m >> s[i].e ;
        s[i].sum = s[i].c + s[i].m + s[i].e ;
        c += s[i].c ;
        m += s[i].m ;
        e += s[i].e ;
    }
    for (int i = 1;i <= n;i++)
        printf("ID % d sum = % d\n", i,s[i].sum ) ;
    printf("语文总分 = % d\n",c) ;
    printf("数学总分 = % d\n",m) ;
    printf("英语总分 = % d\n",e) ;
    return 0 ;
}
```

2. 计算三角形的面积

输入 n 个点,每个点有一个坐标 (x,y),求任意三点组成的三角形的面积。

已知三角形的三个顶点坐标,求三角形的面积。三角形的三个顶点坐标如图 8-1 所示,则其面积为

$$S = (1/2) * (x_1 y_2 + x_2 y_3 + x_3 y_1 - x_1 y_3 - x_2 y_1 - x_3 y_2)$$

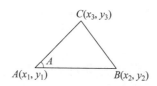

图 8-1 三角形的三个顶点坐标

```cpp
# include < bits/stdc++.h>
using namespace std;
struct node {
    double x,y;
} a[55];
double S(node a,node b,node c)
{
```

```
        return fabs((b.x - a.x) * (c.y - a.y) - (c.x - a.x) * (b.y - a.y)) / 2.0 ;
    }

    int main()
    {
        int n ;
        scanf("%d",&n);
        for(int i = 1;i <= n;i++)
            scanf("%lf %lf",&a[i].x,&a[i].y);
        for(int i = 1;i < n;i++)
            for(int j = i + 1;j < n;j++)
                for(int k = j + 1;k <= n;k++)
                    printf("%llf\n", S( a[i],a[j],a[k] ) ) ;

        return 0;
    }
```

3. 结构体内部运算符重载

【题目描述】

有 100 个学生,每个学生成绩随机产生,其中语文[0,99],数学[0,99],要求按照语文成绩由小到大排序并输出结果。

本例完成了将结构体某一属性进行排序,重点是运算符重载的过程。

```
    # include < bits/stdc++.h >
    using namespace std;
    const int N = 100001 ;
    struct jia{
        int a,b;
        bool operator < ( const jia &x) const {return a < x.a;}
    }a[N];
    int main()
    {
        int n = 100 ;
        srand(time(0)) ;
        for(int i = 1;i <= n;i++) a[i].a = rand() % 100 , a[i].b = rand() % 100 ;
        sort(a + 1, a + 1 + n) ;
        for(int i = 1;i <= n;i++) cout << a[i].a <<" ";
        return 0 ;
    }
```

4. 高精度运算

本例的重点是运算符重载,也就是在计算 $a+b$ 的过程中,根据 a 和 b 的数据类型(a、b 是结构体还是 int 类型是严格区分的)采取不同的处理方法,简单理解就是让计算机认清参与运算的两个数据是什么类型,根据不同的数据类型进行不同的运算。另外,针对 < 和 ≤ 也进行了重载。

本例题包括了高精度□单精度、高精度□高精度,其中,□代表 +、-、*、/ 和 % 5 种运算符,重载这些运算符和比较运算符,让计算机进行高精度计算。

```
    # include < bits/stdc++.h >
    using namespace std;
    int n , k ;
```

```
const int N = 1100 ;
char S[N] ;
char T[N] ;
struct bigNumber{
    int len , x[N] ;
    bigNumber( ) {memset(x,0,sizeof(x));len = 1 ;}
    void pint() {
        for (int i = len ;i;i-- ) printf("%d",x[i]) ;puts("") ;
    }
} a,b,c;
inline bool operator <(bigNumber a, bigNumber b) {
    if (a.len != b.len ) return a.len < b.len ;
    for (int i = a.len;i ;i-- )
        if (a.x[i] != b.x[i]) return a.x[i] < b.x[i] ;
    return 0 ;
}

inline bool operator <= (bigNumber a, bigNumber b) {
    if (a.len != b.len ) return a.len < b.len ;
    for (int i = a.len;i ;i-- )
        if (a.x[i] < b.x[i]) return 1 ;
        else if (a.x[i] > b.x[i]) return 0 ;
    return 1 ;
}

bigNumber fix(bigNumber a ) {
    for (int i = 1;i < a.len;++i) {
        if (a.x[i] < 0) a.x[i] += 10 , a.x[i+1] -- ;
        a.x[i+1] += a.x[i] / 10 ;
        a.x[i] % = 10 ;
    }
    while (a.x[a.len] >= 10 ) {
        a.x[a.len + 1] += a.x[a.len] / 10 ;
        a.x[a.len] % = 10 ; a.len ++;
    }
    while (!a.x[a.len] && a.len > 1) a.len -- ;
    return a ;
}

inline bigNumber operator * (bigNumber a , int b) {
    for (int i = 1;i <= a.len ;++i ) a.x[i] * = b ;
    return fix(a) ;
}
inline bigNumber operator * (bigNumber a , bigNumber b) {
    bigNumber c ;
    c.len = a.len + b.len - 1 ;
    for (int i = 1;i <= a.len ;++i)
        for (int j = 1;j <= b.len ; ++j)
            c.x[i+j-1] += a.x[i] * b.x[j] ;
    return fix(c) ;
}

inline bigNumber operator + (bigNumber a , int b) {
    a.x[1] += b ;
    return fix(a) ;
}

inline bigNumber operator + (bigNumber a , bigNumber b) {
```

```
        bigNumber c ;
        c.len = max(a.len, b.len ) ;
        for (int i = 1;i <= c.len ;++i) c.x[i] = a.x[i] + b.x[i] ;
        return fix(c) ;
}

inline bigNumber operator - (bigNumber a , int b) {
        a.x[1] -= b ;
        return fix(a) ;
}

inline bigNumber operator - (bigNumber a , bigNumber b) {
        bigNumber c ;
        c.len = max(a.len, b.len ) + 1 ;
        for (int i = 1;i <= c.len ;++i) c.x[i] = a.x[i] - b.x[i] ;
        return fix(c) ;
}

inline bigNumber operator /(bigNumber a, int y) {
        int x = 0 ;
        bigNumber c ;
        c.len = a.len ;
        for (int i = c.len; i > 0; -- i)
        {
            c.x[i] = (x * 10 + a.x[i]) / y;
            x = (x * 10 + a.x[i]) % y ;
        }
        return fix(c) ;
}

inline bigNumber operator /(bigNumber a, bigNumber b) {
        bigNumber c ;
        int s = 0 ;
        while (a.len > b.len) b = b * 10 , s++;
        while (s >= 0) {
            c = c * 10 ;
            while (b <= a) c = c + 1 , a = a - b;
            b = b / 10 , s-- ;
        }
        return fix(c) ;
}

inline bigNumber operator % (bigNumber a, int y) {
        bigNumber c = a / y ;
        a = a - c * y ;
        return fix(a) ;
}

inline bigNumber operator % (bigNumber a, bigNumber b) {
        int s = 0 ;
        while (a.len > b.len) b = b * 10 , s++;
        while (s >= 0) {
            while (b <= a) a = a - b;
            b = b / 10 , s-- ;
        }
        return fix(a) ;
}
```

```
inline bigNumber poww(int m, int p) {
    a.x[1] = 1 ;
    b.x[1] = m ;
    while (p) {
        if (p & 1) a = a * b;
        p = p >> 1;
        b = b * b ;
    }
    return fix(a) ;
}

int main()
{
    scanf("%s", S + 1) ;int lens = strlen(S + 1) ;
    scanf("%s", T + 1) ;int lent = strlen(T + 1) ;
    for (int i = 1;i <= lens;++i) a = a * 10 + (S[i] - '0') ;
    for (int i = 1;i <= lent;++i) b = b * 10 + (T[i] - '0') ;
    if (a < b) swap(a,b) ;cout <<" - ";
    c = a - b;
    c.pint() ;

    c = poww(2,2000) ;
    c.pint() ;

    scanf("%s", S + 1) ;int lens = strlen(S + 1) ;
    for (int i = 1;i <= lens;++i) a = a * 10 + (S[i] - '0') ;
    int x ;cin >> x ;
    c = a % x ;
    c.pint() ;
    return 0 ;
}
```

8.2　文件输入和输出

8.2.1　输入/输出重定向

　　信息学竞赛中对文件输入和输出都有严格的格式规定,几乎所有的信息学竞赛所需要的输入数据和标准答案都是保存在文件中的,使用文件最简单的方法就是使用输入/输出重定向,如下面的例子。

```
# include < iostream >
using namespace std;
int a,b,c;
int main()
{
    freopen("test.in","r",stdin);
    freopen("test.out","w",stdout);
    cin >> a >> b;
    c = a + b;
    cout << c << endl;
    fclose(stdin);                  //可以省略,因为整体结束的时候文件自动就关闭了
    fclose(stdout);                 //可以省略
```

```
        return 0;
    }
```

或者

```
    # include < cstdio >
    using namespace std;
    int a, b, c;
    int main()
    {
        freopen("test.in", "r", stdin);
        freopen("test.out", "w", stdout);
        scanf("%d%d", &a, &b);
        c = a + b;
        printf("%d\n", c);
        fclose(stdin);
        fclose(stdout);
        return 0;
    }
```

　　第一段代码是 C++的输入/输出流,第二段代码是 C 语言的输入/输出,因为都使用了输入/输出重定向,所以输入指向了 test.in 文件,会从该文件读取数据,输出指向了 test.out 文件,将要输出的结果输出到了 test.out 文件。

　　一般情况下,第一段代码要比第二段代码慢很多,主要原因是 C++为了兼容 C 做了 scanf 的同步,只要关闭这个同步,就可以大幅提高 cin 从文件读入的速度。关闭代码如下:

　　std::ios::sync_with_stdio(false);

　　一段简单的读写代码如下:

```
    # include < iostream >
    using namespace std;
    int a;
    int main()
    {
        freopen("test.in", "r", stdin);
        freopen("test.out", "w", stdout);
        ios::sync_with_stdio(false);
        cin >> a;
        cout << a << endl;
        return 0;
    }
```

8.2.2　文件输入/输出流

　　C++中通过文件流 fstream 实现文件读写,如果包含了 fstream 头文件,那么就可以使用 ifstream、ofstream、fstream 三个对象,三个对象同时支持流＞＞操作符以及＜＜操作符。

　　例如:

```
    # include < fstream >
    using namespace std;
```

```
int a;
int main()
{
    ifstream fin("test.in");
    ofstream fout("test.out");
    fin >> a;
    fout << a << endl;
    fin.close();
    fout.close();
    return 0;
}
```

8.2.3　快速读入

竞赛中读入操作速度最快的是使用 getchar() 函数,由于该函数只能读取一个字符,所以需要重新设计读入函数,实现一般的读入操作效果,文件读写代码如下:

```
# include < bits/stdc++.h >
using namespace std;
int a;
inline int read()
{
    int x = 0, f = 1;
    char ch = getchar();
    while(ch<'0'||ch>'9'){
        if(ch == '-') f = -1;
        ch = getchar();
    }
    while(ch >= '0'&&ch <= '9'){
        x = (x << 1) + (x << 3) + (ch^48);        //相当于 x = x * 10 + ch - '0',位移操作提高效率
        ch = getchar();
    }
    return x * f;
}
int main()
{
    freopen("test.in","r",stdin);
    freopen("test.out","w",stdout);
    a = read();
    printf("% d\n",a);
    return 0;
}
```

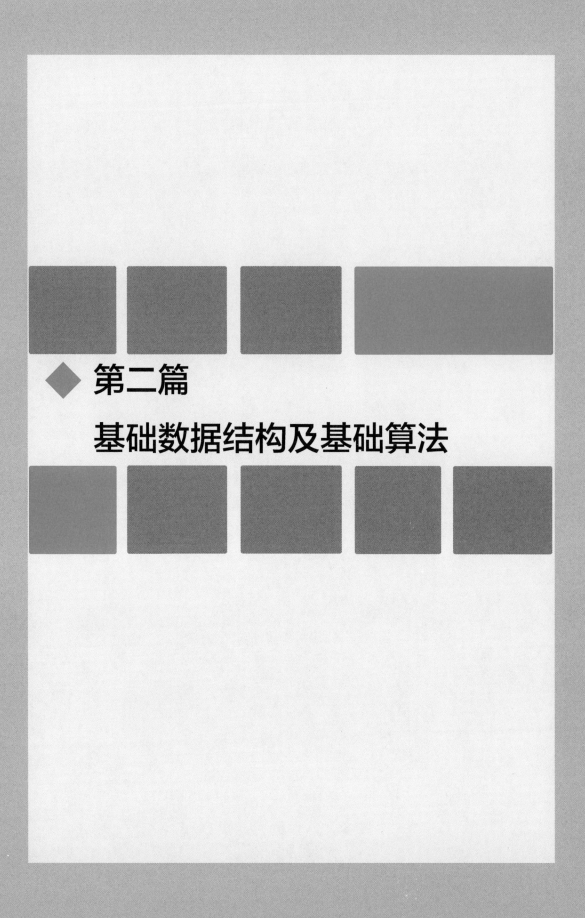

◆ 第二篇

基础数据结构及基础算法

第 9 章 队 列

本书前几章介绍了一般线性表的存储结构及其运算的实现。本章将介绍一种特殊的线性表——队列。从逻辑结构上来看,队列仍是线性表,其特殊性主要体现在其基本运算有着特殊的限定。实际应用中有很多先到先得的问题,需要按先后顺序去解决,比如排队购物,食堂排队取餐等,计算机解决这类问题需要用到一种数据结构——队列。由于队列在程序设计中应用广泛,因此本章对它单独进行讨论。

9.1 队列的定义

队列是一种特殊的线性表,它限定了线性表中数据元素的插入和删除操作必须分别在线性表的两端进行,访问次序是先进先出,如图 9-1 所示。

也就是说,进入队列中的第一个数据元素将是队列中第一次被访问的数据元素,进入队列的第二个数据元素将是被访问的第二个数据元素,以此类推,先进入队列将先得到服务,也将先离开队列。在队列中,允许插入数据元素的一端叫作队尾,允许删除数据元素的一端则称为队头。如图 9-1 所示的队列中,共有 n 个元素进入了队列,a_0 是队头数据元素,a_{n-1} 是队尾数据元素。a_0 为最先进入队列的数据元素,也将最先被访问,最先出队列,而 a_{n-1} 为最后进入的数据元素,也将最后被访问,最后出队列。

队列可以用于许多问题的求解,比如医院排队挂号、飞机检票进站、排队乘车、作业调度等,常用它来模拟求解。下面将详细介绍程序中如何实现队列的定义与运算。

出队列 $\leftarrow a_0\,a_1\,a_2\,\cdots\,a_{n-2}\,a_{n-1} \leftarrow$ 入队列

队列头　　　　　　队列尾

图 9-1 队列

9.2 顺序队列的基本运算

下面介绍两种方法实现队列的定义和基本运算,一种是用一个一维数组顺序存储的方式模拟队列操作的思想,另一种是直接使用 STL 中队列的定义和运算方法解决问题。实际上,随着学习的不断深入,程序实践中可以有多种方式来实现队列的基本运算,本章要介绍的这两种方法是初学数据结构比较容易使用的方法。

9.2.1 一维数组实现队列数据元素的基本运算

一维数组是利用一组地址连续的存储单元,实现对数据元素的顺序存取,它是一种顺序

存储的线性表,而队列是一种有特定限制(先进先出)的线性表,因此,可以用顺序存储的线性表加上特定限制来实现队列的运算。

如果用一个一维数组依次存放从队列队头到队尾的数据元素,设置一个数组下标标记 front 来标识指向队列队头元素的位置,用 rear 来标识指向队列队尾元素的位置,定义数组时的最大内存空间就是队列的容量。

基于上面的定义,用一个一维数组实现队列的基本运算,需要有几个核心变量:数组、指向队头位置和队尾位置的指针。下面用一个结构体构造一个队列,实现队列的基本运算。在结构体数据类型中,除数组外又增加了三个整数变量 front、rear 和 cnt。front 存储队头数据元素在数组中的下标的前一位置,被称为头指针。rear 存储队列的队尾数据元素在数组中的下标位置,被称为尾指针。在队列的顺序存储结构中,当头指针等于尾指针时,则此队列为空队列。这里主要介绍一种用数组实现队列运算的方法,在实际应用中往往直接用一个数组,和两个分别指向队头元素位置与队尾元素位置的指针来实现队列的相关操作。

```
const int maxn = 1010;
struct Queue
{
    type a[maxn];           //用数组 a 存储队列中数据元素
    int cnt;                //记录队列中数据元素的个数
    int front, rear;        //用 front 指向队头元素,用 rear 指向队尾元素
}
Queue q;
```

(1) 队列清空

```
void Init (Queue q)        //将队列 q 清空
{
    q. front = 0;
    q. rear = 0;
    q. cnt = 0;
    return;
}
```

(2) 入队操作

```
void Push(Queue q, type x)     //数据元素 x 进入队列 q 中
{
    q. rear++;
    q. cnt++;
    q. a[q. rear] = x;
    return;
}
```

(3) 出队操作

```
void Pop(Queue q)          //将队头元素移出队列
{
    q. front++;
    q. cnt -- ;
    return;
}
```

(4) 获取队头元素

```
type Front(Queue q)           //取得队列 q 的队头元素
```

```
{
    return q.a[q.front];
}
```

（5）判断队列是否为空

```
bool Empty(Queue q)          //判断队列 q 是否为空
{
    if(q.cnt == 0) return 1;
    return 0;
}
```

或者写成：

```
bool Empty(Queue q)          //判断队列 q 是否为空
{
    if(q.rear < q.front) return 1;
    return 0;
}
```

（6）返回队列内元素的个数

```
int Size(Quelle q)           //返回队列 q 内元素的个数
{
    return q.cnt;
}
```

9.2.2　STL 中队列的定义及基本运算

使用 STL 中的队列，需要加头文件：#include<queue>。

```
queue < Type > q;        //定义一个队 q 列,其中数据元素类型为 Type
q.push(x);               //把数据元素 x 插入队列(追加到队尾)
q.pop();                 //删除队头元素(无返回值)
q.size();                //获得(返回)队列中元素的个数
q.front();               //获得(返回)队头元素
q.back();                //获得(返回)队尾元素
q.empty();               //判断队列 q 是否为空(为空返回 1,否则返回 0)
```

注意：用数组描述队列的顺序存储结构时，若队列为空后继续出队列，则会发生下溢。当尾指针达到队列容量时，入队则会发生上溢。

9.3　循环队列

前面讲的顺序队列如图 9-2 所示。

如果用数组模拟队列，队列的空间是固定的，已出队的数据元素依然占据着内存空间，容易溢出。应用中通常将队列存储空间的最后一个位置绕到第一个位置，形成逻辑上的环状空间，供队列循环使用，这样的队列成为循环队列。

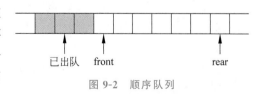

图 9-2　顺序队列

在循环队列结构中，当存储空间的最后一个位置已被使用而再需要入队操作时，只需要存储空间的第一个位置空闲，便可将元素加入第一个位置，即将这第一个位置作为对位。在循环队列中,当 front＝rear 时,队列为空,而当所有空间被占满时,也有 front＝rear,因此可以在队列元素结构体变量中加一个标志变量以区别空满。也可以规定循环队列最多只能存 MaxSize－1 个队列元素,当循环队列中只剩下一个空存储单元时,标志队列已满,所以循环队列判别空的条件是 front＝rear,判别满的条件是 front＝(rear＋1)％MaxSize。

9.4　双端队列

在 C++中,STL 模板类里还给出了一种双端队列,能够实现从队列的两端插入和删除元素,具体使用方法如下。

加上头文件:

```
# include < deque >
deque < type > q;
```

其方法及功能描述如下:

```
q.front();                //返回队列的队头元素
q.back();                 //返回队列的队尾元素
q.pop_back();             //删除队尾元素
q.pop_front();            //删除队头元素
q.push_back(x);           //将元素 x 插入队尾
q.push_front(x);          //将元素 x 插入队头
```

9.5　队列的应用

在实际应用中,凡是需要按顺序依次处理的问题,通常都可以用队列来解决。

9.5.1　排队问题

【题目描述】

超市有一队人在收银台前排队付费,有从队头付费完毕离开的,也有刚刚选购完商品前来排队的。总人数为 n。你是超市管理员,现在你想知道从队头开始数,第 i 个人的编号。

输入:

第一行一个正整数 m,表示操作数。接下来 m 行,每行 1 个或 2 个整数,表示一个操作,具体如下。

若该行有两个数,第一个数等于 1,表示新来一个人;第二个数 x,表示新来人的编号;第一个数等于 3 代表查询,第二个数 x 表示查询显示第 x 个人的编号。若该行有一个数为 2,代表队头的人付费完毕离开。

输出:

输出包括若干行,为所有操作的结果。

输入样例:

5

1　1

1　2

```
1   3
2
3   2
```

输出样例：

```
3
```

数据范围：

$1 < n, m, k < 10^6, 1 < x < 10^9$

【分析】

本题可以手工模拟队列过程，插入队列是队列尾加 1，离开队列是队列头加 1，查询是从队列头位置＋查询位置。

【参考代码】

```cpp
# include < iostream >
using namespace std;
int que[1000010], h = 1, t = 0;
int main()
{
    int m;
    cin >> m;
    for(int i = 1; i <= m; i++)
    {
        int pos;
        cin >> pos;
        if(pos == 1)
        {
            int x;
            cin >> x;
            t++;
            que[t] = x;
        }
        else if(pos == 2) h++;
        else
        {
            int k;
            cin >> k;
            cout << que[h + k - 1] << endl;
        }
    }
    return 0;
}
```

9.5.2 最大的小岛

【题目描述】

用一个 $n \times m$ 的二维网格 grid 来表示一片区域，每一个网格代表边长为 1 的一个正方形小区域。其中 grid$[x][y]=0$ 表示这个网格是水域，grid$[x][y]=1$ 表示这个网格属于小岛。希望知道该区域中最大的小岛的面积有多大？

规定这个区域中的小岛有一个或者多个。网格的上、下、左、右是互相连通的，但对角线则为不连通。

输入：

第一行两个整数，n 和 m，代表 grid 的大小。

接下来输入 n 行，每行 m 个值，每个值取值为 0 或者 1，代表为水域或者属于小岛。

区域示例图如图 9-3 所示。

输入：

5　5

0　0　0　0　0

1　1　0　1　0

0　1　1　1　0

0　1　1　0　1

0　0　0　1　1

图 9-3　区域中小岛与水域情况

输出：

输出一行，包含一个值，即最大的小岛的面积。

输出样例：

8

数据范围：

$0 \leqslant n, m \leqslant 128$

【分析】

本题是求连通块的问题。见到这种题目，即想到使用广度优先搜索。广度优先搜索是队列的一个经典应用场景。

【参考代码】

```cpp
#include <iostream>
#include <vector>
#include <queue>
using namespace std;

int dx[4] = {0, 1, 0, -1};
int dy[4] = {1, 0, -1, 0};
queue<pair<int, int>> q;
int helper(vector<vector<int>>& grid)
{
    int res = 0;
    int max_area = 0;
    int row = grid.size();
    if (row == 0) return 0;
    int col = grid[0].size();
    if (col == 0) return 0;
    for (int i = 0 ; i < row ; i ++)
    {
        for (int j = 0 ; j < col ; j ++)
        {
            if (grid[i][j] == 1)
```

```
            {
                res = 1;
                q.push(make_pair(i, j));
                grid[i][j] = 2;
                while(!q.empty())
                {
                    int cur_x = q.front().first;
                    int cur_y = q.front().second;
                    q.pop();
                    for (int d = 0 ; d < 4 ; d ++)
                    {
                        int nxt_x = cur_x + dx[d];
                        int nxt_y = cur_y + dy[d];
                        if (nxt_x >= 0 && nxt_x < row && nxt_y >= 0 && nxt_y < col)
                        {
                            if (grid[nxt_x][nxt_y] == 1)
                            {
                                res ++1;
                                q.push(make_pair(nxt_x, nxt_y));
                                grid[nxt_x][nxt_y] = 2;
                            }
                        }
                    }
                }
                if (max_area < res)
                {
                    max_area = res;
                }
            }
        }
    }
    return max_area;
}

int main()
{
    int n, m;
    cin >> n >> m;

    vector < vector < int > > grid;
    for (int i = 0 ; i < n ; i ++)
    {
        vector < int > tmp;
        for (int j = 0 ; j < m ; j ++)
        {
            int item = 0;
            cin >> item;
            tmp.push_back(item);
        }
        grid.push_back(tmp);
    }

    cout << helper(grid) << endl;
    return 0;
}
```

本章讲到的队列应用,严格按照先进先出的规则,在实际应用中,经常会遇到队列中的特殊成员需要得到优先服务,比如排队挂号时,有些病人因特殊情况需要给予优先权,银行办理有些业务需要给予重要客户优先权等,处理这类问题可以在出队时按照优先权高的先出队列,除了可以在前面介绍的方法中增加一些处理,也可以直接使用 STL 中提供的优先队列。后续的章节中还会介绍。

9.6　队列习题

9.6.1　小美的 QQ 号

【题目描述】

小冬的新邻居小美是个很可爱的女孩,最近他们经常在小区玩耍,玩得很开心。小冬想下次约小美玩更方便一些,就来询问她的 QQ 号。小美比较矜持,不愿意直接给,她想考察一下小冬是不是够聪明。她给了小冬一串加密过的数字,也告诉了他解密规则——循环做两个操作:将排在首位的数字移走,然后将下一个数字放在数字串末尾……直到剩下最后一个数,然后把最后一个数移走。移走的这些数,按顺序连在一起,就是小美的 QQ 号了。请你写个程序帮帮小冬。

输入:

第一行输入 n,代表 QQ 号的数字个数。

第二行输入 n 个数(1~9),用空格隔开,代表加密过的数字串。

输出:

输出 n 个数,用空格隔开,代表解密后的数字串。

数据范围:

$1 \leqslant n \leqslant 100$

输入样例:

9

6 5 1 3 2 7 8 4 9

输出样例:

6 1 2 8 9 3 4 7 5

【参考代码】

```cpp
# include < bits/stdc++.h>
using namespace std;
int main()
{
    queue < int > q;
    int n,a;
    cin >> n;
    for (int i = 0;i < n;i++) {
        cin >> a;
        q.push(a);
    }
    while (!q.empty()) {
```

```
        cout << q.front()<<" ";
        q.pop();
        q.push(q.front());
        q.pop();
    }
    return 0;
}
```

9.6.2 游乐园排队

【题目描述】

小 K 最近很开心,经过一学期紧张的学习,班里终于要组织去游乐园玩耍了。班主任表示,大家可以以小组的形式游玩,每个人可以和自己的好朋友们组队。游玩项目时需要排队,小 K 的班级同学定了一个有趣的规则:每个人来到队伍的时候,如果队列中已经有了自己小组的成员,就可以直接插在自己小组成员的后面,否则就需要排在队尾。游乐园是淡季,只有小 K 班的同学,没有其他游人。请你编程模拟这种小组队列。

输入:

第一行输入小组数量 n。

接下来 n 行,每行输入一个小组描述,第一个数表示这个小组的人数,接下来的数表示这个小组同学的学号。学号是 0~999 范围内的整数。一个小组最多可包含 1000 人。

有如下三种不同的命令。

(1) ENQUEUE x:将学号为 x 的同学插入队列。

(2) DEQUEUE:让整个队列的第一个同学出队。

(3) STOP:测试结束。

每个命令占一行。

输出:

对于每个 DEQUEUE 命令,输出出队同学的学号,每个学号占一行。

数据范围:

$1 \leqslant n \leqslant 100$

输入样例:

```
2
3  101  102  103
3  201  202  203
ENQUEUE  101
ENQUEUE  201
ENQUEUE  102
ENQUEUE  202
ENQUEUE  103
ENQUEUE  203
DEQUEUE
```

DEQUEUE
DEQUEUE
DEQUEUE
DEQUEUE
DEQUEUE
STOP

输出样例：

101

102

103

201

202

203

【参考代码】

```cpp
#include<bits/stdc++.h>
#include<queue>
using namespace std;
const int N = 1e6 + 5, M = 1010;
int n, c;
int teamid[N];    //标记每个人属于的组号

int main()
{
    cin >> n;
    for(int i = 0; i < n; i ++)
    {
        int cnt;
        cin >> cnt;
        while(cnt -- )
        {
            int x;
            cin >> x;
            teamid[x] = i;
        }
    }
    queue<int> team;
    queue<int> man[M];
    string op;
    while(cin >> op, op != "STOP")
    {
        if(op == "ENQUEUE"){
            int x;
            cin >> x;
            int tid = teamid[x];
            //如果队伍中还没有同伴,就把自己的组号加进去
            if(man[tid].empty()) team.push(tid);
            man[tid].push(x);
        }
}
```

```
            else
            {
                int tid = team.front();
                cout << man[tid].front() << endl;
                man[tid].pop();
                if(man[tid].empty()) team.pop();
            }
        }
        cout << endl;
    return 0;
}
```

9.6.3　海港(NOIP 2016 普及组)

【题目描述】

小 K 是一个海港的海关工作人员,每天都有许多船只到达海港,船上通常有很多来自不同国家的乘客。

小 K 对这些到达海港的船只非常感兴趣,他按照时间记录下了到达海港的每一艘船只情况;对于第 i 艘到达的船,他记录了这艘船到达的时间 t_i(单位:s),船上的乘客数量 k_i,以及每名乘客的国籍 $x(i,1),x(i,2),\cdots,x(i,k)$。

小 K 统计了 n 艘船的信息,希望你帮忙计算出以每一艘船到达时间为止的 24h(24h＝86400s)内所有乘船到达的乘客来自多少个不同的国家。

形式化地讲,你需要计算 n 条信息。对于输出的第 i 条信息,你需要统计满足 $t_i-86400<t_p\leqslant t_i$ 的船只 p,在所有的 $x(p,j)$ 中,总共有多少个不同的数。

输入:

第一行输入一个正整数 n,表示小 K 统计了 n 艘船的信息。

接下来 n 行,每行描述一艘船的信息:前两个整数 t_i 和 k_i 分别表示这艘船到达海港的时间和船上的乘客数量,接下来 k_i 个整数 $x(i,j)$ 表示船上乘客的国籍。

保证输入的 t_i 是递增的,单位是 s;表示从小 K 第一次上班开始计时,这艘船在第 t_i s 到达海港。

保证 $1\leqslant n\leqslant 10^5$,$\sum k_i\leqslant 3\times 10^5$,$1\leqslant x(i,j)\leqslant 10^5$,$1\leqslant t(i-1)\leqslant t_i\leqslant 10^9$。

其中,$\sum k_i$ 表示所有 k_i 的和。

输出:

输出 n 行,第 i 行输出一个整数表示第 i 艘船到达后的统计信息。

输入样例 1:

3

1 4 4 1 2 2

2 2 2 3

10 1 3

输出样例 1:

3

4

4

输入样例2：

4

1　4　1　2　2　3

3　2　2　3

86401　2　3　4

86402　1　5

输出样例2：

3

3

3

4

【样例说明】

样例1：

第一艘船在第1s到达海港，最近24h到达的船是第一艘船，共有4个乘客，分别是来自国家4、1、2、2，共来自3个不同的国家。

第二艘船在第2s到达海港，最近24h到达的船是第一艘船和第二艘船，共有4＋2＝6（个）乘客，分别是来自国家4、1、2、2、2、3，共来自4个不同的国家。

第三艘船在第10s到达海港，最近24h到达的船是第一艘船、第二艘船和第三艘船，共有4＋2＋1＝7（个）乘客，分别是来自国家4、1、2、2、2、3、3，共来自4个不同的国家。

样例2：

第一艘船在第1s到达海港，最近24h到达的船是第一艘船，共有4个乘客，分别是来自国家1、2、2、3，共来自3个不同的国家。

第二艘船在第3s到达海港，最近24h到达的船是第一艘船和第二艘船，共有4＋2＝6（个）乘客，分别是来自国家1、2、2、3、2、3，共来自3个不同的国家。

第三艘船在第86401s到达海港，最近24h到达的船是第二艘船和第三艘船，共有2＋2＝4（个）乘客，分别是来自国家2、3、3、4，共来自3个不同的国家。

第四艘船在第86402s到达海港，最近24h到达的船是第二艘船、第三艘船和第四艘船，共有2＋2＋1＝5（个）乘客，分别是来自国家2、3、3、4、5，共来自4个不同的国家。

【参考代码】

```cpp
# include < bits/stdc++.h >
# include < queue >
using namespace std;
int n, t, m, x;
int temp_nation[1000005];
int ans;

struct node
{
    int s, t;
```

```
    };
    queue < node > ship;
    node h;

    int main()
    {
        cin >> n;
        for(int i = 1;i < = n;i++)
        {
            scanf("%d%d",&t,&m);
            while(!ship.empty())
            {
                h = ship.front();
                if(h.t + 86400 < = t)
                {
                    temp_nation[h.s] -- ;
                    if(temp_nation[h.s] == 0)     ans -- ;
                    ship.pop();
                    continue;
                }
                break;
            }
            for(int j = 1;j < = m;++j)
            {
                scanf("%d",&x);
                h.s = x, h.t = t;
                ship.push(h);
                temp_nation[x]++;
                if(temp_nation[x] == 1)   ans++;
            }
            printf("%d\n",ans);
        }
        return 0;
    }
```

9.6.4 机器翻译(NOIP 2010 提高组)

【题目描述】

小晨的计算机上安装了一个机器翻译软件,他经常用这个软件翻译英语文章。这个翻译软件的原理很简单,它只是从头到尾,依次将每个英文单词用对应的中文含义来替换。对于每个英文单词,软件会先在内存中查找这个单词的中文含义,如果内存中有,软件就会用它进行翻译;如果内存中没有,软件就会在外存中的词典内查找,查出单词的中文含义然后翻译,并将这个单词和译义放入内存,以备后续的查找和翻译。

假设内存中有 M 个单元,每单元能存放一个单词和译义。每当软件将一个新单词存入内存前,如果当前内存中已存入的单词数不超过 $M-1$,软件会将新单词存入一个未使用的内存单元;若内存中已存入 M 个单词,软件会清空最早进入内存的那个单词,腾出单元来,存放新单词。

假设一篇英语文章的长度为 N 个单词。给定这篇待译文章,翻译软件需要去外存查找多少次词典?假设在翻译开始前,内存中没有任何单词。

输入:

共两行。每行中两个数之间用一个空格隔开。

第一行为两个正整数 M、N,代表内存容量和文章的长度。

第二行为 N 个非负整数,按照文章的顺序,每个数(大小不超过 1000)代表一个英文单词。文章中两个单词是同一个单词,当且仅当它们对应的非负整数相同。

输出:

一个整数,为软件需要查词典的次数。

输入样例:

3 7

1 2 1 5 4 4 1

输出样例:

5

样例说明:

整个查字典过程如下。

每行表示一个单词的翻译,冒号前为本次翻译后的内存状况。

1:查找单词 1 并调入内存。

1 2:查找单词 2 并调入内存。

1 2:在内存中找到单词 1。

1 2 5:查找单词 5 并调入内存。

2 5 4:查找单词 4 并调入内存代替单词 1。

2 5 4:在内存中找到单词 4。

5 4 1:查找单词 1 并调入内存代替单词 2。

共计查了 5 次词典。

数据范围:

对于 10% 的数据有 $M=1,N\leqslant5$。

对于 100% 的数据有 $1\leqslant M\leqslant100,1\leqslant N\leqslant1000$。

【参考代码】

```cpp
# include < bits/stdc++.h >
using namespace std;
int a, ans = 0, M, N ;
bool b[1001] ;
int main()
{
    cin >> M >> N;
    queue < int > q ;
    for (int i = 0; i < N; ++i){
        cin >> a;
        if (!b[a]) {
            ans ++;
            if (q.size() >= M) {
                b[ q.front() ] = 0 ;
                q.pop() ;
```

```
            }
            q.push(a) , b[a] = 1 ;
        }
    }
    cout << ans << endl;
    return 0 ;
}
```

第 10 章 栈

第 9 章讨论了队列的定义及其常用操作的实现,了解到队列是一种操作受限的线性表,本章将介绍一种特殊的线性表——栈。从逻辑结构上来看,栈仍是线性表,其特殊性主要是其基本运算有着与队列相似的特殊限定。由于栈在程序设计中应用广泛,因此本章对它单独进行讨论。

10.1 栈的定义

栈是一种特殊的线性表,它规定线性表中数据元素的插入、删除操作只能在表的一端进行。因此栈中的数据元素具有后进先出的特点,也就是说,栈中的数据元素进入栈的顺序和退出栈的顺序是相反的。这就像叠放在餐桌上的一摞餐盘,存取盘子只能在这摞盘子顶部进行,最后放上去的盘子在最顶部,则最先使用,而最先放在桌子上的盘子(在这摞盘子的最底部),则最后使用。再比如,在一条狭窄的道路上,先开进来的车发现无路可走,且无法掉头,后面跟上来的车又挡住了后退的路,这时要想退回去,后面的车则必须先倒出去,显然最后进入这条断头路的车需要最先倒出去。像这样存取餐盘,倒车让路等问题的存取顺序,称为后进先出。这种存取方式在解决某些计算机问题的时候非常高效,因此,在计算机科学中抽象出了一种数据结构,专门用于解决后进先出这类问题,这种后进先出的数据结构,称为栈。

如图 10-1 所示,栈可以理解为一种后进先出的线性表,线性表的表头称为栈底,线性表的表尾称为栈顶。

图 10-1 示意了一个栈的结构,有 n 个数据元素 $a_0,a_1,\cdots,a_{n-1}$ 依次进入栈后,n 个数据元素在栈中排列情况如图 10-1 所示,其中 a_0 是栈底的数据元素,a_{n-1} 是栈顶的数据元素,从栈中取出数据元素(出栈)的顺序正好相反为:$a_{n-1},a_{n-2},\cdots,a_0$。

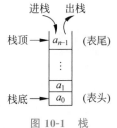

图 10-1 栈

实际应用中,可以用一个一维数组顺序存储的方式实现栈中数据元素的基本运算,也可以直接使用系统提供的栈的定义及其运算方法,本章将重点介绍这两种方法来实现栈的具体定义和运算。根据所学知识基础不同,也有其他方法利用栈的思想解决问题,读者可以自行探索。

10.2 栈的基本运算

下面介绍两种方法来实现栈的定义和基本运算,一种是用数组模拟栈的思想,另一种是直接使用 STL 中栈的定义和运算方法来解决问题。

10. 2. 1　用一维数组顺序存储的方式实现栈中数据元素的基本运算

一维数组是利用一组地址连续的存储单元,实现对数据元素的顺序存取,它是一种顺序存储的线性表,而栈是一种有特定限制(后进先出)的线性表。因此,可以用顺序存储的线性表加上特定限制来实现栈的运算。

如果用一个一维数组依次存放从栈底到栈顶的数据元素,设置一个数组下标标记 top 来标识指向栈顶元素的位置,那么当 top 为 0 时,标识当前位置为栈底元素,定义数组时的最大内存空间就是栈的内存容量。特殊的,用 top=-1 来表示栈元素已经清空。

基于上面的定义,我们用一维数组实现栈的基本运算,有两个核心变量:数组及指向栈顶元素位置的指针。下面用一个结构体构造一个栈,实现栈的基本运算。

```
const int maxn = 1010;
struct Stack
{
    int a[maxn];
    int cnt;
    int top;
}
Stack s;
```

（1）栈清空

```
void InitStack(Stack s)          //将栈 s 清空
{
    s.top = -1;
    s.cnt = 0;
    return;
}
```

（2）入栈操作

```
void Push(Stack s,int x)          //将数据元素 x 压入栈 s 中
{
    s.top++;
    s.cnt++;
    s.a[s.top] = x;
    return;
}
```

（3）出栈操作

```
void Pop(Stack s)          //栈顶元素出栈(不返回栈顶元素)
{
    s.top--;
    s.cnt--;
    return;
}
```

（4）返回栈顶元素

```
int Top(Stack s)              //取得栈 s 的栈顶元素
{
    return s.a[s.top];
}
```

（5）判断栈是否为空

```
bool Empty(Stack s)           //判断栈 s 是否为空
{
    if(s.top == - 1) return 1;
    return 0;
}
```

或者写成：

```
bool Empty(Stack s)           //判断栈 s 是否为空
{
    if(s.cnt == 0) return 1;
    return 0;
}
```

（6）返回栈内元素的个数

```
bool Size(Stack s)            //返回栈 s 内元素的个数
{
    return s.cnt;
}
```

10.2.2　STL 中栈的定义及其基本运算

使用 STL 中的栈，需要加头文件：＃include＜stack＞。

```
stack < Type > s;             //定义栈,栈中的数据元素类型为 Type,例如 int、double、char 等
s.push(x);                    //把数据元素 x 放到栈顶
s.top();                      //返回栈顶的元素,但不会删除
s.pop();                      //将栈顶元素删除,不会返回栈顶元素
s.size();                     //返回栈 s 中的数据元素的个数
s.empty();                    //检查栈 s 是否为空,如果为空,返回 true,否则返回 false
```

10.3　栈的基本模拟应用

10.3.1　仓库商品数据分析

【题目描述】

　　仓库管理员要对特定时间段内仓库物品的进出进行统计分析。现有一段时间内物品进出的记录单，记录单严格按照出入库时间的先后顺序做记录。记录单上只记录两种操作，入

库和出库,每次入库的物品均装入一个等大的集装箱由传送带送进库房,集装箱为库房量身定制,狭长的库房高度和宽度恰好能够放入集装箱,每次出库只能将最新进入的那个集装箱让传送带送出库房。记录单上入库信息只包含一个正整数,表示本次入库的物品的质量,出库信息只包含一个数－1,表示出库一个集装箱。现在仓库管理员需要随时查阅某个时间节点操作完成后库房存放物品的总质量,每次查询给定一个时间序号 i,查询并输出第 i 条记录完成后,库房存放物品的总质量。

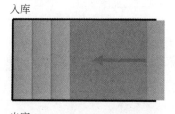

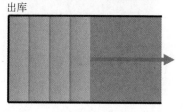

图 10-2　集装箱入库、出库情况

集装箱的入库、出库情况如图 10-2 所示。

输入:

第一行包含两个正整数 n 和 m,表示一共给出 n 条记录单,并进行 m 次查询。接下来的 m 行,每行一个整数表示要查询的时间序号(给出的 m 个时间序号严格递增),然后的 n 行,记录了入库、出库的出入库记录信息,每行一个数字,含义如题目所述。

输出:

共有 m 行,每行包含一个整数,表示当前库房物品的总重量。

输入样例:

9　4

2

3

5

9

23

4

9

32

－1

9

－1

8

6

输出样例:

27

36

36

50

数据范围:

$1 < n < 10000, 1 \leqslant m \leqslant n$。

【分析】

题目先给出的是要查询的时间节点,在没有出入库记录单信息的情况下,先把要查询的时间节点信息存储在一个数组中,题目给出的查询是按照时间顺序严格递增的,而记录单也是严格按照时间顺序记录的,所以知道了要查询的时间节点,就能够在读入记录单信息时及时进行查询。记录单里有出库和入库,而且出库入库都有随机性,所以本题记录出库入库物品的信息正好符合栈的运算思想,STL 中对栈的定义和操作简单易用,下面使用 STL 中的栈来编写代码。

【参考代码】

```cpp
#include <iostream>
#include <stack>
using namespace std;
stack <int> s;
const int maxn = 10010;

int main()
{
    int m,n,i,k,tmp,sum = 0,a[maxn];
    cin >> n >> m;
    for(i = 1;i <= m; ++i) cin >> a[i];
    k = 1;
    for(i = 1;i <= n; ++i)
    {
        cin >> tmp;
        if(tmp == -1) { sum -= s.top(); s.pop();    }
        else { s.push(tmp); sum += tmp; }
        if(i == a[k])
        {
            k++;
            cout << sum << endl;
        }
    }
    return 0;
}
```

10.3.2　洗盘子

【题目描述】

今天该天天和牛牛值日洗餐盘了,有 n 个待洗的盘子摞成一摞,从下到上编号为 1 到 n,为了操作方便,天天就从这摞上面搬走了一摞(共有 k 个),剩下的给牛牛去洗,于是牛牛要洗的盘子从下到上的编号为 1 到 $n-k$,而天天的那摞盘子从下到上的编号为 $n-k+1$ 到 n。两个人同时开始洗,并将洗好的盘子及时放到一起,即两人将洗好的盘子放到同一摞上,而且是洗好一个就放一个。显然他俩洗盘子的速度将决定洗好的盘子从下到上的摆放顺序,现在给你 n 个盘子编号的 m 种排列,请你判断这些排列是否可能是他俩洗好的盘子的一种顺序。

输入:

第一行包含两个正整数 n 和 m,接下来的 m 行,每行 n 个数为 1 到 n 的一种排列,这 n

个数两两之间用一个空格分隔。

输出：

共有 m 行，每行包含一个字母 Y 或 N，代表所给排列能否对应是洗好盘子的一种排列。

输入样例：

12　3

12　8　7　6　5　11　4　10　3　2　1　9

6　5　12　11　10　4　9　3　8　7　2　1

6　10　11　12　9　8　7　5　4　3　2　1

输出样例：

Y

Y

N

数据范围：

$1 \leqslant n \leqslant 10000, 1 \leqslant m \leqslant 100$。

【分析】

从问题描述可以了解到，天天和牛牛各自拿到的那摞待洗的盘子都相当于一个栈，洗的时候都是从上往下逐个取出，洗好后放到另一摞，天天和牛牛先洗的盘子一定是自己那摞盘子中编号较大的，它们放入洗好的那摞盘子里，编号大的则在下面，所以在洗好的盘子里，如果把天天和牛牛各自洗的盘子分开来看，各自所洗过的盘子一定是大号在下面，小号在上面。

基于这样的分析，我们可以将每次输入的数字都放入一个栈中。最后栈顶的元素一定是天天或者牛牛所洗的最后一个盘子的编号，记为 aflag。然后开始出栈，出栈后就会有新的栈顶元素，这时有如下两种情况出现：如果该元素为 aflag+1，那么意味着这个盘子跟刚刚那个盘子同属于一个人所洗的，这时将 aflag 更新为这个盘子的编号；如果该元素不为 aflag+1，那么该盘子则是另一个人所洗，因此将该盘子编号记为 bflag。当 aflag 和 bflag 均有了表示盘子编号的值后，迭代地继续出栈；如果栈顶元素等于 aflag+1，则更新 aflag 为该编号；如果栈顶元素等于 bflag+1，则更新 bflag 为该编号；如果二者皆不等于，则说明该输入不能对应洗好盘子的一种排列。

洗好盘子的一个合法排列如图 10-3 所示。

图 10-3　洗好盘子的一个合法排列

【参考代码】

```cpp
# include < iostream >
# include < stack >
using namespace std;
stack < int > s;

int main()
{
        int m,n,i,j,tmp;
```

```
cin >> n >> m;
for(i = 1; i <= m; ++i)
{
    int aflag = 0, bflag = 0;
    for(j = 1; j <= n; ++j)
    {
        cin >> tmp;
        s.push(tmp);
    }
    for(j = 1; j <= n; ++j)
    {
        tmp = s.top();
        if(aflag + 1 == tmp) { aflag = tmp; s.pop(); continue; }
        if(bflag + 1 == tmp) { bflag = tmp; s.pop(); continue; }
        if(aflag == 0) { aflag = tmp; s.pop(); continue; }
        if(bflag == 0) { bflag = tmp; s.pop(); continue; }
        while(!s.empty()) { s.pop(); }
        cout <<"N"<< endl;
        break;
    }
    if(j > n)
    {
        while(!s.empty()) { s.pop(); }
        cout <<"Y"<< endl;
    }
}
return 0;
}
```

10.4 栈和递归

在函数章节中学习了函数调用,并初步了解了递归的原理和函数的递归调用。递归是算法设计中的重要方法,因为它的算法思路清晰明了、代码简洁,使用非常广泛。

递归就是函数在函数体中直接或者间接调用自己的一种操作。应用中,递归是从求解的目标出发,由算法本身逐步到达已知条件(递归边界),从而解决问题的过程。递归算法具体实现时通常跟栈的应用联系在一起。下面我们以斐波那契数列的第 n 项的值为例进行详细介绍。

【题目描述】

斐波那契数列的定义:第一项为 0,第二项为 1,从第三项开始任意一项都是紧邻它的前两项的和。现给定一个正整数 n,请编程输出它的第 n 项。

输入:

仅包含一个正整数 n

输出:

仅包含一个数,即为题目要求的斐波那契数列的第 n 项。

输入样例:

4

输出样例：

2

数据范围：

$1 \leqslant n \leqslant 15$。

【分析】

根据题目描述，可以把斐波那契数列的定义翻译成数学语言：

$$F_1 = 0, \quad F_2 = 1, \quad F_n = F_{n-1} + F_{n-2} (n > 2)$$

从式子中能够观察到：要求得 F_n，只要先求出 F_{n-1} 和 F_{n-2} 就可以，而要得到 F_{n-1}，在已经有了 F_{n-2} 的条件下，只要再求出 F_{n-3} 就可以。同样的，有了 F_{n-3}，要求得 F_{n-2}，只需再求出 F_{n-4} 即可，依次类推，到 F_1 和 F_2 为已知，就可以退回到 F_3 可得，有了 F_2 和 F_3 可得 F_4，依次类推即可求得 F_n。

```cpp
# include < bits/stdc++.h>
using namespace std;
long long fibo(int n)
{
    if(n == 1) return 0;
    if(n == 2) return 1;
    return fibo(n - 1) + fibo(n - 2);
}

int main()
{
    int n;
    cin >> n;
    cout << fibo(n);
    return 0;
}
```

程序中每次调用函数 fibo()，包括 fibo() 中自己调用自己，就是一次进栈操作，一次返回就是一次出栈操作。

10.5 栈习题

10.5.1 括号匹配游戏

【题目描述】

妈妈和 3 岁的云云玩匹配的游戏。妈妈打印了很多纸片，上面有（）、{}、[]三种形状的括号。匹配的规则是，同一形状的左括号，需要用相同形状的右括号进行匹配，同时还要用正确的顺序——对应匹配。云云很好奇，自己搭配了很长的括号序列，请你帮助妈妈编程判断云云匹配的是否正确。如果云云什么也没搭配，也认为是没有错误，即正确的。

输入：

一行字符串，仅包括各种括号（字符串长度<5000）。

输出：

一个布尔值，即 true 或 false。

输入样例 1：

()[]{}

输出样例 1：

true

输入样例 2：

(]

输出样例 2：

false

输入样例 3：

([)]

输出样例 3：

false

【参考代码】

```cpp
# include < bits/stdc++.h>
# include < stack >
using namespace std;
char a[5005];
int main()
{
    stack < char > s;
    cin >> a;
    int n = strlen (a);
    for( int i = 0; i < n; i++)
    {
        if(a[i] == '[' || a[i] == '(' || a[i] == '{') s.push(a[i]);
        if(a[i] == ']' || a[i] == ')' || a[i] == '}')
        {
            char ch = s.top();
            if(!s.empty() && ch == '(' && a[i] == ')') s.pop();
            else if(!s.empty() && ch == '[' && a[i] == ']') s.pop();
            else if(!s.empty() && ch == '{' && a[i] == '}') s.pop();
            else
            {
                cout << "false";
                return 0;
            }
        }
    }
    if(s.empty()) cout << "true"; else cout << "false";
    return 0;
}
```

10.5.2 表达式求值（NOIP 普及组 2013）

【题目描述】

给定一个只包含加法和乘法的算术表达式，请你编程计算表达式的值。

输入：

一行,为需要你计算的表达式,表达式中只包含数字、加法运算符(＋)和乘法运算符(×),且没有括号,所有参与运算的数字均为 0 到 $2^{31}-1$ 之间的整数。

输入数据保证这一行只有 0~9、＋、× 这 12 种字符。

输出:

一个整数,表示这个表达式的值。

注意:当答案长度多于 4 位时,请只输出最后 4 位,前导 0 不输出。

输入样例 1:

1＋1 * 3＋4

输出样例 1:

8

输入样例 2:

1＋1234567890 * 1

输出样例 2:

7891

输入样例 3:

1＋1000000003 * 1

输出样例 3:

4

说明:

对于 30％ 的数据,0≤表达式中加法运算符和乘法运算符的总数≤100。

对于 80％ 的数据,0≤表达式中加法运算符和乘法运算符的总数≤1000。

对于 100％ 的数据,0≤表达式中加法运算符和乘法运算符的总数≤100000。

【参考代码】

```cpp
#include<bits/stdc++.h>
using namespace std;
int tmp,ans,x;
char ch;
int main()
{
    stack<int> s;
    cin>>tmp;
    s.push(tmp);
    while(cin>>ch)
    {
        cin>>tmp;
        tmp=tmp%10000;
        if(ch=='+') s.push(tmp);
        else
        {
            int x=s.top();
            s.pop();
            x=x*tmp%10000;
            s.push(x);
        }
    }
```

```
        while(!s.empty())
        {
            ans = (ans + s.top()) % 10000;
            s.pop();
        }
        cout << ans % 10000 << endl;
        return 0
    }
```

10.5.3 表达式转换

【题目描述】

表达式有前缀式、中缀式、后缀式三种。日常习惯用的是中缀表达式,即运算符位于运算数中间,如 $a+b*c+(d*e+f)*g$。后缀表达式中,运算符在两个运算数后面,如 $abc*+de*f+g*+$。请编写程序,将中缀表达式转换为后缀表达式。

输入:

一行,给出不含空格的中缀表达式,可包含+、-、*、/以及左、右括号,表达式不超过20个字符。

输出:

一行,输出转换后的后缀表达式,要求不同对象(运算数、运算符号)之间以空格分隔,但结尾不得有多余空格。

输入样例:

2+3*(7-4)+8/4

输出样例:

2 3 7 4 - * + 8 4 / +

【参考代码】

```
# include < bits/stdc++.h >
using namespace std;
stack < char > sta;
int main()
{
    map < char, int > mp;
    string str;
    cin >> str;
    bool isfirst = true;
    mp['-'] = 1, mp['+'] = 1;
    mp['*'] = 2, mp['/'] = 2;
    mp['('] = 3, mp[')'] = 3;
    for(int i = 0; i < str.size(); i++)
    {
        if(((i == 0 || str[i-1] == '(') && (str[i] == '+' || str[i] == '-'))
            || (str[i] >= '0' && str[i] <= '9'))
        {
            if(!isfirst) cout << " ";
            if(str[i]!= '+') cout << str[i];
            while((str[i+1] >= '0' && str[i+1] <= '9')) cout << str[++i];
```

```
                    isfirst = false;
                }
                else
                {
                    if(str[i] == ')')
                    {
                        while(!sta.empty() && sta.top()!= '(')
                        {
                            cout <<' '<< sta.top();
                            sta.pop();
                        }
                        sta.pop();
                    }
                    else if(sta.empty()||mp[str[i]] > mp[sta.top()]) sta.push(str[i]);
                    else
                    {
                        while(!sta.empty() && sta.top()!= '(')
                        {
                            cout <<' '<< sta.top();
                            sta.pop();
                        }
                        sta.push(str[i]);
                    }
                }
            }
        while(!sta.empty())
        {
            cout <<' '<< sta.top();
            sta.pop();
        }
        count << endl;
    return 0;
}
```

第 11 章　简单的排序

排序就是将一组数据按照某一个特定规则重新排列,使其具有递增或递减的次序关系。

当手边有一组数据时,如何通过程序将它整理成递增或递减的线性关系呢?举一个简单的例子,输入 10 个整数,从小到大排序,就是基本的排序。

平常的题目中也会经常遇到排序。按时间复杂度,排序算法可以分成三类,如表 11-1 所示。

表 11-1　排序算法表

排 序 算 法	时间复杂度	是否基于比较
冒泡、插入、选择	$O(n^2)$	√
快排、归并	$O(n\log_2 n)$	×
桶排、计数、基数	$O(n)$	×

这里先抛出一个问题:插入排序和冒泡排序的时间复杂度都是 $O(n^2)$,可实际使用中,为什么我们更倾向于使用插入排序算法呢?

评价一个排序算法,从效率角度来说,要考虑各种时间复杂度。数据量小时,时间复杂度的系数、常数也要考虑,元素比较和交换的次数也要考虑。从内存消耗角度来说,要考虑算法的空间复杂度。空间复杂度是 $O(1)$ 的排序算法,称为原地排序算法(sorted in place)。本章介绍的三种算法都是原地排序算法。

从算法稳定性来说,排序算法又分为稳定性算法和非稳定性算法。稳定性,指具有相同关键字的元素经过排序之后相对次序保持不变,即在原序列中,任意 $a=b$ 且 a 在 b 之前(此处的等号仅代表 a 和 b 用于排序的关键字相同),那么排完序后 a 仍在 b 之前。

稳定性算法相对于不稳定性算法,有什么特别的吗?实际使用中可能会按多个属性排序,比如:有一批订单,按日期降序排列,如果日期一样的,按订单金额降序。这个需求很好理解,但实现起来并不容易,假如先把日期排好,再把日期一样的按订单金额排一次。需要先把日期一样的分别取出来排序,再对应放回去,程序很复杂。有了稳定性排序算法,就很容易实现。第一步,按订单金额降序排列;第二步,把第一步得到的结果按日期降序重新排列,就可以满足需求。

接下来将详细介绍冒泡、插入和选择这三种排序算法,并分别给出实现代码,简要分析算法复杂度、稳定性等。

11.1　冒泡排序算法

冒泡排序算法实现 n 个数从小到大排序的基本思想是，首先取第一个元素与其后一个元素比较，如果大于后者，就与后者互换位置，不大于，就保持位置不变。再拿第二个元素与其后一个元素比较，如果大于后者，就与后者互换位置，否则就保持位置不变。以此类推，直到第 $n-1$ 个元素与其后一个操作完成，我们称这个过程为一轮操作，这一轮操作之后，最大的元素就被移动到这个数组的末尾。再进行第二轮（按照上述方法从第一个操作到第 $n-2$ 个），第三轮（按照上述方法从第一个操作到第 $n-3$ 个），直到第 $n-1$ 轮操作完成，排序完毕。每一轮操作相当于将本轮操作序列中最大的元素移动到本轮操作序列的最后一个位置，最大元素就像气泡一样冒出来了，所以叫冒泡排序。对 4、5、6、3、2、1 进行冒泡排序，过程如图 11-1 所示。

代码实现上我们会做一些优化，如果是 n 个元素，第一轮比较 $n-1$ 次，第二轮比较 $n-2$ 次就可以了。直到剩余两个元素，比较 1 次，排序操作就结束了。再进一步优化，如果在某一轮操作中，只有比较操作，而没有数据移动操作，那说明已经完全有序，不需要再进行下一轮了，直接结束即可。

冒泡次数	冒泡后的结果
初始状态	④ ⑤ ⑥ ③ ② ①
第1次冒泡	④ ⑤ ③ ② ① ⑥
第2次冒泡	④ ③ ② ① ⑤ ⑥
第3次冒泡	③ ② ① ④ ⑤ ⑥
第4次冒泡	② ① ③ ④ ⑤ ⑥
第5次冒泡	① ② ③ ④ ⑤ ⑥
第6次冒泡	① ② ③ ④ ⑤ ⑥

图 11-1　冒泡排序

归纳上述排序过程，具体实现步骤如下。

（1）读入数据存放在 a 数组中。

（2）比较相邻的前后两个数据，如果前面数据大于后面的数据，就将两个数据交换。

（3）对数组的第 0 个数据到 $n-1$ 个数据进行一次遍历后，最大的一个数据就"冒"到数组第 $n-1$ 个位置。

（4）$n=n-1$，如果 n 不为 0 就重复前面两步，否则排序完成。

程序实现方法：用两层循环完成算法，外层循环 i 控制每轮要进行多少次的比较，第 1 轮比较 $n-1$ 次，第 2 轮比较 $n-2$ 次……最后一轮比较 1 次。内层循环 j 控制每轮 i 次比较相邻两个元素是否逆序，如果逆序就交换这两个元素的位置。

【参考代码】

```
void bubbleSort(int a[ ])
{
    for(int i = 1;i < n;i++) {
        bool flag = false;
        //开关,当某次内层循环没有数据交换时,已排好顺序,直接跳出循环
        for(int j = 0;j < n - i;j++)
            if(a[j] > a[j + 1])
            {
                int tmp = a[j];
                a[j] = a[j + 1];
```

```
            a[j + 1] = tmp;
            flag = true;
        }
        if(!flag) break;
    }
}
```

下面分析一下冒泡排序的时间复杂度。

最好情况时间复杂度是 $O(n)$。最好的情况本身就是有序的,比较了一轮,一次冒泡,不需要移动元素,排序完成。

最坏情况时间复杂度是 $O(n^2)$。最坏情况刚好是反序的(结合本例,就是倒序),要进行 $n-1$ 轮的比较,每轮比较都要进行 $n-1$ 次的位置移动。

平均情况时间复杂度也是 $O(n^2)$。这个用加权平均算概率有点复杂。理论是,n 个元素,排列方式就有 $n!$ 种,每种情况下,比较多少轮,每次多少数据移动都不一样。有一点是确定的,上限是 $O(n^2)$,下限是 $O(n)$。

2, 4, 3, 1, 5, 6 这组数据的有序度为11,因其有序元素对为11个,分别是:

(2, 4)	(2, 3)	(2, 5)	(2, 6)
(4, 5)	(4, 6)	(3, 5)	(3, 6)
(1, 5)	(1, 6)	(5, 6)	

图 11-2   有序元素对

这里引入一个简化的比较方式,如图 11-2 所示。

有序度:满足 $a[m]>a[n]$,且 $m>n$ 的一对数。

逆序度:满足 $a[m]>a[n]$,且 $m<n$ 的一对数。

满序度:有序度的最大值(或逆序度的最大值)。

$$满序度 = 有序度 + 逆序度$$

对于冒泡排序,冒泡一次,有序度至少增加一,当达到满度时,排序就结束。在 $n!$ 种排列中,有序度最小值是 0,最大值是 $(n-1)*n/2$,平均值就是 $(n-1)*n/4$。有序度可以评价冒泡排序的比较操作,移动元素的操作肯定比比较的操作少,那么冒泡排序的平均情况时间复杂度是 $(n-1)*n/4$ 至最坏情况时间复杂度之间的值,不考虑系数,低阶,平均情况下的时间复杂度是 $O(n^2)$。

冒泡排序的空间复杂度是 $O(1)$,数据移动需要一个临时变量,属于常量级别。

冒泡排序是稳定性算法,从实现的代码可以推知,当相同元素比较时,不会进行数据移动。

11.1.1   车厢重组

【题目描述】

在一个旧式的火车站旁边有一座桥,其桥面可以绕河中心的桥墩水平旋转。一个车站的职工发现桥的长度最多能容纳两节车厢,如果将桥旋转 180°,则可以把相邻两节车厢的位置交换,用这种方法可以重新排列车厢的顺序。于是他就负责用这座桥将进站的车厢按车厢号从小到大排列。他退休后,火车站决定将这一工作自动化,其中一项重要的工作是编一个程序,输入初始的车厢顺序,计算最少用多少步就能将车厢排序。

输入:

共两行。第一行是车厢总数 N($N \leqslant 10000$)。第二行是 N 个不同的数表示初始的车厢顺序。

输出：

一个整数，最少的旋转次数。

输入样例：

4

4　3　2　1

输出样例：

6

【分析】

这个相当于一个冒泡排序，就以样例为例。

输入了四个数：4　3　2　1

先将 4 号车厢归位：

3　2　1　4(后面有 3 个比 4 小的数，共交换了 3 次)

再将 3 号车厢归位：

2　1　3　4(后面有 2 个比 3 小的数，共交换了 2 次)

再将 2 号车厢归位：

1　2　3　4(后面有 1 个比 2 小的数，共交换了 1 次)

此时所有车厢已归位，共交换了 3＋2＋1＝6(次)。

【参考代码】

```cpp
# include < bits/stdc++.h >
using namespace std;
int a[10001] ;
int main(){
    int n , sum = 0 ;
    cin >> n ;
    for (int i = 1;i <= n;i++) cin >> a[i] ;
    for (int i = 1 ;i < n;i++)
        for (int j = 1;j <= n - i;j++)
            if (a[j] > a[j + 1]) {
                sum ++ ;
                swap(a[j],a[j + 1]);
            }
    cout << sum << endl;
    return 0 ;
}
```

11.1.2　一劳永逸

【题目描述】

你前一天考完的数学周测成绩出来了，你作为课代表，数学老师让你帮他把班里 $n(n<1000)$ 名同学的成绩从小到大排好，然后输入网站里面。你觉得太麻烦了，所以想编写一套程序自动排好成绩。

输入：

第一行为 n。

第二行为 n 个用空格隔开的正整数，表示同学们的成绩。

输出：

一行，为排好序之后的成绩。

输入样例：

6

60 78 75 84 92 95

输出样例：

60 75 78 84 92 95

【分析】

按照冒泡排序的规则，每一轮操作将一个数归位，进行 $n-1$ 轮，所有成绩都排好序。

【参考代码】

```cpp
# include < iostream >
using namespace std;
int a[1005];
int main()
{
    int n,i,j,ans;
    cin >> n;
    for(i = 1;i <= n;i++) cin >> a[i];
    for(i = 1;i < n;i++)
        for(j = 1;j <= n - i;j++)
            if(a[j] > a[j + 1])
            {
                ans = a[j];
                a[j] = a[j + 1];
                a[j + 1] = ans;
            }
    for(i = 1;i <= n;i++) cout << a[i]<<" ";
    return 0;
}
```

11.2 插入排序算法

想象一下我们打扑克的时候，给一手扑克牌排序的场景。抓牌时，我们都是把抓到的牌按顺序放在手中，然后每抓一张新牌，我们都将其插入手中正确的位置，保证拿在手上的牌总是排好序的。为了找到一张牌的正确位置，我们从右到左将它与已在手中的每张牌进行比较，然后选择正确的位置插入。插入排序的思想就类似给扑克牌排序。

插入排序的基本思想是，把元素分为已排序的和未排序的。每次从未排序的元素取出第一个，与已排序的元素从尾到头逐一比较，找到插入点，将之后的元素都往后移一位，腾出位置给该元素。以 4、5、6、1、3、2 为例进行插入排序，排序过程如图 11-3 所示。

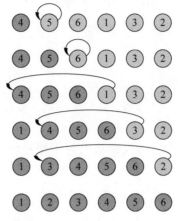

图 11-3　插入排序算法

【参考代码】

```
void insertSort(int a[ ])
{
    for(int i = 1;i < n;i++){
        int temp = a[i];
        int j = i-1;
        for(;j>=0;j--)
            if(a[j]> temp) a[j+1] = a[j];      //比 temp 大的已排序数据后移一位
             else break;
        a[j+1] = temp;                         //空出来的位置,把 temp 放进去
    }
}
```

对插入排序算法，如果已经是一个有序数组了，就不需要移动数据。只要查找到插入位置即可，每次只需要一次比较就可以找到插入位置，所以，在这种最好的情况下，时间复杂度为 $O(n)$。如果数组是倒序的，每次插入都相当于在数组的第一个位置插入数据，有大量移动数据的操作，所以，在这种最坏的情况下时间复杂度是 $O(n^2)$。数组中插入一个数据平均时间复杂度是 $O(n)$，要进行 n 次操作，所以，平均情况时间复杂度是 $O(n^2)$。

插入排序算法空间复杂度是 $O(1)$，也是一种稳定性算法。

11.2.1　援手相助

【题目描述】

小明前一天考完的数学周测成绩出来了，他怀着激动的心情来到办公室，结果老师却先让他找出 $n(n<1000)$ 名同学中 m 分数的同学在班级中的排名，以便了解整个班这次考试的情况。小明向你求助，请你帮助他编写一个程序完成这项工作。

输入：

第一行为 n、m。

第二行为 n 个用空格隔开的正整数，表示同学们的成绩。

输出：

一行，为正整数 M，表示 m 分数的同学在班级中的排名。

输入样例：

6　95

60　78　75　84　92　95

输出样例：

1

【分析】

先将所有的成绩按照插入排序的规则从大到小排好序，然后循环枚举找出 m 分数的排名。

【参考代码】

```cpp
#include <iostream>
using namespace std;
int a[10050];
int main()
{
    int n,m;
    cin >> n;
    for(int i = 0; i < n; i++) cin >> a[i];
    cin >> m;
    for (int j = 1; j < n; j++)
    {
        int key = a[j];              //待排序第一个元素
        int i = j - 1;               //代表已经排过序的元素最后一个索引数
        while (i >= 0 && key > a[i])
        {
                                     //从后向前逐个比较已经排序过的数组,如果比它小,则把
                                     //  后者用前者代替
            a[i + 1] = a[i];
            i--;
        }
        a[i + 1] = key;              //找到合适的位置了,赋值,在 i 索引的后面设置 key 值
    }
    for (int i = 0; i < n; i++)
        if(a[i] == m)                //找到指定的分数,输出排名
        {
            cout << i + 1;
            break;
        }
    return 0;
}
```

11.3 ▶ 选择排序算法

选择排序的基本思想是，把所有数据分为已排序区间和未排序区间。每次从未排序区间中选出最小值，然后将该值与未排序区间第一个元素互换位置，此时已排序区间元素个数多了一个，未排序区间内的元素少了一个。如此循环直到未排序区间没有元素为止。

以 4、5、6、3、2、1 进行选择排序,排序过程如图 11-4 所示。

程序实现方法为,用两层循环完成算法,外层循环 i 控制当前序列最小值存放的数组位置,内层循环 j 控制从 $i+1$ 到 n 序列中选择最小的元素所在的位置 k。

归纳上述排序过程,具体实现步骤如下。

(1) 读入数据存放在 a 数组中。

(2) 在 $a[1]\sim a[n]$ 中选择值最小的元素,与第 1 位置元素交换,则把最小值元素放入 $a[1]$ 中。

(3) 在 $a[2]\sim a[n]$ 中选择值最小的元素,与第 2 位置元素交换,则把最小值元素放入 $a[2]$ 中。

……

(4) 直到第 $n-1$ 个元素与第 n 个元素比较排序为止。

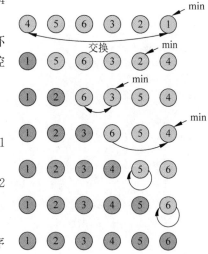

图 11-4　选择排序原理示意图

【参考代码】

```
void selectionSort(int a[ ])
{
    for (int i = 1; i < n; i++) {
        int j = i - 1;
        int min = a[j];              //最小的数值
        int index = j;               //最小值对应的下标
        for (; j < n - 1 ; j++)
            if (min > a[j + 1])
            {
                min = a[j + 1];
                index = j + 1;
            }
                                     //最小值 a[index]与放未排序的首位 a[i-1]互换位置
        if (index != i - 1)
        {
            int temp = a[i - 1];
            a[i - 1] = a [index];
            a [index] = temp;
        }
    }
}
```

11.3.1　n 个数排序

【题目描述】

输入 n 个数,将 $n(n \leqslant 10000)$ 个数按从小到大的顺序输出。

输入样例:

8

49　38　65　97　76　13　27　49

输出样例:

13　27　38　49　49　65　76　97

【参考代码】

```cpp
# include < iostream >
using namespace std;
const int MAXN = 10001;
float temp,a[MAXN];
int main( )
{
    int n,k,i,j;
    cin >> n;
    for( i = 0;i < n;i++) cin >> a[i];
    for( i = 0;i < n;i++)              //i控制当前序列中最小值存放的数据位置
    {
        k = i;
        for(j = i + 1;j < n;j++)  //在当前无序区 a[i..n]中选最小的元素 a[k]
            if(a[j] < a[k])    k = j;
        if(k!= j)                 //交换 a[i]和 a[k],将当前最小值放到 a[i]位置
        {
            temp = a[i];a[i] = a[k];a[k] = temp;
        }
    }
    for( i = 0;i < n;i++) cout << a[i]<<" ";
    return 0;
}
```

选择排序算法,最好情况与最坏情况的时间复杂度都是 $O(n^2)$,空间复杂度是 $O(1)$。

选择排序中关键值相等的元素,排序后,相对位置可能发生改变,所以它是不稳定的算法。

11.4 ▶ 排序小结

我们介绍了三种基于比较的算法:冒泡排序、插入排序和选择排序。下面来比较一下这三种算法的效率。在测试中,分别取 800、8000、80000 个元素进行排序,相关代码如下:

```cpp
void testParseResult( )
{
    srand(time(0));
    int length = 80000;
    int a[length],b[length],c[length];
    for(int i = 0;i < length;i++)
    {
        a[i] = rand();
        b[i] = a[i];
        c[i] = a[i];
    }
    clock_t start,finish;
    double one,two,three,four;
    start = clock( );
    insertSort(a);
```

```
        finish = clock( );
        two = (double)(finish - start) * 1000;
        start = clock( );
        bubbleSort(b);
        finish = clock( );
        three = (double)(finish - start) * 1000;
        start = clock( );
        selectionSort(c);
        finish = clock( );
        four = (double)(finish - start) * 1000;
        cout << two <<" "<< three <<" "<< four << endl;
        cout <<"数组长度值为: " << length << endl;
        cout <<"插入排序用时(单位毫秒): " << two << endl;
        cout <<"冒泡排序用时(单位毫秒): " << three << endl;
        cout <<"选择排序用时(单位毫秒): " << four << endl;
    }
```

同为稳定性排序算法,时间复杂度也一样,插入排序的效率比冒泡排序要好,尤其是数据量大的时候,差距更明显。

这是因为冒泡排序移动数据的操作更多,只要是大于后一个元素(升序排列时),就移动一次,所以它的效率更低。看测试结果,数据量为 80000 的时候,两者就是数量级的差距。

11.4.1　分数线划定(NOIP 2009 普及组 第二题)

【题目描述】

世博会志愿者的选拔工作正在 A 市如火如荼地进行。为了选拔最合适的人才,A 市对所有报名的选手进行了笔试,笔试分数达到面试分数线的选手方可进入面试。面试分数线根据计划录取人数的 150% 划定,即如果计划录取 m 名志愿者,则面试分数线为排名第 $m \times$ 150%(向下取整)名的选手的分数,而最终进入面试的选手为笔试成绩不低于面试分数线的所有选手。

现在就请你编写程序划定面试分数线,并输出所有进入面试选手的报名号和笔试成绩。

输入:

第一行,两个整数 $n(5 \leqslant n \leqslant 5000)$,$m(3 \leqslant m \leqslant n)$,中间用一个空格隔开,其中 n 表示报名参加笔试的选手总数,m 表示计划录取的志愿者人数。输入数据保证 $m \times 150\%$ 向下取整后小于或等于 n。

第二行到第 $n+1$ 行,每行包括两个整数,中间用一个空格隔开,分别是选手的报名号 k $(1000 \leqslant k \leqslant 9999)$ 和该选手的笔试成绩 $s(1 \leqslant s \leqslant 100)$。数据保证选手的报名号各不相同。

输出:

第一行,有 2 个整数,用一个空格隔开,第一个整数表示面试分数线;第二个整数为进入面试的选手的实际人数。

从第二行开始,每行包含 2 个整数,中间用一个空格隔开,分别表示进入面试的选手的报名号和笔试成绩,按照笔试成绩从高到低输出,如果成绩相同,则按报名号由小到大的顺序输出。

输入样例：

```
6   3
1000    90
3239    88
2390    95
7231    84
1005    95
1001    88
```

输出样例：

```
88   5
1005    95
2390    95
1000    90
1001    88
3239    88
```

说明：

$m \times 150\% = 3 \times 150\% = 4.5$，向下取整后为 4。保证 4 个人进入面试的分数线为 88，但因为 88 有重分，所以所有成绩大于或等于 88 的选手都可以进入面试，故最终有 5 个人进入面试。

【分析】

这道题的大体思路就是先将分数排序，再找到第 $m * 150\%$ 名选手的分数，最后按次序输出。

由于如果成绩相同时需按报名号从小到大输出，所以报名号也是排序的因素，可以定义结构体（尽量不要用数组存储考号信息，非常易错）。

接下来分别用冒泡排序、插入排序和选择排序来解决这个问题。在排序过程中一定要特别注意分数相同的情况。

1. 冒泡排序

```
void SORT(int n)
{
    for (int i = 0; i < n - 1; i++)
        for (int j = 0; j < n - i - 1; j++)
            if (stu[j + 1].score > stu[j].score || stu[j + 1].score == stu[j].score &&
                stu[j + 1].id < stu[j].id)  swap(stu[j], stu[j + 1]);
}
```

2. 插入排序

```
void SORT(int n)
{
    for (int i = 1; i < n; i++) {
        node key = stu[i];                    //注意现在使用的是结构体
        for (j = i - 1; j >= 0 && (stu[j].score < key.score ||
```

```
            stu[j].score == key.score && stu[j].id > key.id); j-- )
                            //寻找合适的位置插入
                stu[j + 1] = stu[j];
            stu[j + 1] = key;              //插入
        }
    }
```

3. 选择排序

```
void SORT(int n)
{
    for (int i = 0; i < n - 1; i++)
        for (int j = i + 1; j < n; j++)
            if (stu[j].score > stu[i].score || stu[j].score == stu[i].score && stu[j].
id < stu[i].id)
                swap(stu[i], stu[j]);
}
```

【参考代码】

```
# include < bits/stdc++.h>
using namespace std;
const int maxn = 5000;              //n 最大是 5000
struct node
{                                   //定义结构体
    int id, score;                  //两个信息: 考号和分数
} stu[maxn + 15];                   //声明数组(多声明 15 个防止数组越界)
int n, m;

int main()
{
    int n, m;
    scanf("% d % d", &n, &m);
    for (int i = 0; i < n; i++)
    {
        scanf("% d % d", &stu[i].id, &stu[i].score);     //输入
    }
    m = m * 1.5;                    //m * 150 % , int 类型自动向下取整
    SORT( );                        //上文讲的三种排序方式任选其一
    int s = stu[m - 1].score, cnt = m; //储存分数线, cnt 初值赋为 m, 计算真实通过笔试人数
    while (stu[cnt].score == s)
    {
        cnt++;                      //处理分数相同情况
    }
    printf("% d % d\n", s, cnt);
    for (int i = 0; i < cnt; i++)
    {
        printf("% d % d\n", stu[i].id, stu[i].score);
    }
    return 0;
}
```

以上三种排序方式是最基础的排序方式,初学者请务必掌握。它们的时间复杂度为 $O(n^2)$,只能处理 $n<7000$ 的情况。如果想用时间复杂度为 $O(n\log_2 n)$ 的排序方法,需要学习 sort() 函数和归并排序、快速排序等。

11.4.2 明明的随机数(NOIP 2006 普及组 第一题)

【题目描述】

明明想在学校请一些同学一起做一项问卷调查,为了实验的客观性,他先用计算机生成了 N 个 $1\sim 1000$ 的随机整数($N\leqslant 100$),对于其中重复的数字只保留一个,把其余相同的数去掉,不同的数对应着不同学生的学号。然后再把这些数从小到大排序,按照排好的顺序去找同学做调查。请你协助明明完成去重与排序的工作。

输入:

输入有两行,第一行为 1 个正整数,表示所生成的随机数的个数 N。

第二行有 N 个用空格隔开的正整数,为所产生的随机数。

输出:

输出也是两行,第一行为 1 个正整数 M,表示不相同的随机数的个数。

第二行为 M 个用空格隔开的正整数,为从小到大排好序的不相同的随机数。

输入样例:

20 40 32 67 40 20 89 300 400 15

输出样例:

15 20 32 40 67 89 300 400

【分析】

本题需要先将所有的数据从小到大排好序,然后循环枚举去掉重复的分数。

方法一:sort() 函数排序。

sort() 是系统自带的排序函数,实质是属于快排的思想。sort() 函数包含在头文件为<algorithm>的 C++标准库中,它的模板有三个参数:

void sort (RandomAccessIterator first, RandomAccessIterator last, Compare comp);

(1) 第一个参数 first 是要排序的数组的起始地址。

(2) 第二个参数 last 是结束的地址(最后一个数据的下一个地址)。

(3) 第三个参数 comp 是排序的方法,可以自定义排序方法。如果第三个参数不写,则默认的排序方法是从小到大排序。

```cpp
# include < iostream >
# include < algorithm >
using namespace std;
int a[101];
int main()
{
    int n, total = 0;
    cin >> n;
    for(int i = 0; i < n; i++) cin >> a[i];
```

```
        sort(a,a + n);
        for(int i = 0;i < n;i++)
            if(a[i]!= a[i + 1]) total++;            //统计有多少个不重复的数
        cout << total << endl;
        for(int i = 0;i < n;i++)
            if(a[i]!= a[i + 1]) cout << a[i]<<" ";   //输出所有不重复的数

        return 0;
    }
```

方法二：桶排序。

桶排序（bucket sort）或所谓的箱排序，是一个排序算法，工作的原理是将数组分到有限数量的桶里。每个桶再个别排序（有可能再使用别的排序算法或是以递归方式继续使用桶排序进行排序），最后依次把各个桶中的记录列出来得到有序序列。桶排序是鸽巢排序的一种归纳结果。当要被排序的数组内的数值是均匀分配的时候，桶排序使用线性时间 $O(n)$。

如需要将 n 个 $[1,n]$ 上的整数进行排序时，另需要用一个数组 $sum[x]$ 表示 x 出现了多少次，然后从 1 到 n 将 $sum[x]$ 个 x 列出来就排好序了，这样时间复杂度为 $O(n)$。

但如果输入数据值非常大，则需要桶的数量非常多，空间代价无疑是很大的。

```
    # include < bits/stdc++. h>
    using namespace std;
    int s,a[1001];
    int main()
    {
        int    sum = 0,n;
        cin >> n;
        for(int i = 1;i < = n;i++)
        {
            cin >> s;
            if(a[s] == 0)                    //相当于把元素 s 放在对应的桶里面
            {
                a[s]++;
                sum++;
            }
        }
        cout << sum << endl;
        for(int i = 1;i < = 1000;i++)
            if(a[i]!= 0) cout << i <<" ";
        return 0;
    }
```

11.5 ▶ 排序习题

11.5.1　成绩排序

【题目描述】

定义一个学生结构体类型 student，包括姓名、性别、年龄和成绩 4 个字段。然后定义一个结构体数组(长度不超过 1000),并输入每个元素的值,程序使用冒泡排序法将学生按照成绩从小到大的顺序排序,然后输出排序的结果。

输入:

第一行是一个整数 $N(N<1000)$,表示元素个数;接下来 N 行每行描述一个元素,姓名、性别都是长度不超过 20 的字符串,年龄和成绩都是整型。

输出:

按成绩从小到大输出所有元素,若多个学生成绩相同则成绩相同的同学之间保留原来的输入顺序。

输入样例:

3
Alice female 18 98
Bob male 19 90
Miller male 17 92

输出样例:

Bob male 19 90
Miller male 17 92
Alice female 18 98

【参考代码】

```cpp
#include <iostream>
#include <algorithm>
using namespace std;
struct student
{
    string name;
    string sex;
    int age;
    int score;
};
student s[1001];
int n;
void bubbleSort()
{
    for(int i = 1;i < n;i++)
    {
        bool flag = false;
        for(int j = 0;j < n - i;j++)
            if(s[j].score > s[j + 1].score)
            {
                swap(s[j],s[j + 1]);
                flag = true;
            }
        if(!flag) break;
    }
```

```
    }

    int main()
    {
        cin >> n;
        for (int i = 0; i < n; i++)
        {
            cin >> s[i].name >> s[i].sex >> s[i].age >> s[i].score;
        }
        bubbleSort();
        for (int i = 0; i < n; i++)
        {
            cout << s[i].name << " " << s[i].sex << " " << s[i].age << " " << s[i].score << endl;
        }
        return 0;
    }
```

11.5.2 插入排序

【题目描述】

程序开始请你给一组待排序数据进行从小到大排序。接下来程序会输入多个 X，请你将 X 插入后的数据重新进行从小到大排序。

输入：

第一行 $N(N \leqslant 1000)$。

第二行 N 个无序数据。

接下来多行，表示插入的 X（不确定有几个，最多 100 个 X）。

输出：

每个 X 插入后相应的从小到大序列

输入样例：

3

10　30　26

5

18

输出样例：

5　10　26　30

5　10　18　26　30

【参考代码】

```
# include < bits/stdc++.h>
using namespace std;
const int maxn = 2000;
int a[maxn], n, b;

int main()
{
    cin >> n;
```

```
for (int i = 1;i <= n;i++) cin >> a[i];
for (int i = 1;i <= n;i++) {
    int tmp = a[i] , j = i-1;
    for( ; a[j] > tmp && j > 0;j-- ) a[j+1] = a[j];
    a[j+1] = tmp;
}
while (cin >> b) {
    int j = n ++;
    for (; a[j]> b && j > 0; j-- ) a[j+1] = a[j];
    a[j+1] = b;
    for (int i = 1;i <= n;i++) cout << a[i] <<" " ;cout << endl;
}
return 0;
}
```

11.5.3 奖学金（NOIP 2007 普及组 第一题）

【题目描述】

某小学最近得到了一笔赞助,学校打算拿出其中一部分为学习成绩优秀的前 5 名学生发奖学金。期末,每个学生都有 3 门课的成绩:语文、数学、英语。先按总分从高到低排序,如果两个同学总分相同,再按语文成绩从高到低排序,如果两个同学总分和语文成绩都相同,那么规定学号小的同学排在前面,这样,每个学生的排序是唯一确定的。

任务:先根据输入的 3 门课的成绩计算总分,然后按上述规则排序,最后按排名顺序输出前 5 名学生的学号和总分。注意,在前 5 名同学中,每个人的奖学金都不相同,因此,你必须严格按上述规则排序。例如,在某个正确答案中,如果前两行的输出数据(每行输出两个数:学号、总分)是:

7   279

5   279

这两行数据的含义是:总分最高的两个同学的学号依次是 7 号、5 号。这两名同学的总分都是 279(总分等于输入的语文、数学、英语三科成绩之和),但学号为 7 的学生语文成绩更高一些。如果你的前两名的输出数据是:

5   279

7   279

则按输出错误处理,不能得分。

输入:

共 $n+1$ 行。

第 1 行为一个正整数 $n(n \leqslant 300)$,表示该校参加评选的学生人数。

第 2 到 $n+1$ 行,每行有 3 个用空格隔开的数字,每个数字都在 0~100。第 j 行的 3 个数字依次表示学号为 $j-1$ 的学生的语文、数学、英语的成绩。每个学生的学号按照输入顺序编号为 1~n(恰好是输入数据的行号减 1)。

所给的数据都是正确的,不必检验。

输出:

共 5 行,每行是两个用空格隔开的正整数,依次表示前 5 名学生的学号和总分。

输入样例 1：

6

90　67　80

87　66　91

78　89　91

88　99　77

67　89　64

78　89　98

输出样例 1：

6　265

4　264

3　258

2　244

1　237

输入样例 2：

8

80　89　89

88　98　78

90　67　80

87　66　91

78　89　91

88　99　77

67　89　64

78　89　98

输出样例 2：

8　265

2　264

6　264

1　258

5　258

【参考代码】

```
# include < bits/stdc++.h>
using namespace std;
struct score{
    int id,a,b,c,p1;
    friend bool operator <(score a, score b){
        if (a.p1 > b.p1) return 1;
        if (a.p1 == b.p1&& a.a > b.a) return 1;
        if (a.p1 == b.p1 && a.a == b.a && a.id < b.id) return 1;
        return 0;
```

```
        }
    }a[1000];

    int main() {
        int n;
        cin >> n;
        for (int i = 0;i < n;i++) {
            cin >> a[i].a >> a[i].b >> a[i].c;
            a[i].id = i + 1;
            a[i].p1 = a[i].a + a[i].b + a[i].c;
        }
        sort(a,a + n);
        for (int i = 0;i < 5;i++)
            printf("%d %d\n", a[i].id, a[i].p1);
        return 0;
    }
```

11.5.4　双调序列

【题目描述】

计算机组的同学们经常玩一些智力比拼小游戏,某月某日,小朋友们又发明了一种新的序列——双调序列,所谓的双调序列是满足如下条件描述:

假定有 $n(n \leqslant 1000)$ 个整数(都在 int 范围内,即 $-2147483648 \sim 2147483647$),双调序列的第一个数是 n 个整数中的最大数,第二个数是 n 个整数中的最小数,第三个数是 n 个数中的第二大数,第四个数是 n 个数中的第二小数……取过的数不能再取,依次类推,直到结束。

请你用程序正确地帮他找出这 n 个数的双调序列。

输入:

第一行为一个整数 n。

接下来 n 行给出了题目中所述的 n 个整数,每行包含一个整数。

输出:

有 n 行,每行为一个整数,是满足条件的双调序列。

输入样例:

5

10

—1

3

3

—9

输出样例:

10

—9

3

－1

3

说明：

对于 100% 的数据，$n \leqslant 1000$。

【参考代码】

```cpp
# include < bits/stdc++. h >
using namespace std;
const int N = 1005 ;
int a[N];
int main()
{
    int n;
    cin >> n;
    for(int i = 1; i <= n; i++) cin >> a[i];
    sort(a + 1, a + n + 1);
    for(int i = 1, j = n + 1, k = 0; i <= n; i++)
        if(i % 2 == 1)      cout << a[ -- j] << endl;
        else                cout << a[++k] << endl;
    return 0;
}
```

第 12 章　顺序查找与二分查找

12.1　顺序查找的思想

　　顺序查找就是从数列中的第一个元素开始,从头到尾逐个元素与目标值比较,若某个元素和目标值相等,则查找成功;若直到最后所有元素和目标值比较都不相等,则查找失败。

　　使用顺序查找方法,从数列的第一个元素开始顺序扫描,依次将扫描到的元素与目标值 x 相比较,若相等则表示查找成功,返回 x 在数列中的位置;若扫描结束仍没有找到等于 x 的元素,表示查找失败,返回 -1。代码如下:

```
int SequenceSearch(int a[ ], int x, int n)
{
    for (int i = 1;i <= n;i++)
        if (a[i] == x)
            return i;
    return -1;
}
```

　　可以看到,整个查找过程大部分时间都花费在关键字比较上,把平均需要和目标值比较的关键字次数称为平均查找长度(average search length,ASL)。

$$\text{ASL} = \sum_{i=1}^{n} P_i C_i$$

式中,n 为数列中元素的个数,P_i 为查找第 i 个元素的概率,通常假设每个元素查找概率相同,$P_i = 1/n$,C_i 是找到第 i 个元素的比较次数。

　　例如,对于具有 n 个数据元素的数列,查找成功时的平均查找长度为:$\text{ASL} = (1+2+3+\cdots+n)/n = (n+1)/2$。若目标值不在数列中,从头到尾扫描都没有找到,即比较了 n 次,查找失败,则 $\text{ASL} = n$。

　　顺序查找的时间复杂度为 $O(n)$。如果数据范围不大,需要查询次数不多,是很好的选择,但如果数据范围大,或查询次数比较多,就要考虑效率的问题。

12.2　二分查找的思想

　　二分查找(binary search),也称折半搜索(half-interval search)、对数搜索(logarithmic search),是用来在一个有序数组中查找某一元素的算法。

以猜数字为例,假定数的区间范围是 $1\sim100$,先猜测 50,如果答案比 50 大,则把区间范围变为 $51\sim100$,如果答案比 50 小,则把区间范围变为 $1\sim49$。只要每次都猜测区间范围的中间点,就可以把猜测范围缩小一半,当猜测的区间范围只剩一个数字时查找结束。数字的范围是 $1\sim100$,因此最多询问 $\log_2 100\approx7$ 次,就会猜中,这就是二分查找的基本思想。每次选择当前范围的中间数去猜,就能很快逼近目标数字。重复执行此过程,就可以找到目标数字,或得出目标数字不存在的结论。

猜数字游戏背后是一个经典的问题：如何在一个严格递增序列 a 中找出给定的数 x。我们来模拟一下二分查找的过程。

假定要从严格递增序列 $a=\{5,15,18,21,37,59,64,69,82,95\}$ 中查询数字 21 的位置,序列下标为从 1 到 10。

用 l 表示查找区间的左边界,用 r 表示查找区间的右边界,$[l,r]$ 组成查找区间。序列是严格递增的,保证了二分的有序性。

令 $l=1,r=10$,表示当前查询的下标范围,如图 12-1 所示。

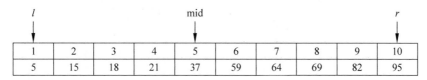

图 12-1　二分查找 21(1)

$[l,r]=[1,10]$,$\mathrm{mid}=(l+r)/2=5$,由于 $a[\mathrm{mid}]=37$,而 $37>21$,将查找范围缩小一半,在 $[l,\mathrm{mid}-1]$ 范围内继续查找,因此令 $r=\mathrm{mid}-1=4$,如图 12-2 所示。

1	2	3	4	5	6	7	8	9	10
5	15	18	21	37	59	64	69	82	95

图 12-2　二分查找 21(2)

$[l,r]=[1,4]$,$\mathrm{mid}=(l+r)/2=2$,由于 $a[\mathrm{mid}]=15$,而 $15<21$,继续将查找范围缩小一半,在 $[\mathrm{mid}+1,r]$ 范围内继续查找,因此令 $l=\mathrm{mid}+1=3$,如图 12-3 所示。

1	2	3	4	5	6	7	8	9	10
5	15	18	21	37	59	64	69	82	95

图 12-3　二分查找 21(3)

$[l,r]=[3,4]$,$\mathrm{mid}=(l+r)/2=3$,由于 $a[\mathrm{mid}]=18$,而 $18<21$,继续将查找范围缩小一半,在 $[\mathrm{mid}+1,r]$ 范围内继续查找,因此令 $l=\mathrm{mid}+1=4$,如图 12-4 所示。

$[l,r]=[4,4]$,$\mathrm{mid}=(l+r)/2=4$,由于 $a[\mathrm{mid}]=21$,此时找到了要查找的数字,循环结束,返回下标 4。

再来模拟查找 75 的情况,仍然是 $l=1,r=10$,如图 12-5 所示。

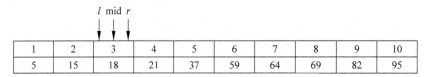

图 12-4   二分查找 21(4)

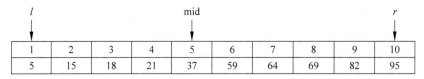

图 12-5   二分查找 75(1)

$[l,r]=[1,10]$,mid$=(l+r)/2=5$,由于 $a[\text{mid}]=37$,而 $37<75$,将查找范围缩小一半,在$[\text{mid}+1,r]$范围内继续查找,因此令 $l=\text{mid}+1=6$,如图 12-6 所示。

1	2	3	4	5	6	7	8	9	10
5	15	18	21	37	59	64	69	82	95

图 12-6   二分查找 75(2)

$[l,r]=[6,10]$,mid$=(l+r)/2=8$,由于 $a[\text{mid}]=69$,而 $69<75$,继续将查找范围缩小一半,在$[\text{mid}+1,r]$范围内继续查找,因此令 $l=\text{mid}+1=9$,如图 12-7 所示。

1	2	3	4	5	6	7	8	9	10
5	15	18	21	37	59	64	69	82	95

图 12-7   二分查找 75(3)

$[l,r]=[9,10]$,mid$=(l+r)/2=9$,由于 $a[\text{mid}]=82$,而 $82>75$,继续将查找范围缩小一半,在$[l,\text{mid}-1]$范围内继续查找,因此令 $r=\text{mid}-1=8$,如图 12-8 所示。

1	2	3	4	5	6	7	8	9	10
5	15	18	21	37	59	64	69	82	95

图 12-8   二分查找 75(4)

$[l,r]=[9,8]$,$l>r$,查找失败,数据里不包含 75,循环结束。

在二分查找中,用二叉树描述查找过程,查找范围的中间位置作为根,左子表为左子树,右子表为右子树,这棵树也被称为判定树(decision tree)。由此可以得出二分查找的平均查找长度 ASL$=\log_2 n$。

在二分查找中,每一步都可以去除当前数据范围的一半元素,因此二分查找的时间复杂

度为 $O(\log_2 n)$，与线性查找的 $O(n)$ 相比，速度上得到了指数倍的提高。但二分查找有两个必要的前提有两个：一是要保证数据一直有序，即有添加数据操作时，需要重新对所有数据进行排序；二是数据需要使用顺序存储结构（例如数组）。而使用顺序查找时，数组中的数据可以是无序的，添加数据时也不需要考虑位置，直接加在数组末尾就可以，不需要耗费时间。具体使用哪种查找方法，可以根据数据范围、查找次数以及添加数据的次数来决定。在不同数据量中进行查找时，分别采用顺序查找和二分查找时所需的次数如表 12-1 所示。

表 12-1　两种查找方法的查找次数情况

元 素 个 数	顺序查找 $O(n)$	二分查找 $O(\log_2 n)$
100 个元素	最多猜 100 次	最多猜 7 次
1000 个元素	最多猜 1000 次	最多猜 10 次
1000000 个元素	最多猜 1000000 次	最多猜 20 次
2000000000 个元素	最多猜 2000000000 次	最多猜 31 次

从表 12-1 中可以看到，二分查找与顺序查找相比，当数据量比较大的时候，优势更为明显。

有了前面的分析，就可以得出在严格递增序列中查找给定的数 x 的程序代码，要注意的是，二分查找的过程与序列的下标从 0 开始还是从 1 开始无关。

```
int Binary_Search(int a[], int l, int r, int x)
{
    while (l < r)
    {
        int mid = l + r >> 1;            //相当于 mid = (l + r)/2
        if (a[mid] < x)
            l = mid + 1;
        else
            r = mid;
    }
    if (a[l] == x)
        return l;
    return - 1 ;
}
```

二分查找法虽然看上去简单、好写，但据说只有部分程序员能写对二分查找法。因为二分查找法有很多细节需要认真考虑。对于整数域上的二分，要注意终止边界、左右区间取舍时的开闭情况，注意避免死循环或漏掉答案；在实数域上使用二分查找法则需要注意精度问题。

12.3 ▶ 二分查找法例题

12.3.1　二分查找法 1

【题目描述】

二分查找又称折半查找（binary search，half-interval search），在有序序列中可以用 $O(1)$ 的

时间初始化，$O(\log_2 n)$ 的时间进行查找。

给定一个长为 N 的严格升序序列 $a(a[0],a[1],\cdots,a[N-1])$。有 M 次询问，每次询问有一个参数 x，求 x 在 a 中的下标（从 0 开始），若不存在则为 -1。

输入：

输入共 $N+M+1$ 行。

第一行两个整数 N、M。

接下来 N 行，每行一个数，表示给定序列。

接下来 M 行，每行一个数，表示询问参数。

输出：

输出共 M 行，每行一个数，表示所求下标。

输入样例：

3　7

1

3

5

0

1

2

3

4

5

6

输出样例：

-1

0

-1

1

-1

2

-1

数据规模和约定：共 10 组数据，数据规模和约定如表 12-2 所示。

表 12-2　数据规模和约定

T	N	M
0	1	2×10^6
1	2	2×10^6
2	3	2×10^6
3	10	1.5×10^6
4	50	1.5×10^6

续表

T	N	M
5	100	1.5×10^6
6	10^3	10^6
7	10^4	10^6
8	10^5	10^6
9	10^6	10^5

所有数均为非负整数且在 int 范围内。

【分析】

根据题意,需要在长度为 N 的序列中查找 M 次数据,N 最大为 10^6,M 为 10^5,如果使用顺序查找,时间复杂度为 $O(N*M)$,不可行。使用二分查找,时间复杂度为 $O(\log_2 N*M)$。另外要注意的是,由于输入数据很大,需要使用 ios::sync_with_stdio(false) 取消缓冲区同步。

二分的写法有很多,这里循环以 $l=r$ 结束,每次二分的中间值 mid 归属于 $[l,r]$ 区间的左半段或右半段。

【参考代码】

```cpp
# include < iostream >
using namespace std;

const int MAXN = 1e6 + 10;
int a[MAXN];
int n, m;

int main()
{
    ios::sync_with_stdio(false);
    cin >> n >> m;
    for (int i = 1; i <= n; ++i)
        cin >> a[i];
    for (int i = 1; i <= m; ++i)
    {
        int x;
        cin >> x;

        int l = 1, r = n;
        while (l < r)
        {
            int mid = (l + r) / 2;
            if (a[mid] < x)
                l = mid + 1;
            else
                r = mid;
        }
        if (a[l] == x)
            cout << l - 1 << endl;
        else
            cout << - 1 << endl;
```

```
    }
    return 0;
}
```

12.3.2 二分查找法 2

【题目描述】

给定一个长为 N 的严格升序序列 $a(a[0], a[1], \cdots, a[N-1])$。有 M 次询问,每次询问有一个参数 x,求最大的 $i(0 \leqslant i < N)$ 使 $a[i] < x$,若不存在则为 -1。

输入:

输入共 $N+M+1$ 行。

第一行为两个整数 N、M。

接下来 N 行,每行一个数,表示给定序列。

接下来 M 行,每行一个数,表示询问参数。

输出:

输出共 M 行。

每行一个数,表示所求。

输入样例:

3 5

1

3

3

0

1

2

3

4

输出样例:

−1

−1

0

0

2

数据规模和约定:共 10 组数据,数据规模和约定如表 12-3 所示。

表 12-3 数据规模和约定

T	N	M
0	1	2×10^6
1	2	2×10^6
2	3	2×10^6

续表

T	N	M
3	10	1.5×10^6
4	50	1.5×10^6
5	100	1.5×10^6
6	10^3	10^6
7	10^4	10^6
8	10^5	10^6
9	10^6	10^5

所有数均为非负整数且在 int 范围内。

【分析】

本题与上一题的区别在于,要在单调递增序列 a 中查找小于 x 的数中最大的一个(也就是 x 的前驱)。

若 $a[\text{mid}] < x$,根据序列 a 的单调性,$a[\text{mid}]$ 之前的数一定比 $a[\text{mid}]$ 更小,所以小于 x 的数中最大的一个不可能在 $a[\text{mid}]$ 之前,这样就将查找范围的可行区间缩小为序列的右半段,这里要注意的是,$a[\text{mid}]$ 也是可行解,故此时应取 $l = \text{mid}$。反之,若 $a[\text{mid}] \geqslant x$,则区间取序列的左半段,即 $r = \text{mid} - 1$。

【参考代码】

```cpp
# include < iostream >
using namespace std;

const int MAXN = 1e6 + 10;
int a[MAXN];
int n, m;

int main()
{
    ios::sync_with_stdio(false);
    cin >> n >> m;
    for (int i = 1; i <= n; ++i)
        cin >> a[i];
    for (int i = 1; i <= m; ++i)
    {
        int x;
        cin >> x;

        if (x <= a[1])
        {
            cout << -1 << endl;
            continue;
        }
        int l = 1, r = n;
        while (l < r)
        {
            int mid = (l + r + 1) / 2;
            if (a[mid] < x)
                l = mid;
```

```
            else
                r = mid - 1;
        }
        cout << l - 1 << endl;
    }
    return 0;
}
```

12.4 ▶ 二分查找法答案

在答案具有单调性的前提下,在可能的 $[l,r]$ 上二分查找答案,检查当前答案是否满足题目的条件要求,再根据判断结果更新查找区间,不断重复以上过程,直到问题解决,这就是二分查找法答案的基本思想。

二分查找法答案的基本特征:一是答案具有单调性,二是经常用于解决最小值最大与最大值最小的双最值问题,将最值问题转换为判定性问题。

以求最小值最大为例,先尝试一个可能的答案,如果这个答案符合题目条件,那么它肯定是最小(可行解),但不一定是最小值中的最大(最优解),所以再换一个更大的可能答案,也就是将区间变为[mid,r],如果也符合条件,说明新可行解更优,不断重复以上过程,直到找到最优解。

可以这样去理解最小值最大的问题:将所有满足条件的最小值都标记为 1,不满足的都标记为 0,则原数列可以表示为:[111…111000…00],要找的是所有满足条件中的最大,即最后一个 1 值所在的位置。

答案

12.5 ▶ 二分查找法答案例题

12.5.1 木材分割

【题目描述】

木材厂有一些原木,现在想把这些木头切割成一些长度相同的小段木头(木头有可能有剩余),需要得到的小段的数目是给定的。当然,希望得到的小段木头越长越好,你的任务是计算能够得到的小段木头的最大长度。木头长度的单位是厘米(cm)。原木的长度都是正整数,要求切割得到的小段木头的长度也是正整数。例如有两根原木长度分别为 11 和 21,要求切割成等长的 6 段,很明显能切割出来的小段木头长度最长为 5。

输入:

第一行是两个正整数 N 和 K($1 \leqslant N \leqslant 100000$,$1 \leqslant K \leqslant 100000000$),$N$ 是原木的数目,K 是需要得到的小段的数目。接下来的 N 行,每行有一个 $1 \sim 100000000$ 的正整数,表示一根原木的长度。

输出：

能够切割得到的小段的最大长度。如果连 1cm 长的小段都切不出来,输出 0。

输入样例：

3　7

232

124

456

输出样例：

114

【分析】

这是一道典型的二分查找法答案问题。题目中给出原木的数目 N 和每段长度 $a[i]$,给出切割后的小段数目 K,需要求出切割的小段的最大长度。考虑二分的思想,在答案的最小值和最大值之间直接进行二分。由于最小可以切出 1cm(1cm 都切不出则输出 0),最大能切的长度一定不会比最长的原木长,所以根据二分查找答案木材的切割长度,区间的左端点 $l=1$,右端点 $r=\max(\{a[1],a[2],\cdots,a[n]\})$。只需要在 $[l,r]$ 的区间上,逐步逼近最优解即可。

一般情况下,解决二分查找法答案问题需要编写一个 bool check(int x) 函数,将问题转化为判定性问题。这里的 check() 函数用于验证切分出来的小段木头长度为 x 时,得到的小段木头数量是否达到了 K 根。随着 x 的增加,可以切割的小段的数量一定是单调非递增的(即要么不变,要么减少)。在 check() 函数中,假设切分出来的小段木头长度为 x,则将 $a[i]/x$ 累加到 t 里,t 为可以切割的小段的数量,如果 $t \geqslant k$,说明所切割的小段木头长度值是可行解,但数值偏小,可以继续从右区间寻找,即 $l=\text{mid}$(包含 mid);反之,则从左区间寻找,$r=\text{mid}-1$。

【参考代码】

```cpp
#include <iostream>
using namespace std;

const int MAXN = 1e5 + 10;
int a[MAXN];
int n, k;

bool check(int x)
{
    int t = 0;
    for(int i = 1; i <= n; ++i)
        t += a[i] / x;
    return t >= k;
}

int main()
{
    cin >> n >> k;
    for (int i = 1; i <= n; ++i)
        cin >> a[i];
    int l = 1, r = 1;
    for (int i = 1; i <= n; ++i)
```

```
            if (a[i] > r)
                r = a[i];
    while (l < r)
    {
        int mid = (l + r + 1) / 2;
        if (check(mid))
            l = mid;
        else
            r = mid - 1;
    }
    cout << l << endl;
    return 0;
}
```

12.5.2 跳石头(NOIP 2015)

【题目描述】

一年一度的跳石头比赛又要开始了。

这项比赛将在一条笔直的河道中进行,河道中分布着一些巨大岩石。组委会已经选择好了以两块岩石作为比赛的起点和终点。在起点和终点之间,有 N 块岩石(不含起点和终点的岩石)。在比赛过程中,选手们将从起点出发,每一步跳向相邻的岩石,直至到达终点。

为了提高比赛难度,组委会计划移走一些岩石,使选手们在比赛过程中的最短跳跃距离尽可能长。由于预算限制,组委会至多从起点和终点之间移走 M 块岩石(不能移走起点和终点的岩石)。

输入:

输入文件第一行包含三个整数 L、N、M,分别表示起点到终点的距离,起点和终点之间的岩石数,以及组委会至多移走的岩石数。

接下来 N 行,每行一个整数,第 i 行的整数 Di($0 < Di < L$)表示第 i 块岩石与起点的距离。这些岩石按与起点距离从小到大的顺序给出,且不会有两个岩石出现在同一个位置。

输出:

输出文件只包含一个整数,即最短跳跃距离的最大值。

输入样例:

25   5   2

2

11

14

17

21

输出样例:

4

数据范围:

对于 20% 的数据,$0 \leqslant M \leqslant N \leqslant 10$。对于 50% 的数据,$0 \leqslant M \leqslant N \leqslant 100$。

对于 100% 的数据,$0 \leqslant M \leqslant N \leqslant 50000$,$1 \leqslant L \leqslant 100000000$。

【分析】

根据题意,要使选手们的最短跳跃距离尽可能长,满足二分答案的有界性和单调性:拿走的石头越多,最短跳跃距离越大。

题目中要求的是最短跳跃距离,所以二分的就是最短跳跃距离。最小距离可以为 0,最大跳跃距离一定不会超过河道的长度,所以区间的左端点 $l=0$,右端点 $r=L$,我们需要在 $[l,r]$ 的区间里,逐步逼近最优解。

在 check() 函数中,假设最短跳跃距离为 x,根据 x 的值去移除石头,程序中 pos 指向上一块石头,如果 stone[i]$-$pos 的距离小于 x,则与 x 是最短跳跃距离的假设矛盾,所以需要移除上一块石头,移走的石头数 num 加 1;如果 stone[i]$-$pos 的距离大于或等于 x,则更新 pos。要注意的是,需要把河道的起点和终点考虑进去。如果 num$\leqslant M$,说明当前设定的最短跳跃距离是可行解,但数值偏小,可以继续往右区间去找,即 $l=$mid(包含 mid);反之,则往左区间去找,$r=$mid-1。

【参考代码】

```cpp
#include <iostream>
using namespace std;

const int MAXN = 5e4 + 10;
int stone[MAXN];
int L, N, M;

bool check(int x)
{
    int num = 0, pos = 0;
    for(int i = 1; i <= N; ++i)
    {
        if(stone[i] - pos < x)num++;
        else pos = stone[i];
    }
    if (L - pos < x)num++;
    return num <= M;
}

int main()
{
    cin >> L >> N >> M;
    for(int i = 1; i <= N; ++i)
        cin >> stone[i];
    int l = 0, r = L;
    while (l < r)
    {
        int mid = (l + r + 1) / 2;
        if(check(mid))
            l = mid;
        else
            r = mid - 1;
```

```
        }
        cout << l << endl;
        return 0;
    }
```

12.6 ▶ 二分查找法总结

二分查找法适用于解决最小值最大或最大值最小等问题。二分查找法的优点是：比较次数少，查找速度快，平均性能好。其缺点是：要求待查找的数据必须有序，且插入删除比较困难。因此，二分查找法适用于不经常变动而查找频繁的有序列。

二分查找的框架有以下两种，对 mid 的取法加以区分，使可行解的区间缩小，避免出现死循环的情况。

```
int Binary_Search(int a[], int l, int r, int x)
{
    while (l < r)
    {
        int mid = l + r >> 1;
        if (check(mid))              //check()函数不同题目写法不同
            r = mid;
        else
            l = mid + 1;
    }
    return l;
}
```

```
int Binary_Search(int a[], int l, int r, int x)
{
    while (l < r)
    {
        int mid = l + r + 1 >> 1;
        if (check(mid))              //check()函数不同题目写法不同
            l = mid;
        else
            r = mid - 1;
    }
    return l;
}
```

在实际编写程序时，要认真考虑实际问题的需要，选择对应的形式。

12.7 ▶ 二分查找法习题

12.7.1　二分查找法 3

【题目描述】

给定一个长为 N 的严格升序序列 $a(a[0], a[1], \cdots, a[N-1])$。有 M 个询问，每个询

问有一个参数 x，求最小的 $i(0 \leqslant i < N)$ 使 $a[i] > x$，若不存在则为 -1。

输入：

输入共 $N+M+1$ 行。

第一行为两个整数 N、M。

接下来 N 行，每行一个数，表示给定序列。

接下来 M 行，每行一个数，表示询问参数。

输出：

输出共 M 行。

每行一个数，表示所求。

输入样例：

3　5

1

3

3

0

1

2

3

4

输出样例：

0

1

1

-1

-1

数据规模和约定共 10 组数据，数据规模和约定如表 12-4 所示。

表 12-4　数据规模和约定

T	N	M
0	1	2×10^6
1	2	2×10^6
2	3	2×10^6
3	10	1.5×10^6
4	50	1.5×10^6
5	100	1.5×10^6
6	10^3	10^6
7	10^4	10^6
8	10^5	10^6
9	10^6	10^5

所有数均为非负整数且在 int 范围内。

【分析】

要在单调递增序列 A 中查找大于 x 的数中最小的一个(也就是 x 的后继)。

若 $a[mid] > x$,根据序列 a 的单调性,$a[mid]$ 之后的数一定比 $a[mid]$ 更大,所以大于 x 的数中最小的一个不可能在 $a[mid]$ 之后,这样就将查找范围的可行区间缩小为序列的左半段,这里要注意的是 $a[mid]$ 也是可行解,故此时应取 $r = mid$。反之,若 $a[mid] \leqslant x$,则区间取 $l = mid + 1$。

【参考代码】

```cpp
#include <iostream>
using namespace std;

const int MAXN = 1e6 + 10;
int a[MAXN];
int n, m;

int main()
{
    ios::sync_with_stdio(false);
    cin >> n >> m;
    for (int i = 1; i <= n; ++i)
        cin >> a[i];
    for (int i = 1; i <= m; ++i)
    {
        int x;
        cin >> x;

        if (x >= a[n])
        {
            cout << -1 << endl;
            continue;
        }
        int l = 1, r = n;
        while (l < r)
        {
            int mid = (l + r) / 2;
            if (a[mid] <= x)
                l = mid + 1;
            else
                r = mid;
        }
        cout << l - 1 << endl;
    }
    return 0;
}
```

二分查找法 2 与二分查找法 3 两段代码,二分的写法是不同的。

二分查找法 2 缩小范围时,$l = mid$,$r = mid - 1$,取中间值时,$mid = (l + r + 1) / 2$。

二分查找法 3 缩小范围时,$r = mid$,$l = mid + 1$,取中间值时,$mid = (l + r) / 2$。

如果不对 mid 的取法加以区分,就会使得可行解的区间不缩小,出现死循环的情况,因此,对二分的写法使用两种形式的 mid 取法。在实际编写程序时,要认真考虑实际问题的需要,选择对应的形式编写程序。

12.7.2　一元三次方程求解

【题目描述】

有形如: $ax^3+bx^2+cx+d=0$ 这样的一个一元三次方程。给出该方程中各项的系数(a、b、c、d 均为实数),并约定该方程存在三个不同实根(根的范围为 $-100\sim100$),且根与根之差的绝对值大于或等于 1,编程求方程的三个实根。

输入:

四个实数: a、b、c、d。

输出:

由小到大依次在同一行输出这三个实根(根与根之间留有空格),并精确到小数点后 2 位。

输入样例:

1　-5　-4　20

输出样例:

-2.00　2.00　5.00

数据规模和约定:

$|a|$,$|b|$,$|c|$,$|d|\leqslant10$。

【分析】

这是定义在实数域上的二分问题,对于方程 $f(x)=0$,若存在 $x1$ 和 $x2$,且 $x1<x2$,$f(x1)*f(x2)<0$,则在 $(x1,x2)$ 之间一定有一个实根。此时求出区间的中点 $mid=(x1+x2)/2$,并找出 $f(mid)$ 的值,若 $f(mid)$ 与 $f(x2)$ 正负号相反,说明该实根在 $[mid,x2]$ 区间,取 $[mid,x2]$ 为新的区间,否则取 $[x1,mid]$ 为新的区间。

注意此时区间更新不能再像整数域一样加 1 了,在实数域上加 1 的变动太大。需要确定好精度 eps,以 $r-l>=$eps 为循环条件,每次根据 mid 上的判定选择 $l=$mid 或 $r=$mid。要注意的是,有时为了解决实数运算的精度问题,如果 eps 过小,可以通过指定二分次数的策略来解决。

【参考代码】

```cpp
#include <iostream>
using namespace std;

const double eps = 0.001;
double a, b, c, d;

double f(double x)
{
    return a * x * x * x + b * x * x + c * x + d;
}

int main()
{
```

```
        scanf("%lf%lf%lf%lf", &a, &b, &c, &d);
        for(int i = -100; i <= 100; ++i)
        {
            double l = i, r = i + 1;
            double fl = f(l), fr = f(r);
            if(fl == 0)
                printf("%.2lf ", l);
            else if (fl * fr < 0)
            {
                while (r - l >= eps)
                {
                    double mid = (l + r) / 2;
                    fl = f(mid), fr = f(r);
                    if (fl * fr < 0)
                        l = mid;
                    else
                        r = mid;
                }
                printf("%.2lf ", l);
            }
        }
        return 0;
    }
```

12.7.3　最长上升子序列 2

【题目描述】

给定一个长为 n 的序列，求它的最长上升子序列的长度。

输入：

输入第一行包含一个整数 n。

第二行包含 n 个整数，为给定的序列。

输出：

输出一个非负整数，表示最长上升子序列的长度。

输入样例：

5

1　3　2　5　4

输出样例：

3

数据规模和约定：

$0 < n \leqslant 10^6$，每个数不超过 10^6。

【分析】

本题是最长上升子序列(LIS)问题，但如果使用动态规划的方法，由于数据范围比较大，会出现超时。注意子序列的最后一个数一定会随着子序列的长度单调递增，所以就想到可以采用二分查找的方法来解决该问题。

【参考代码】

```
# include < iostream >
using namespace std;

const int oo = 1e9;
const int MAXN = 1e6 + 10;
int a[MAXN], f[MAXN];

int main( )
{
    int n , m = 1;
    cin >> n;
    for( int i = 1; i < = n; ++i)cin >> a[ i];
    f[1] = a[1];
    for( int i = 2; i < = n; ++i){
        if (f[m] < a[ i]) {
            f[++m]  = a[ i];
            continue ;
        }
        int l = 1, r = m;
        while (l < r){
            int mid = (l + r)/2;
            if (f[mid] < a[i])l = mid + 1;
            else r  = mid;
        }
        f[l] = a[ i];
    }
    cout << m << endl;
    return 0;
}
```

12.7.4　打包

【题目描述】

Lazy 有 N 个礼物需要打成 M 个包裹,邮寄给 M 个人,这些礼物虽然很便宜,但是很重。Lazy 希望每个人得到的礼物的编号都是连续的。为了避免支付高昂的超重费,他还希望让包裹的最大重量最小。

输入:

第一行为两个整数 N 和 M。

第二行为 N 个整数,表示 N 个礼物的重量。

输出:

一个整数,表示最小的最大重量。

输入样例:

3　2

1　1　2

输出样例:

2

数据范围：

$N,M \leqslant 100000$；重量 $\leqslant 1000$。

【分析】

根据题意，要使包裹的最大重量最小，满足二分查找法答案的有界性和单调性。题目中要求的是最小的包裹最大重量，所以二分的就是包裹的重量。最小的包裹重量应该是所有礼物中的最大重量值（即只装一件礼物），最大包裹重量一定不会超过所有礼物的重量和，所以区间的左端点 $l = \max\{a[i]\}$，右端点 $r = \text{sum}\{a[i]\}$，需要在 $[l,r]$ 的区间上逐步逼近最优解。

在 check() 函数中，假设包裹的最大重量为 x，根据 x 的值去判断当前的礼物 $a[i]$ 是否放入当前的包裹中，用 s 表示当前包裹的重量，如果 $s+a[i]$ 大于 x，则与 x 是包裹的最大重量的假设矛盾，所以需要将包裹的个数 cnt 加 1，同时将 s 清 0，即开始下一个包裹的计算；无论是否满足 $s+a[i]$ 大于 x 的条件，当前的礼物 $a[i]$ 都要放入当前的包裹中，即更新 s 的值。如果 cnt$<m$，说明当前设定的包裹的最大重量 x 的数值偏大，可以继续往左区间去找，即 $r = \text{mid}$（包含 mid）；反之，则往右区间去找，$l = \text{mid}+1$。

【参考代码】

```cpp
# include < iostream >
using namespace std;

const int MAXN = 1e5 + 10;
int n, m, a[MAXN];
bool check(int x)
{
    int s = 0,cnt = 0;
    for(int i = 1;i <= n;++i)
    {
        if(s + a[i] > x)
        {
            s = 0;
            cnt++;
        }
        s += a[i];
    }
    return cnt < m;
}
int main()
{
    cin >> n >> m;
    int l = 0, r = 0;
    for(int i = 1;i <= n;++i)
    {
        cin >> a[i];
        r += a[i];
        l = max(l,a[i]);
    }
```

```
    while(l < r)              //从单个的最大包裹质量到总质量寻找二分查找法答案
    {
        int mid = (l + r) / 2;
        if(check(mid))
            r = mid;
        else
            l = mid + 1;
    }
    cout << l << endl;
    return 0;
}
```

第 13 章 枚 举 算 法

13.1 枚举算法简介

13.1.1 枚举算法基础

1. 枚举算法的定义

在进行归纳推理时,如果逐个考察某类事件的所有可能情况,而得出一个结论,那么该结论是可靠的,这种归纳方法称为枚举法。

2. 枚举算法的思想

将问题所有可能的答案一一列举,然后根据条件判断此答案是否合适,保留合适的,舍弃不合适的。

3. 枚举算法的基本思路

(1) 确定枚举对象、范围和判定条件。

(2) 逐一枚举可能的解,并验证每个解是否是问题的解。

4. 枚举算法的步骤

(1) 选择合适的研究对象范围。

(2) 找到判断正确解的条件,列举。

(3) 逐一检验范围内的所有研究对象。

5. 枚举算法的优缺点

优点:算法简单,在局部地方使用枚举算法,效果较好。

缺点:运算量过大,当问题的规模越大时,循环的阶数越大,执行的速度越慢。

13.1.2 枚举算法框架结构

```
for ( a₁ = a₁₁ ; a₁ <= a₁ₖ ; a₁ ++)
    …
    for ( aₙ = aₙ₁ ; aₙ <= aₙₖ ; aₙ ++)
        if ( 状态( a₁ , … , aᵢ … , aₙ ) 满足检验条件)
            输出问题的解;
```

说明:设 a_{i1} 为状态元素 a_i 的最小值;a_{ik} 为状态元素 a_i 的最大值($1 \leqslant i \leqslant n$)即状态元素 $a_1, a_2, \cdots, a_n$ 的值域分别为

$$a_{11} \leqslant a_1 \leqslant a_{1k}$$

...

$$a_{n1} \leqslant a_n \leqslant a_{nk}$$

13.2 枚举算法实例讲解

1. 问题一

上小学的时候,大家都申请了电子邮箱,小明同学也申请了一个电子邮箱,但是好久没用之后,小明就忘记了电子邮箱的密码,再三回想,他记起电子邮箱的密码是以 6 开头的三位数,当时他还把密码设成自己学号的倍数,他的学号是 18,请列出电子邮箱密码。

【分析】

首先需要简化题目描述。问题简化为,邮箱密码 6××,这个数是 18 的倍数,问这个密码是什么?

其次需要构造三位数,其中百位是固定的 6,其余个位和十位是需要枚举的。

问题一的流程图如图 13-1 所示。

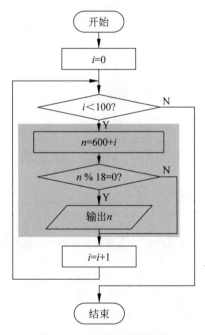

图 13-1 邮箱密码流程图

【参考代码】

```cpp
# include < bits/stdc++.h>
using namespace std;
int main()
{
    for (int i = 0 ;i < 100;i++) {
        int n = 600 + i;
```

```
        if (n % 18 == 0) cout << n << endl;
    }
    return 0 ;
}
```

2. 问题二

单据上 5 位数编号 22××6，是 56 的倍数，找出所有的 5 位数。

【分析】

问题二只是构造难度加大，本质并没有变化，枚举策略变成了分别列举十位和百位。

问题二的流程图如图 13-2 所示。

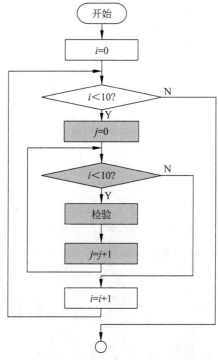

图 13-2　找出所有 5 位数流程图

【参考代码】

```
# include < bits/stdc++.h >
using namespace std;
int main()
{
    for (int i = 0 ;i < 10;i++)
        for(int j = 0 ;j < 10;j++)
        {
            int n = 22006 + i * 100 + j * 10 ;
            if (n % 56 == 0 ) cout << n << endl;
        }
    return 0 ;
}
```

3. 问题三

单据上 5 位数编号 2×2×6，且是 56 的倍数，找出所有的 5 位数，这样的 5 位数有几个？

【分析】

问题三就是按照问题二的思路分别枚举十位和千位，构造思路一样。

问题三的流程图如图 13-3 所示。

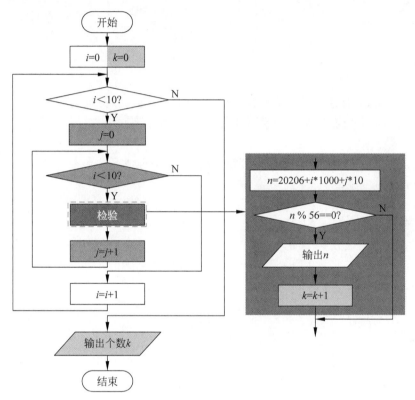

图 13-3 找出满足条件的 5 位数流程图

【参考代码】

```cpp
#include <bits/stdc++.h>
using namespace std;

int main()
{
    int k = 0 ;
    for (int i = 0 ;i<10;i++)
        for (int j = 0 ;j<10;j++)
        {
            int n = 20206 + i*1000 + j* 10 ;
            if ( n % 56 == 0)
            {
                cout << n << endl;
                k++ ;
            }
        }
```

```
        cout << k << endl;
        return 0 ;
    }
```

13.3 枚举算法经典题目

13.3.1 孙子算经

【题目描述】

在《孙子算经》中有这样一道算术题："今有物不知其数，三三数之剩二，五五数之剩三，七七数之剩二，问物几何？"（解的数目可能有很多，求最小解）

【分析】

本题就是判断三个条件，范围从 1 开始，找到一个符合情况的数字就是答案。

【参考代码】

```cpp
# include < bits/stdc++.h >
using namespace std;
int main()
{
    int i = 1 ;
    while (1)
    {
        if (i % 3 == 2 && i % 5 == 3 && i% 7 == 2)
        {
            cout << i << end;
            break;
        }
        i++;
    }
    return 0 ;
}
```

13.3.2 截钢管

【题目描述】

将一根长为 369cm 的钢管截成长为 69cm 和 39cm 两种规格的短料。在这两种规格的短料至少各截一根的前提下，如何截才能余料最少。

【分析】

设两种规格的短料如下。

规格为 69cm 的 x 根，可在 1 至 $(369-39)/69$ 范围循环取值。

规格为 39cm 的 y 根，用 $y=[369-69*x)/39]$ 计算。

余料 $r=369-69*x-39*y$。

(1) 设最小余料的初始值 min=369。

(2) 在 x 循环范围内，每一个 x 值都计算出对应的 y 和 r。

(3) 如果 $r<$min，就将 r 存入 min，x 存入 n，y 存入 m，记录余料最小时的 x 和 y。

(4) 重复步骤(2),当 x 值超出 $[(369-39)/69]$ 时结束循环。

【参考代码】

```
# include < iostream >
using namespace std;
int main()
{
        int x,y,min = 369,r,n,m;
        for(x = 1;x < = (330/69);x++)
        {
                y = (369 - 69 * x)/39;
                r = 369 - 69 * x - 39 * y;
                if(r < min)
                {
                        min = r;
                        n = x;
                        m = y;
                }
        }
        cout <<"69cm: "<< m <<" "<<"39cm: "<< n;
        return 0;
}
```

13.3.3　水仙花数

【题目描述】

输出所有的水仙花数,所谓水仙花数是指一个三位数,其各位数字的立方和等于该数本身。由小到大输出所有的水仙花数。

例如,$153 = 1^3 + 5^3 + 3^3$。

【分析】

根据题目要求是三位数,枚举范围确定 $[100,999]$,判断条件前需要将每个数进行拆分,分离出个位数、十位数和百位数,然后按照题目要求进行判断即可。

【参考代码】

```
# include < iostream >
using namespace std;
int main()
{
    int i,j,k,a,b,c;
    for ( i = 100; i < 1000 ;i++)
    {
        a = i % 10 ;              //分离个位数
        b = i / 10 % 10 ;         //先删除个位数,剩余再取个位就是最开始数的十位数字
        c = i / 100 ;             //分离百位数
        if (i == a * a * a + b * b * b + c * c * c) cout << i << endl;
    }
    return 0;
}
```

【扩展——自幂数】

自幂数是指一个 n 位数,它的每个位上的数字的 n 次幂之和等于它本身(例如,当 n 为

3 时,有 $1^3+5^3+3^3=153$,153 即是 n 为 3 时的一个自幂数,属于水仙花数)。

- 一位自幂数:独身数。
- 两位自幂数:没有。
- 三位自幂数:水仙花数。
- 四位自幂数:四叶玫瑰数。
- 五位自幂数:五角星数。
- 六位自幂数:六合数。
- 七位自幂数:北斗七星数。
- 八位自幂数:八仙数。
- 九位自幂数:九九重阳数。
- 十位自幂数:十全十美数。

常见自幂数如下。

三位的水仙花数共有 4 个:153、370、371、407。

四位的四叶玫瑰数共有 3 个:1634、8208、9474。

五位的五角星数共有 3 个:54748、92727、93084。

六位的六合数只有 1 个:548834。

七位的北斗七星数共有 4 个:1741725、4210818、9800817、9926315。

八位的八仙数共有 3 个:24678050、24678051、88593477。

……

使用高精度计算,可以得到超过 int 类型上限的水仙花数。

9:146511208

9:472335975

9:534494836

9:912985153

10:4679307774

11:32164049650

11:40028394225

11:42678290603

11:49388550606

11:32164049651

11:94204591914

11:44708635679

11:82693916578

14:28116440335967

16:4338281769391370

16:4338281769391371

17:21897142587612075

17:35641594208964132

17:35875699062250035

19：1517841543307505039

19：3289582984443187032

19：4929273885928088826

19：4498128791164624869

20：63105425988599693916

21：4491773991146038697307

21：128468643043731391252

23：27907865009977052567814

23：35452590104031691935943

23：27879694893054074471405

23：218876968411229162888588858

24：17408800593806529302772

24：18845148544789789603673875

最大的自幂数有 39 位。十进制自然数中的所有水仙花数共有 88 个。

【参考代码】

```cpp
# include < bits/stdc++.h >
using namespace std;
int a(int x, int y)
{
    int sum = 1;
    for (int i = 1;i <= y;i++) sum = sum * x ;
    return sum ;
}
int main()
{
    int n ,m;
    cin >> n;
    for (int i = a(10,n-1) ;i < a(10,n) ;i++)
    {
        int j = i , sum = 0 ;
        while (j > 0)
        {
            int k = j % 10 ;
            j = j / 10 ;
            sum += a(k,n) ;
        }
        if (sum == i ) cout << i << endl;
    }
    return 0 ;
}
```

13.3.4 百鸡百钱问题

【题目描述】

公鸡 5 元 1 只,母鸡 3 元 1 只,1 元 3 只小鸡。花 100 元钱,买 100 只鸡,每种至少买一只,怎么买?

【分析】

设 x、y、z 分别为买的公鸡、母鸡、小鸡的个数,则

$x+y+z=100$:代表公鸡、母鸡、小鸡数量之和是 100 只;

$5*x+3*y+z/3=100$:代表公鸡、母鸡、小鸡钱数之和是 100 元;

枚举各种可能的解,预计循环次数为 $100*100*100$。

$x:1\sim100$

$y:1\sim100$

$z:1\sim100$

第一次优化,按照钱数,例如 5 元一只公鸡,最多 20 只公鸡就可以达到 100 元,所有公鸡的个数取值范围是 $[1,20]$。预计循环次数为 $20*33*100$。

$x:1\sim20$

$y:1\sim33$

$z:1\sim100$

第二次优化,利用总钱数 100,已知公鸡和母鸡的数量,小鸡的数量可以被推出来,即小鸡的数量=100-公鸡的只数-母鸡的只数。预计循环次数为 20×33。

$x:1\sim20$

$y:1\sim33$

$z=100-x-y$

【参考代码】

```cpp
#include <iostream>
using namespace std;

int main()
{
    int x,y,z;
    for (x = 1;x <= 20;x++)
        for (y = 1;y <= 33;y++)
        {
            z = 100 - x - y;
            if (5*x + 3*y + z/3.0 == 100)
                cout <<"公鸡:"<< x <<"母鸡:"<< y <<"小鸡:"<< z << endl;
        }
    return 0;
}
```

第三次优化,利用方程联立消元,两个三元一次方程组,可以消元生成二元一次方程,用 x 表示 y 和 z,预计循环次数为 20。

$x:1\sim20$

$y=(100-7x)/4$

$z=3(x+100)/4$

【参考代码】

```cpp
#include <bits/stdc++.h>
using namespace std;
```

```
int main()
{
    for (int x = 1;x <= 20;x++)
    {
        int y = 100 - 7 * x  ;
        int z = 3 * (x + 100) / 4 ;
        if (y > 0 && y % 4 == 0) printf("%d %d %d\n",x,y/4,z) ;
    }
    return 0 ;
}
```

13.3.5 求守形数

【题目描述】

某数平方后,它的低位与该数本身相同,则称该数为守形数。例如:$25 \times 25 = 625,625$ 的低位与 25 相同,称 25 为守形数。试编程求出 2~1000 中的守形数。

显示格式:从大到小每行一个守形数。

【分析】

只要理解低位就可以解决问题了,1000 以内的三种情况包括最后一位,后两位和后三位。

【参考代码】

```
# include < iostream >
using namespace std;
int main()
{
    int i,k;
    for (i = 1000;i > 1;i -- )
    {
        k = i * i;
        if (k % 10 == i || k % 100 == i || k % 1000 == i) cout << i << endl;
    }
    return 0;
}
```

13.3.6 网袋问题

【题目描述】

小明有一个最多只能装 N(键盘输入)千克重东西的网袋。现有白菜 5 千克,猪肉 2 千克,鱼 3.5 千克,酱油 1.7 千克,白糖 1 千克,土豆 5.1 千克。设计一个程序使小明的网袋所装物品质量最大。即按顺序显示白菜、猪肉、鱼、酱油、白糖、土豆是否装入,装入输出 1,否则输出 0(注意:各物品不能分割,要么装,要么不装)。

显示格式:只有一行。

例如,101100(说明:表示装入白菜、鱼、酱油)。

【分析】

枚举每个物品的范围 0 和 1,代表不装和装。还有一个关键点就是求最大值,经过条件判断是否大于某个最大值标准,如果大于这个标准,那么它就作为最大值,同时记录每个物品的 0/1 状态。

【参考代码】

```cpp
# include < iostream >
using namespace std;
int main()
{
    int a1,a2,a3,a4,a5,a6,b1,b2,b3,b4,b5,b6;
    double s,max = 0,n;
    cin >> n;
    for (a1 = 0;a1 < 2;a1++)
    for (a2 = 0;a2 < 2;a2++)
    for (a3 = 0;a3 < 2;a3++)
    for (a4 = 0;a4 < 2;a4++)
    for (a5 = 0;a5 < 2;a5++)
    for (a6 = 0;a6 < 2;a6++)
    {
        s = a1 * 5 + a2 * 2 + a3 * 3.5 + a4 * 1.7 + a5 + a6 * 5.1;
        if     (s > max && s <= n)
        {
            max = s;
            b1 = a1;b2 = a2;b3 = a3;b4 = a4;b5 = a5;b6 = a6;
        }
    }
    printf(" % d % d % d % d % d % d\n",b1,b2,b3,b4,b5,b6);
    return 0;
}
```

13.3.7 数字三角形

【题目描述】

如图 13-4 中 A~F 分别表示 1~6 中的一个数字(不同字母表示不同数字),且三角形每边三个数之和相同。试设计程序,确定每个字母表示的数字,并输出本质不同的解。

本题中,对称、旋转等情况,都被认为是本质相同的解,如图 13-4 所示的三种排列,就是本质相同的解。

```
   A          A          A
 B   F      F   D      F   B
C D E      A B C      E D C
```

图 13-4   数字三角形

【分析】

本题的一般过程是枚举每个数字,难点是所有数字不能重复并且本质不同。对于解决数字不重复的方法可以用 6 个数相加和相乘分别等于 $1+2+\cdots+6$ 和 $1\times2\times\cdots\times6$。对于解决本质不同的方法,经过观察,三角形的三个顶角和都是 A+C+E,用顶角和相同来判断是否是相同三角形即可。

【参考代码】

```cpp
# include < iostream >
using namespace std;
```

```
int ben[100];
int main()
{
    int a,b,c,d,e,f;
    memset(ben,1,sizeof(ben));
    for (a=1;a<7;a++)
    for (b=1;b<7;b++)
    for (c=1;c<7;c++)
    for (d=1;d<7;d++)
    for (e=1;e<7;e++)
    for (f=1;f<7;f++)
        if (a+b+c+d+e+f==1+2+3+4+5+6
            && a*b*c*d*e*f==2*3*4*5*6&&ben[a+c+e]
            &&a+b==d+e && b+c==e+f)
        {
            printf("%3d\n%2d%2d\n%d%2d%2d\n\n",a,b,f,c,d,e);
            ben[a+c+e]=0;
        }
    return 0;
}
```

13.4 枚举算法习题

1. 矩形

【题目描述】

小明有很多个矩形,它们可能有不同的长和宽,现在,小明想在一个大的矩形中放入两个较小的矩形,如图 13-5 所示。

现在给出小明拥有的所有矩形,请你选出 3 个矩形可以像图 13-5 一样,一个套两个,计算出有多少个组合方案,输出总方案数。

注意:

(1) 大矩形内的两个小矩形不能重叠,如图 13-6 所示。

(2) 内矩形的边应与外矩形平行,即内矩形不可以斜放,如图 13-7 所示。

(3) 矩形的边可以重叠。

(4) 允许小矩形旋转90°后放到大矩形中。

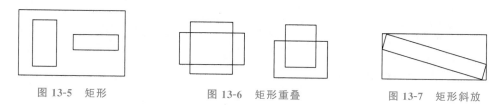

图 13-5　矩形　　　　　　图 13-6　矩形重叠　　　　　　图 13-7　矩形斜放

输入:

第一行为一个整数 $N(1 \leqslant N \leqslant 50)$,表示矩形的个数。

之后 N 行,每行两个整数,表示矩形的长和宽(长宽小于或等于1000)。

输出:

只有一个整数,表示选出合法矩形的方案数(矩形按输入顺序编号 1 到 N,如果两种方案使用的矩形编号组合相同,就视为相同方案,如果有一个不相同的矩形编号,则视为不同方案)。

输入样例:

4

30　30

8　9

5　10

10　5

输出样例:

3

样例说明:

3 种方案:

选取 1,2,3

选取 1,2,4

选取 1,3,4

【参考代码】

```cpp
# include < iostream >
using namespace std;
int a[55],b[55];
int main()
{
    int i,j,k,n,s = 0;
    cin >> n;
    for (i = 0;i < n;i++) cin >> a[i] >> b[i];
    for (i = 0;i < n - 2;i++)
          for (j = i + 1;j < n - 1;j++)
                for (k = j + 1;k < n;k++)
                      if ((a[i]>a[j] + a[k] && b[i]> b[j] && b[i]> b[k]) ||
                          (a[j]>a[i] + a[k] && b[j]> b[i] && b[j]> b[k]) ||
                          (a[k]>a[i] + a[j] && b[k]> b[i] && b[k]> b[j]) ||
                          (b[i]>b[j] + b[k] && a[i]> a[j] && a[i]> a[k]) ||
                          (b[j]>b[i] + b[k] && a[j]> a[i] && a[j]> a[k]) ||
                          (b[k]>b[i] + b[j] && a[k]> a[i] && a[k]> a[j]) )
                          s++;
    cout << s << endl;
    return 0;
}
```

2. 数字和

【题目描述】

小明和小红正在玩一个游戏,游戏规则如下:统计正整数 L-R 之间(包含两个端点),能被 7 整除,且数字中包含数字 7 的个数。如果允许使用计算机编程实现,你能计算出结果吗?

输入:

输入两个正整数 L 和 R,用空格分隔。

输出：

输出范围内符合条件的数字个数。

输入样例：

20 100

输出样例：

2

数据范围：

$1 \leqslant L \leqslant R \leqslant 1000000$。

样例解释满足条件的有两个数字，分别是 70 和 77。

【参考代码】

```
# include < iostream >
# include < algorithm >
# include < stdio. h >
using namespace std;
int main()
{
    int i, j, L, R, s = 0;
    cin >> L >> R;
    for ( i = L ; i <= R ; i++)
        if (i % 7 == 0)
        {
            j = i;
            while (j > 0)
            {
                if (j % 10 == 7) {s++;break;}
                j = j / 10;
            }
        }
    cout << s << endl;
    return 0;
}
```

3. 统计数据

【题目描述】

某班期末检测结束后（考三科：数学、语文、英语），班主任听说你正学习程序设计并且学得很不错，所以请你帮助进行成绩统计。统计出每人的总分，总分成绩的最高分、最低分，以及总分小于 180 分的人数。

输入：

输入第一行一个正整数 n，表示参加考试的人数。下面有 n 行每行三个数字空格分隔，表示一个人的三科成绩。并且最先一行的三个成绩表示 1 号同学的，以此类推分别为 $2 \sim n$ 号同学的成绩。

输出：

先输出 n 行，每行两个数字，学号和总分用空格分隔。最后一行为总分成绩的最高分、最低分、总分小于 180 分的人数，之间用空格分隔。

输入样例：

4

80　90　99

60　50　81

50　55　65

90　90　90

输出样例：

1　269

2　191

3　170

4　270

270　170　1

数据范围：

$n \leqslant 1000$。

【参考代码】

```
# include < iostream >
# include < stdio. h >
# include < algorithm >
# include < string. h >
using namespace std;
# define N 1005
int a[ N + 1 ] ;
int main( )
{
    int i, j, k, n, h1, h2, h3, max = 0, min = 300, s = 0;
    cin >> n;
    for ( i = 1; i <= n ; i++)
    {
        cin >> h1 >> h2 >> h3;
        a[ i] = h1 + h2 + h3;
        if ( a[ i]> max) max = a[ i];
        if ( a[ i]< min) min = a[ i];
        if ( a[ i]< 180) s++;
        cout << i << " "<< a[ i]<< endl;
    }
    cout << max <<" "<< min <<" "<< s << endl;
    return 0;
}
```

4. 双节棍

【题目描述】

小刚想买两根双节棍，左手一根右手一根。他到商店里，发现共有 $n(2 \leqslant n \leqslant 100)$ 根双节棍，第 i 根的长度为 $L_i(1 \leqslant L_i \leqslant 10000)$。他希望买下的两根双节棍的长度差尽可能小，请你编程帮他找到两根最合适的双节棍，并输出最小的长度差值。

输入：

第一行为一个整数 n，表示商店里出售双节棍的数量。

第二行为 n 个正整数,用空格分开,第 i 个数 l_i 表示第 i 根双节棍的长度。

输出:

文件中只有一个整数,为两根双节棍的长度差的最小值。

输入样例:

5

3 4 1 6 8

输出样例:

1

【参考代码】

```cpp
#include <iostream>
using namespace std;
int a[105];
int main()
{
    int n, i, j, k, min = 10000;
    cin >> n;
    for(i = 0; i < n; i++)
        cin >> a[i];
    for (i = 0; i < n - 1; i++)
        for (j = i + 1; j < n; j++)
        {
            k = abs(a[i] - a[j]);
            if (k < min) min = k;
        }
    cout << min << endl;
    return 0;
}
```

5. 排身高

【题目描述】

鹏鹏的班级里一共有 n 个学生。刚好每个同学的身高互不相同。鹏鹏想知道所有同学中身高排第二的是谁。

输入:

文件中第一行有一个整数 $n(2 \leqslant n \leqslant 100)$,表示有 n 个学生。第二行有 n 个用空格分开的整数 $a1, a2, \cdots, an$,依次表示每个同学的身高。ai 是不超过 200 的正整数。

输出:

文件有一行,有两个整数,中间用空格隔开,分别表示身高第二高的同学的编号和身高。

输入样例:

4 140 145 152 144

输出样例:

2 145

【参考代码】

```cpp
#include <cstdio>
#include <iostream>
using namespace std;
int main()
{
    int n,a,max1 = -1,max2,id = 1,id2;
    scanf("%d", &n);
    for (int i = 1;i <= n;i++)
    {
        scanf("%d",&a);
        if (a > max1)
        {
            max2 = max1;
            id2 = id;
            id = i;
            max1 = a;
        }
        else if (a > max2) {max2 = a;id2 = i;}
    }
    cout << id2 << " "<< max2 << endl;
    return 0;
}
```

6. 冠军

【题目描述】

甲、乙、丙、丁、戊五个人在运动会上分别获得百米短跑、二百米短跑、跳高、跳远和铅球冠军,有四个人猜测比赛结果。

A 说:乙获铅球冠军,丁获跳高冠军。

B 说:甲获百米冠军,戊获跳远冠军。

C 说:丙获跳远冠军,丁获二百米短跑冠军。

D 说:乙获跳高冠军,戊获铅球冠军。

其中每个人都只说对一句,说错一句。求五人分别各获哪项冠军。

【参考代码】

```cpp
#include <iostream>
using namespace std;
char p[5][100] = {"百米短跑","二百米短跑","跳高","跳远","铅球"};
int main()
{
    int a,b,c,d,e;
    for (a = 1;a < 6;a++)
    for (b = 1;b < 6;b++)
    for (c = 1;c < 6;c++)
    for (d = 1;d < 6;d++)
    for (e = 1;e < 6;e++)
    {
        if (a+b+c+d+e==1+2+3+4+5 && 1*2*3*4*5==a*b*c*d*e)
        if ((b==5) + (d==3) == 1)
        if ((a==1) + (e==4) == 1)
```

```
            if ((c == 4) + (d == 2) == 1)
            if ((c == 3) + (e == 5) == 1)
            {
                cout << "甲 : " << p[a - 1] << endl;
                cout << "乙 : " << p[b - 1] << endl;
                cout << "丙 : " << p[c - 1] << endl;
                cout << "丁 : " << p[d - 1] << endl;
                cout << "戊 : " << p[e - 1] << endl;
                cout << " ------------------------------ " << endl << endl;
            }
        }
    return 0;
}
```

7. 狐狸与兔子

【题目描述】

围绕着山顶有 10 个洞,狐狸要吃兔子,兔子说:"可以,但必须找到我,我就藏身于这 10 个洞中,你从 10 号洞出发,先到 1 号洞找,第二次隔 1 个洞找,第三次隔 2 个洞找,以后以此类推,次数不限。"但狐狸从早到晚进进出出了 1000 次,仍没有找到兔子。问兔子究竟藏在哪个洞里?

【参考代码】

```
# include < iostream >
using namespace std;
int a[100];
int main()
{
    int i, j, k = 9;
    memset(a, 0, sizeof(a));
    for (i = 1; i <= 1000; i++)
    {
        k = (k + i) % 10;
        a[k] = 1;
    }
    for (i = 0; i < 10; i++)
        if (a[i] == 0) cout << i + 1 << " ";
    cout << endl;
    return 0;
}
```

8. 小偷

【题目描述】

有 A、B、C、D 四名偷窃嫌疑犯,其中一人是真正的小偷。审问中,A 说我不是小偷,B 说 C 是小偷,C 说小偷肯定是 D,D 说 C 在冤枉人。有三人说真话,一人说假话,问到底谁是小偷?

【参考代码】

```
# include < iostream >
using namespace std;

int main()
```

```
{
    int a,b,c,d;
    for (a = 0;a < 2;a++)
    for (b = 0;b < 2;b++)
    for (c = 0;c < 2;c++)
    for (d = 0;d < 2;d++)
    if ((a!= 0) + (c == 0) + (d == 0) + (d!= 0) == 3 && a + b + c + d == 3)
    {
        if (a == 0) cout <<"A is thief"<< endl;
        if (b == 0) cout <<"B is thief"<< endl;
        if (c == 0) cout <<"C is thief"<< endl;
        if (d == 0) cout <<"D is thief"<< endl;
    }
    return 0;
}
```

9. 正整数

【题目描述】

求符合下面条件的 5 个正整数。

(1) 5 个数之和为 23。

(2) 从这 5 个数中选取不同的数做加法，可得 1～23 中的所有自然数，打印这 5 个数及选取数组成的 1～23 的加法式。

【参考代码】

```
# include < iostream >
# include < string. h >
# include < stdlib. h >
# include < math. h >
# include < stdio. h >
using namespace std;
bool w[10000];
void ok( int a, int b, int c, int d, int e)
{
    int i,j,k,t,p;
    memset(w,0,sizeof(w));
    for (i = 0;i < 2;i++)
        for (j = 0;j < 2;j++)
            for (k = 0;k < 2;k++)
                for (t = 0;t < 2;t++)
                    for (p = 0;p < 2;p++)
                    {
                        w[i * a + j * b + k * c + t * d + p * e] = true;
                        s = 0;
                        for (int h = 1;h < 24;h++) s = s + w[h];
                        if (s == 23)
                        printf(" % d + % d + % d + % d + % d == 23\n",i * a,j * b,k * c,t * d,p * e);
                    }
}
```

```
int main()
{
    int i,j,k,a,b,c,d,e;
    for (a = 1 ;a < 18 ; a++)
      for (b = a + 1;b < 19;b++)
        for (c = b + 1;c < 20;c++)
          for (d = c + 1;d < 20;d++)
            for (e = d + 1;e < 20;e++)
                if (a + b + c + d + e == 23) ok(a,b,c,d,e);
    return 0;
}
```

第14章 贪　心　法

　　贪心法是求解最优化问题的一种常用方法,在信息学竞赛中有着很重要的地位和作用。学好贪心法,也会为后面的一些算法,尤其是图论中一些算法的学习奠定很好的基础。

14.1　贪心法基本思想

　　如果我们把一个问题分解成若干个步骤,贪心法顾名思义是指在每一步都做出当前状态下最好的选择,直到所有步骤结束。比如平时购物找零时,为使找回的币数最少,我们先尽量用大面值的面额,当不足大面值时才去考虑下一个较小面值,这就是一种贪心法。

　　贪心法是一种解题策略,它的特点是一步一步地进行,以当前情况为基础根据某个优化测度做最优选择,每做一次贪心选择,就将所求问题简化为一个规模更小的相似子问题,并期望通过每次所做的局部最优选择产生出一个全局最优解。

14.2　贪心问题的性质

　　贪心法在问题求解时总是做出在当前看来最好的选择,而不从整体最优上加以考虑,它不是对所有问题都能得到整体最优解,可能会产生近似解甚至完全不正确的答案。对于一个具体的问题,如何判断是否可以用贪心法解此问题,以及能否得到问题的最优解呢?可以用贪心法求解的问题一般具有两个重要的性质:贪心选择性质和最优子结构性质。

1. 贪心选择性质

　　所谓贪心选择性质是指所求问题的整体最优解可以通过一系列局部最优的选择,即贪心选择来达到。贪心选择性质是贪心法的一个基本要素。

　　以找货币为例,一个货币系统有三种币值,分别为10元、5元和1元,问需要 M 元,最小找币数是多少?对于该币值系统,求最小找币数时,可以用贪心法优先选取面值最大的10元币,然后选取5元币,最后选取1元币。例如53元,可以取5张10元币和3张1元币,共需要8张币。该问题具有贪心选择性质:对于需要的任意金额,贪心法10元、5元和1元币各取 x、y、z 张(总金额 $10x+5y+z$),根据贪心策略得出 $y \leqslant 1, z \leqslant 4$。假设还存在更优的方法能使币数最少,因为总金额一定,那么该方法找币数最少,只能减小 z,增加 y,或者减小 y,增加 x 的值,但 $y \leqslant 1, z \leqslant 4$,已经不能再减小了,所以贪心法得到的就是当前的最优解。优先选取面值更大币种的贪心策略,在每一步都保证了局部最优解,最终得到了问题的整体最优解,具有贪心选择性质。

如果将货币系统的三种币值改为 11 元、5 元和 1 元,上述的贪心策略就不能得到最优解。因为 53 元使用贪心策略需要 4 张 11 元币、1 张 5 元币和 4 张 1 元币,共 9 张币,然而如果选 3 张 11 元币和 4 张 5 元币,共需要 7 张币,比使用贪心法得到的结果更优。第二种币值系统不能使用贪心法求解,它在某步的贪心选择可能会丢失整体的最优解,不具备贪心选择性质。

2. 最优子结构性质

当一个问题的最优解包含其子问题的最优解时,称此问题具有最优子结构性质。问题的最优子结构性质,是该问题可用贪心法或动态规划算法求解的关键特征。

在找币问题中,最优子结构性质表现为:币值系统 $P=\{1,5,10\}$,k 是总金额为 M 时找币的最优解,此时 1 元、5 元和 10 元币各有 $a[i]$($i=0,1,2$)张,假设第 j 种面值的数量($a[j]\geqslant1$)减少 1,则 $k-1$ 是总金额为 $M-P[j]$ 的最优解。可以用反证法简单来证明:假设 $k-1$ 不是金额为 $M-P[j]$ 的最优解,则存在最优解 $n<k-1$,那么原问题最少找币数为 $n+1$,$n+1<k$,与 k 是总金额为 M 时最少找币数矛盾,所以 $k-1$ 是总金额为 $M-P[j]$ 的最优解,此问题满足最优子结构性质。

用贪心法解题很方便,但判断一个问题是否适合用贪心法求解,除了需要判断其是否具备贪心选择和最优子结构两个性质外,目前还没有适合所有情况的方法,可以在平时多练习,在解题时凭经验来判断何时该使用贪心法以及使用怎样的贪心策略。

14.3　贪心法例题

14.3.1　活动安排问题

【题目描述】

设有 n 个活动的集合 $E=\{1,2,\cdots,n\}$($n\leqslant20$),其中每个活动都要求使用同一资源,如演讲会场等,而在同一时间内只有一个活动能使用这一资源。每个活动 i 都有一个要求使用该资源的起始时间 s_i 和一个结束时间 f_i,且 $s_i<f_i$。如果选择了活动 i,则它在半开时间区间 $[s_i,f_i)$ 内占用资源。若区间 $[s_i,f_i)$ 与区间 $[s_j,f_j)$ 不相交,则称活动 i 与活动 j 是相容的。也就是说,当 $s_i\geqslant f_j$ 或 $s_j\geqslant f_i$ 时,活动 i 与活动 j 相容。现在要求安排尽可能多的活动并保证它们相容。

输入:

第一行 n,表示活动个数。

接下来的 n 行,每行两个空格隔开的正整数,分别表示第 i 个活动的开始时间和结束时间。

输出:

最多可以安排的活动个数。

输入样例:

11

1　4

3　5

```
0   6
5   7
3   8
5   9
6   10
8   11
8   12
2   13
12  14
```

输出样例：

4

【分析】

要安排尽可能多相容的活动,直观上可以每次选择具有最早结束时间的相容活动加入最优解集合,以便为未安排的活动留下尽可能多的时间。

代码的实现先将所有活动按照结束时间从小到大排序,然后用贪心策略来进行选择:依次检查第 1、2、…、n 个活动,如果当前活动 i 与上一个被安排的活动相容,则安排活动 i,否则不安排活动 i。

样例数据待安排的 11 个活动按照结束时间升序排列如表 14-1 所示。

表 14-1   活动安排情况

i	1	2	3	4	5	6	7	8	9	10	11
$s[i]$	1	3	0	5	3	5	6	8	8	2	12
$f[i]$	4	5	6	7	8	9	10	11	12	13	14

按照上述贪心策略,可以安排第 1、4、8、11 这四个活动。

【参考代码】

```cpp
# include < iostream >
# include < algorithm >
using namespace std;

struct tim
{
    int s,e;                        //s 活动起始时间,t 结束时间
} a[21];

bool cmp(tim a, tim b)
{
    return a.e < b.e;
}
int main()
{
    int n,t;
    cin >> n;
    for(int i = 1;i <= n;++i)
        cin >> a[i].s >> a[i].e;
```

```
        sort(a + 1,a + n + 1,cmp);                //按活动结束时间升序排列
        t = a[1].e;
        int ans = 1;
        for(int i = 2;i <= n;i++)
        {
            if(a[i].s >= t)
            {
                ans++;
                t = a[i].e;
            }
        }
        cout << ans << endl;
        return 0;
    }
```

14.3.2　均分纸牌

【题目描述】

有 n 堆纸牌,编号分别为 $1,2,\cdots,n$。每堆上有若干张,但纸牌总数必为 n 的倍数。可以在任一堆上取若干张纸牌,然后移动。移牌规则为:在编号为 1 堆上取的纸牌,只能移到编号为 2 的堆上;在编号为 n 的堆上取的纸牌,只能移到编号为 $n-1$ 的堆上;其他堆上取的纸牌,可以移到相邻左边或右边的堆上。现在要求找出一种移动方法,用最少的移动次数使每堆上纸牌数都一样多。例如 $n=4$,4 堆纸牌数分别为:①9 张、②8 张、③17 张、④6 张。

移动 3 次可达到目的。

(1) 从③取 4 张牌放到④(9 8 13 10)。

(2) 从③取 3 张牌放到②(9 11 10 10)。

(3) 从②取 1 张牌放到①(10 10 10 10)。

输入:

$n(1 \leqslant n \leqslant 100)$。

A_1　$A_2 \cdots$　A_n(每堆纸牌初始数,$1 \leqslant A_i \leqslant 10000$)。

输出:

所有堆均达到相等时的最少移动次数。

输入样例:

4

9　8　17　6

输出样例:

3

【题目分析】

设 $a[i]$ 为第 i 堆纸牌的数量,avg 为均分后每堆纸牌的数量,s 为最小移到次数。整体来看,某堆纸牌数量不等于平均数,就至少需要移动一次。用贪心法,按照从左到右的顺序移动纸牌,可能有以下三种情况。

(1) $a[i]=$avg,直接考虑下一堆 $a[i+1]$。

(2) $a[i]>$avg,则将 $a[i]-$avg 张纸牌从第 i 堆移动到第 $i+1$ 堆,移动次数 s 加 1。

(3) $a[i]<$ avg，则将 avg$-a[i]$ 张纸牌从第 $i+1$ 堆移动到第 i 堆，移动次数 s 加 1。

其中第二和第三种情况，移动次数都加了 1。这两种情况下第 i 堆纸牌数量不等于平均值，所做的每一次移动动作都是必需的，没有做无用功，所以如果能按照上述方案完成均分纸牌，结果一定是最优的。

那么这种方案能否实现？第一种情况和第二种情况都很容易做到，但是第三种情况将第 $i+1$ 堆中取出纸牌移动到第 i 堆的过程中，可能会出现第 $i+1$ 堆的纸牌数不够的情况。例如 $n=3$，三堆纸牌数为 $(1,5,15)$，这时 avg$=7$，按照设定的方案，第一次需要从第二堆移动 6 张牌到第一堆，而第二堆只有 5 张纸牌可移，假设允许牌的张数为负，继续完成移牌过程，从第二堆移出 6 张到第一堆后，第一堆有 7 张纸牌，第二堆剩下 -1 张纸牌，再从第三堆移动 8 张到第二堆，刚好三堆纸牌数都是 7，实现了均分纸牌。在实际的操作中，可以通过改变移动顺序来做到。先将第三堆纸牌移动到第二堆，然后再将第二堆移动到第一堆，而移动的总次数不变。实际上，$a[i]$ 缺牌，那么 i 右边的某堆必然多牌，无论哪堆多牌，一定有由右侧牌堆将牌移给左侧牌堆的过程。所以在移动过程中，可以通过改变移动的顺序完成均分纸牌，而移动的总次数不变，此题使用上述贪心策略是可行的。

【参考代码】

```cpp
# include < iostream >
using namespace std;
const int MAXN = 123;
int a[MAXN],n;
int main()
{
    int s = 0;
    cin >> n;
    for (int i = 1; i <= n; ++i)
    {
        cin >> a[i];
        s += a[i];
    }
    int avg = s / n, ans = 0;
    s = 0;
    for (int i = 1; i < n; ++i)
    {
        s += a[i];
        if (s != avg * i)              //第 i 堆纸牌数不等于平均数 avg
            ++ans;
    }
    cout << ans << endl;
    return 0;
}
```

14.3.3　多位数连接

【题目描述】

设有 n($n\leqslant20$) 个正整数，将它们连接成一排，组成一个最大的多位整数。例如，当 $n=3$

时,3 个整数 13、312、343,连接成的最大整数为 34331213。又如,当 $n=4$ 时,4 个整数 7、13、4、246 连接成的最大整数为 7424613。

输入:

第一行为整数 $n(n \leqslant 20)$。

第二行包含 n 个正整数,每个数 $\leqslant 100000$。

输出:

连接成的最大整数。

输入样例:

3

13　312　343

输出样例:

34331213

【题目分析】

这道题比较容易想到使用贪心法,但贪心策略是什么? 把所有的整数按从大到小的顺序连接? 输入样例是符合的,但如果再构造几组其他数据,可以比较容易地找到反例,例如,两个数 7、11,按贪心策略从大到小连接成的整数为 117,但很显然它小于较小数 7 在前面连接成的整数 711。此题正确的贪心策略是:要连接两个数 a、b,比较 $a+b$(此处+表示将两个数连接)和 $b+a$,如果 $a+b>b+a$,就把 a 排在 b 的前面;反之,则把 a 排在 b 的后面。

【参考代码】

```cpp
# include < iostream >
# include < cstring >
# include < algorithm >
using namespace std;
const int MAXN = 21;
string s[MAXN];
bool cmp(string a, string b)
{
    return a + b > b + a;
}
int main()
{
    int n;
    cin >> n;
    for (int i = 1; i <= n; ++i) cin >> s[i];
    sort(s + 1, s + n + 1, cmp);
    for (int i = 1; i <= n; ++i) cout << s[i];
    cout << endl;
    return 0;
}
```

在 C++ 中可以很方便地将两个字符串连接起来,即使用运算符+,如对于字符串"7"和

"11","7"＋"11"＝"711","11"＋"7"＝ "117"。参考代码中的比较函数 cmp()也可以写为

```
bool cmp(string a, string b)
{
    return a + b > b + a;
}
```

14.3.4 删数问题

【题目描述】

键盘输入一个正整数 N（N 不超过 240 位，且此整数中没有 0），去掉其中任意 S 个数字后剩下的数字按原左右次序将组成一个新的正整数。编程对给定的 N 和 S，寻找一种方案使剩下的数字组成的新数最小。

输入：

N，表示输入的正整数（输入数据均不需判错）。

S，表示要去掉的数字个数（S 小于 N 的长度）。

输出：

删除 S 个数字后剩下的最小正整数。

输入样例：

175438

4

输出样例：

13

【分析】

要删 S 次，每次删的数字要使剩下的数尽量小。例如输入样例，删除数的过程如下。

原数：175438。

第一次删除 7，剩下的数为 15438。

第二次删除 5，剩下的数为 1438。

第三次删除 4，剩下的数为 138。

第四次删除 8，剩下的数为 13。

数位越高，对数字的影响越大，因此按照从高位到低位，即从左到右的顺序来看每个位上的数字。如果相邻的两个数字要删除一个，那么删除比较大的数字，最终剩下的数会比较小。也就是说，如果 $a[i] > a[i+1]$，删除 $a[i]$ 会使剩下的数会比较小。反之，如果 $a[i] < a[i+1]$，删除 $a[i+1]$ 剩下的数会比较小。那么贪心策略就可以是：从左开始扫描，找到第一个比自己下一位数字大的数字进行删除，如果没有找到，就删除最后一位。然后再继续重复这样的操作，直到删除 S 次为止。

程序代码可以使用栈，也可以用数组模拟栈来实现。首先将左侧第一位（最高位）数字进栈，然后从左向右依次检查每个位上的数字，如果当前数字小于栈顶元素，则弹出栈顶元素，新数进栈；如果当前数字大于栈顶元素，新数直接进栈。所有数字遍历完统计还需要删除多少个数字才能满足题目要求，然后从栈中弹出相应数量的元素。最后栈中数字组成的正整数即为所求。

【参考代码】

```cpp
#include <bits/stdc++.h>
using namespace std;
const int MAXN = 256 ;
string s ;
int t;
int main()
{
    cin >> s >> t;
    s.push_back( -1) ;
    while (t--)
        for (int i = 0;i < s.size() ;++i)
            if (s[i] > s[i+1]) {
                s.erase(i, 1) ;
                break;
            }
    s.erase(s.end() - 1) ;
    while (s[0] == '0' && s.size() > 1) s.erase(s.begin()) ;
    cout << s << endl;
    return 0 ;
}
```

14.3.5　排队打水 1

【题目描述】

有 n 个人在一个水龙头前排队接水,每个人打水的时间为 T_i(T_i 为正整数)。编程找到一种这 n 个人排队的顺序,使平均等待的时间达到最小。

输入:

n($n \leqslant 1000$)。

T_1、T_2、$\cdots$、T_n($T_i \leqslant 100$)。

输出:

排队顺序,中间用空格隔开。

平均等待时间(精确到小数点后 2 位)。

输入样例:

10

56　12　1　99　1000　234　33　55　99　812

输出样例:

3　2　7　8　1　4　9　6　10　5

291.90

【题目分析】

设第 i 个人打水时间为 $t[i]$,题目要求平均等待时间最短,也就是总等待时间最短。共有 n 个人排队打水,当第 i 个人打水时,后面有 $n-i$ 个人等待,这 $n-i$ 个人都要等待一次他的打水时间,所以第 i 个人打水使用的总的等待时间增加 $t[i]*(n-i)$。也就是说,越靠前面的人,要计算到总等待时间中的次数越多,那么要使总等待时间最短,就要让打水时间短的人往前排,所以本题的贪心策略是打水时间短的人排在前面,时间长的人排在后面。

解题步骤如下。

(1) 按打水时间从小到大排序 $t[1]$,$t[2]$,$t[3]$…。

(2) 计算总的等待时间 $\text{ans} = \sum_{i=1}^{n} t[i](n-i)$。

(3) 计算平均等待时间 ans/n,注意保留两位小数。

【参考代码 1】

```cpp
# include < iostream >
# include < iomanip >
# include < algorithm >
using namespace std;

const int MAXN = 1024;
int t[MAXN];

int main()
{
    int n;
    cin >> n;
    for(int i = 1;i <= n;++i)
        cin >> t[i];
    sort(t + 1,t + n + 1);                //按打水时间从小到大排序
    int ans = 0;
    for(int i = 1;i <= n;++i)
    {
        ans = ans + t[i] * (n - i);
    }
    cout << fixed << setprecision(2) << ans * 1.0/n << endl;
    return 0;
}
```

本题还可以换个角度考虑问题。

第 $i+1$ 个人的等待时间=第 i 个人的等待时间+第 i 个人的打水时间,所以将前面每个打水时间累加到 sum 就是下一个人的等待时间。把每个人的等待时间 sum 累加到 ans,就是 n 个人的总等待时间。

【参考代码 2】

```cpp
# include < iostream >
# include < algorithm >
# include < iomanip >
using namespace std;

const int MAXN = 1024;
int t[MAXN], ord[MAXN];
```

```
bool cmp(int a, int b)
{
    return t[a] < t[b];
}


int main()
{
    int n;
    cin >> n;
    for (int i = 1; i <= n; ++i)
        cin >> t[i];
    for (int i = 1; i <= n; ++i)          //ord 数组记录数组 t 中元素的索引
        ord[i] = i;
    sort(ord + 1, ord + n + 1, cmp);      //排序后的 ord 数组记录 t 中元素升序顺序的索引
    int ans = 0, sum = 0;
    for (int i = 1; i <= n; ++i)
    {
        ans += sum;                       //sum 为第 i 个人的等待时间
        sum += t[ord[i]];                 //计算下一个人的等待时间
    }
    cout << fixed << setprecision(2) << ans * 1.0/n << endl;
    return 0;
}
```

14.3.6 排队打水 2

【题目描述】

有 n 个人到 r 个水龙头前排队打水,每个人装满水桶的时间为 T_i,T_i 为整数且各不相等,应如何安排他们的打水顺序才能使 n 个人花费的总时间最少?

输入:

第一行为 $n,r(n \leqslant 1000, r \leqslant n/3)$。

第二行为 n 个人打水所用的时间 $T_i(T_i \leqslant 3000)$。

输出:

最少花费的总时间。

输入样例 1:

3 2

1 2 3

输出样例 1:

7

输入样例 2:

6 2

5 4 6 2 1 7

输出样例 2:

40

【分析】

这道题与上一题的区别是水龙头数目为多个,但实际上还是排在前面的人会使他后面使用同一个水龙头的每个人都多一个等待的时间,将打水时间长的人排在前面比将其排在后面会使总等待时间增加更多。所以贪心策略依然是让打水时间短的人排在前面,时间长的排在后面。

解题步骤如下。

(1) 按打水时间从小到大排序 $t[1]$、$t[2]$、$t[3]$…。

(2) 将排序后的时间按顺序依次加入每个水龙头的队列中,其中 $1-r$ 人分别排在 $1-r$ 号水龙头的队首,接下来 $r+1$ 号至 $2r$ 号分别排在 $1-r$ 号水龙头的第二位,直到所有人都安排好顺序,计算总的花费时间。从分析中可以得出排序后使用同一个水龙头的前后两个人序号相差 r,第 i 个人花费时间 $c[i]$=他所等待水龙头的前面一个人的花费时间 $c[i-r]$+第 i 个人的打水时间 $t[i]$。可以利用公式 $c[i]=t[i]$ ($i \leqslant r$),$c[i]=c[i-r]+t[i]$ ($i>r$)将每个人的花费时间计算出来,最后将 $c[i]$ 累加到 ans,就是 n 个人花费的总时间。

以第二组输入样例数据为例。

按打水时间由短到长排序:1、2、4、5、6、7,分别是第 5 个人、第 4 个人、第 2 个人、第 1 个人、第 3 个人、第 6 个人的打水时间,按照贪心策略,打水安排如表 14-2 所示。

表 14-2　打水安排

1 号水龙头当前打水人花费的总时间	1 号水龙头安排	2 号水龙头安排	2 号水龙头当前打水人花费的总时间
1	第 5 个人打水	第 4 个人打水	2
1+4=5	第 2 个人打水	第 1 个人打水	2+5=7
5+6=11	第 3 个人打水	第 6 个人打水	7+7=14

1 号水龙头花费的总时间是:1+5+11=17,2 号水龙头花费的总时间是:2+7+14=23,总花费时间为 40。

【参考代码】

```cpp
#include<iostream>
#include<algorithm>
using namespace std;

const int MAXN = 1024;
int n,r,t[MAXN],c[MAXN] = {0};

int main()
{
    cin >> n >> r;
    for(int i = 1;i <= n;++i)
        cin >> t[i];
    sort(t+1,t+n+1);                    //按照打水时间升序排列
    for(int i = 1;i <= n;i++)
```

```
    {
        if(i <= r)
            c[i] = t[i];                    //排在队首人的花费时间
        else
            c[i] =  c[i-r] + t[i];          //排在非队首人的花费时间
    }
    int ans = 0;
    for(int i = 1;i <= n;i++)
        ans = ans + c[i];
    cout << ans;
    return 0;
}
```

14.3.7　背包问题

【题目描述】

有 N 堆珠宝,第 i 堆珠宝的重量和价值分别是 w_i、v_i。有一个背包,背包承重量是 M,要把尽可能多价值的珠宝装进背包,请你设计程序,计算最多可以装多少价值的珠宝(所有珠宝都可以随意分割)?

输入:

第一行两个整数 N、M,表示珠宝堆数和背包承重量($N{\leqslant}1000$,$M{\leqslant}100000$)。

接下来 N 行,每行两个整数 w_i、v_i,表示第 i 堆珠宝的质量和价值($1{\leqslant}w_i,v_i{\leqslant}100$)。

输出:

一个实数表示答案,输出保留两位小数。

输入样例:

4　30

5　60

10　100

20　130

15　75

输出样例:

257.50

【分析】

这道题的目标是装进背包的珠宝总价值最大,约束条件是装入的珠宝总质量不超过背包承重量 M。通常会比较容易想到三种贪心策略:

(1) 每次挑选价值最大的珠宝装入背包。

(2) 每次挑选质量最小的珠宝装入背包。

(3) 每次选取单位质量价值最大的珠宝装入背包。

以输入样例数据为例,按照第一种贪心策略将珠宝装入背包,应该选择装第二堆和第三堆珠宝,正好装满背包,总价值 $100+130=230$,显然不是最优方案。按照第二种贪心策略来装珠宝,应该选择第一堆、第二堆和第四堆,总价值是 $60+100+75=235$,显然也不是最优方案。按照第三种贪心策略,每次选取单位质量价值最大的珠宝装入背包,既然单位质量价值最大,那么装质量 M 的价值也是最大,所以装满背包时价值最大,所以应该选择第三种贪心策略。

确定了贪心策略,将珠宝按照单位质量价值从大到小进行排序,将尽可能多的单位质量价值最高的珠宝装入背包,若将这种珠宝全部装入背包后,背包还有多余容量,则选择单位质量价值次高的并尽可能多的装入背包。如果某堆珠宝无法全部装入,则计算可以装入的比例,然后按比例装入。

例题中的背包问题,是可拆分背包问题,即在选择物品时,可以选择物品的一部分,而不一定将该物品全部装入背包。对于可拆分背包,可以用贪心法解决。但对于 0—1 背包问题(每个物品都不能分割,要么选,要么不选),则不能使用贪心法求解。在 0—1 背包问题中贪心法之所以不能得到最优解的原因是,贪心选择无法保证最终能将背包装满,部分闲置的背包空间使单位质量的价值降低了。

【参考代码】

```cpp
# include < iostream >
# include < iomanip >
# include < algorithm >
using namespace std;

struct jew
{
    int w,v;                    //w为质量,v为价值
};
bool cmp(jew a, jew b)
{
    return a.v * b.w > b.v * a.w;
}
const int MAXN = 1024;
int n,m;
jew a[MAXN];

int main()
{
    cin >> n >> m;
    for(int i = 1; i <= n; i++)
    {
        cin >> a[i].w >> a[i].v;
    }
    sort(a + 1, a + n + 1, cmp);        //按照单位质量价值从大到小进行排序
    double ans = 0;
    for(int i = 1; i <= n; i++)
    {
        if(m <= 0)
            break;
        if (m >= a[i].w)
        {
            ans += a[i].v;
            m -= a[i].w;
        }
        else
        {
```

```
            ans += 1.0 * m * a[i].v / a[i].w;
            m = 0;
        }

    }
    cout << fixed << setprecision(2) << ans << endl;
    return 0;
}
```

14.3.8　合并果子

【题目描述】

在一个果园里,多多已经将所有的果子打了下来,而且按果子的不同种类分成了不同的堆。多多决定把所有的果子合成一堆。每一次合并,多多可以把两堆果子合并到一起,消耗的体力等于两堆果子的质量之和。可以看出,所有的果子经过 $n-1$ 次合并之后,就只剩下一堆了。多多在合并果子时总共消耗的体力等于每次合并所耗体力之和。因为还要花大力气把这些果子搬回家,所以多多在合并果子时要尽可能地节省体力。假定每个果子质量都为 1,并且已知果子的种类数和每种果子的数目,你的任务是设计出合并的次序方案,使多多耗费的体力最少,并输出这个最小的体力耗费值。

输入:

共两行,第一行是一个整数 $n(1 \leqslant n \leqslant 10000)$,表示果子的种类数。

第二行包含 n 个整数,用空格分隔,第 i 个整数 $a_i(1 \leqslant a_i \leqslant 20000)$ 是第 i 种果子的数目。

输出:

一个整数,也就是最小的体力耗费值。输入数据保证这个值小于 2^{31}。

输入样例:

3

1　2　9

输出样例:

15

【分析】

这道题说明可以任意合并两堆果子,使体力耗费最小,可以用贪心法:每次选择价值最小和次小的两堆进行合并,合并成新的一堆放进果堆中,然后再从所有堆中选择最小的和次小的进行合并,直到所有的果子合并成一堆。合并过程需要先排序,然后选择最小的两堆合并,每次合并后都需要再次排序,代码的实现可以使用优先队列。

实际上这道题目是哈夫曼树的典型模板,可以模拟哈夫曼树的构建过程,在模拟过程中算出最小体力耗费值即可。

【参考代码】

```cpp
# include < iostream >
# include < queue >
using namespace std;
int n, ans = 0;
```

```
priority_queue < int > q;
int main()
{
    cin >> n;
    for (int i = 1; i <= n; ++i)
    {
        int x;
        cin >> x;
        q.push( - x);
    }
    for (int i = 1; i < n; ++i)
    {
        int x = q.top();
        q.pop();
        x += q.top();
        q.pop();
        q.push(x);
        ans += - x;
    }
    cout << ans << endl;
    return 0;
}
```

14.4 ▶ 贪心法总结

贪心法每次选取局部最优解,并不能保证得到整体最优解,但对很多问题确实可以求得最优解。在一些情况下,即使贪心法不能得到整体最优解,其最终结果却是最优解的近似值。此外,贪心法思想简单,效率高,在解决一些问题上有着明显的优势。如果一个问题可以同时用包含贪心法在内的几种方法解决,贪心法应该是较好的选择之一。

14.5 ▶ 贪心算法习题

14.5.1 矩阵取数

【题目描述】

在 N 行 M 列($1 \leqslant N, M \leqslant 100$)的正整数矩阵中,要求从每行中选出 1 个数,使选出的 N 个数的和最大。

输入:

第一行两个数 N 和 M 表示矩阵的行和列。

接下来 N 行,每行有 M 个正整数。

输出:

一个数表示答案。

输入样例:

2 2

1 2

2 1

输出样例：

4

【分析】

要使总和最大，则每个数要尽可能大，所以可以选每行中最大的那个数。

【参考代码】

```cpp
#include <iostream>
using namespace std;

int main()
{
    int n, m, ans = 0;
    cin >> n >> m;
    for (int i = 1; i <= n; ++i)
    {
        int cur = 0;
        for (int j = 1; j <= m; ++j)
        {
            int x;
            cin >> x;
            if (x > cur)
                cur = x;
        }
        ans += cur;
    }
    cout << ans << endl;
    return 0;
}
```

14.5.2　线段覆盖

【题目描述】

给定 x 轴上的 N 条线段的端点坐标 l_i 和 $r_i(i=1,2,\cdots,N)$，有些线段之间会相互交叠或覆盖。现在要从给出的线段中选出一些线段，使这些线段两两之间没有内部公共点（除端点外没有其他公共点）。请编写程序，计算最多可以选择的线段数。

输入：

输入第一行是一个整数 $N(0<N<1000)$。接下来有 N 行，每行有两个空格隔开的整数，表示一条线段两个端点的坐标。这些坐标都是区间 $(-1000,1000)$ 的整数。

输出：

输出一个整数，表示最多可以选择的线段数。

输入样例：

3

6 3

1 3

2 5

输出样例：

2

【分析】

求没有内部公共点的最多的线段数，这个问题跟活动安排问题是一样的。用贪心法将所有线段按照右端点递增的顺序排列，然后依次检查线段 $1-n$，如果线段 i 与上一条被选入最优集合的线段没有内部公共点，则选第 i 条线段加入当前的最优线段集合，否则不选第 i 条线段。此题的贪心策略每次总是选择右端点最小的线段加入当前的最优线段集合，使该集合能够最大限度地容纳更多的线段。

【参考代码】

```cpp
# include < iostream >
# include < algorithm >
using namespace std;

const int MAXN = 1024;
int n;

struct line
{
    int l, r;

}a[MAXN];
bool operator < (const line & a, const line & b)
{
    return a.r < b.r;
}

int main()
{
    cin >> n;
    for (int i = 1; i <= n; i++)
    {
        cin >> a[i].l >> a[i].r;
        if (a[i].l > a[i].r)
            swap(a[i].l, a[i].r);
    }
    sort(a + 1, a + n + 1);
    int ans = 1;
    int end = a[1].r;
    for (int i = 2; i <= n; i++)
    {
        if (a[i].l >= end)
        {
            ans++;
            end = a[i].r;
        }
    }
    cout << ans << endl;
    return 0;
}
```

14.5.3 混合牛奶

【题目描述】

某乳业公司从奶农手里购买牛奶,然后进行加工包装,再卖给一些商店。牛奶加工包装是一个利润比较低的行业,尽可能降低成本是非常重要的。假如你在该乳业公司的营销部门,知道每天需要采购多少牛奶才能满足客户需求,现在需要制定策略以最便宜的方式采购牛奶。

已知每一位奶农提供的牛奶价格 p_i 可能是不同的。此外,因为每头奶牛每天只能挤出固定数量的奶,所以每位奶农每天能提供的牛奶数量 q_i 是一定的,该乳业公司每天可以从奶农手中采购到小于或者等于最大产量的整数数量的牛奶。给出该乳业公司每天对牛奶的需求量,以及每位奶农提供的牛奶单价和数量。计算采购足够数量的牛奶所必须花费的最低金额(注:奶农每天生产的牛奶总量足以满足该乳业公司的需求)。

输入:

第一行两个整数 n、m,表示需要牛奶的总量和奶农个数。

接下来 m 行,每行两个整数 p_i、q_i,表示第 i 个奶农牛奶的单价和该奶农一天最多能提供的牛奶量。

输出:

一个整数,表示某乳业公司采购足够数量牛奶所必须花费的最低金额。

输入样例:

100 5

5 20

9 40

3 10

8 80

6 30

输出样例:

630

限制:

$0 \leqslant n$，$q_i \leqslant 2 * 10^6$，$0 \leqslant m \leqslant 5000$，$0 \leqslant p_i \leqslant 1000$。

【分析】

若要付钱最少,就要优先买最便宜的。按出售价格升序排列,然后从价格最便宜的去选,直到选够。

【参考代码】

```cpp
# include < iostream >
# include < algorithm >
using namespace std;

int n,m;
int ans = 0;
```

```
struct node
{
      int p,q;
} a[5001];

int cmp(node x,node y)
{
      return x.p < y.p;
}
int main()
{
    cin >> n >> m;
    for(int i = 1; i <= m; i++)
        cin >> a[i].p >> a[i].q;
    sort(a + 1,a + m + 1,cmp);
    for(int i = 1; i <= m; i++)
    {
        if(n <= 0)
                break;
        if(n >= a[i].q)
        {
                n -= a[i].q;
                ans += a[i].p * a[i].q;
        }
        else
        {
                ans += a[i].p * n;
                n = 0;
        }
    }
    cout << ans;
    return 0;
}
```

14.5.4　游客分组

【题目描述】

公园有 n 个游客排队乘坐汽艇,现在要将所有人按照排队顺序分组,每组体重不超过汽艇的最大承重量 m(可以等于 m),问最少需要分成几组?

输入:

第一行包含两个正整数 n、m,表示排队人数和汽艇最大承重量。第二行包含 n 个空格隔开的正整数 $a_1,a_2,\cdots,a_n$,表示排队的 n 个游客的体重(按排队的先后顺序)。

输出:

一个正整数,最少需要的分组数。

输入样例:

10　200

50　40　60　48　82　70　66　23　67　90

输出样例:

4

限制：

$n,m \leqslant 10000$。

【分析】

贪心策略：每辆汽艇在不超过承重量 M 的情况下尽量多装。从前往后检查每个游客的重量，第 i 个人的重量小于等于上一辆汽艇剩余可载重量，就分到上一组，否则就开始新的一组。

【参考代码】

```
#include <iostream>
using namespace std;

const int MAXN = 10101;
int n, m;
int a[MAXN];

int main()
{
    cin >> n >> m;
    for (int i = 1; i <= n; ++i)
        cin >> a[i];
    int ans = 0, cur = 0;
    for (int i = 1; i <= n; ++i)
    {
        if (a[i] > cur)
        {
            ++ans;
            cur = m;
        }
        cur -= a[i];
    }
    cout << ans << endl;
    return 0;
}
```

14.5.5 加油问题

【题目描述】

一辆汽车加满油后可行驶 m km。旅途中有若干加油站。请你设计一个有效算法，使沿途加油次数最少。

输入：

- m 表示汽车加满油后可行驶 m km。
- n 旅途中有 n 个加油站。
- $n+1$ 个整数 表示第 n 个加油站与第 $n-1$ 个加油站之间的距离。第 0 个加油站表示出发地，汽车已加满油。第 $n+1$ 个加油站表示目的地。每个整数值小于 1000。

输出：

最少加油次数。

输入样例：

7

7

1　2　3　4　5　1　6　6

输出样例：

4

限制：

$m \leqslant 5000, n \leqslant 10000$。

【分析】

贪心策略：为了要使加油次数最少，就选择每一次汽车中剩下的油不能再行驶到下一站时再加油，如果能行驶到下一站就不加油。

【参考代码】

```cpp
# include < iostream >
using namespace std;

const int MAXN = 10101;
int n, m;
int a[MAXN];

int main()
{
    cin >> m >> n;
    ++n;
    for (int i = 1; i <= n; ++i)
        cin >> a[i];
    int ans = 0, cur = m;
    for (int i = 1; i <= n; ++i)
    {
        if (a[i] > cur)
        {
            ++ans;
            cur = m;
        }
        cur -= a[i];
    }
    cout << ans << endl;
    return 0;
}
```

14.5.6　纪念品分组（NOIP 2007 普及组）

【题目描述】

元旦快到了，校学生会让乐乐负责新年晚会的纪念品发放工作。为了使参加晚会的同学所获得的纪念品价值相对均衡，他要把购来的纪念品根据价格进行分组，但每组最多只能包括两件纪念品，并且每组纪念品的价格之和不能超过一个给定的整数。为了保证在尽量短的时间内发完所有纪念品，乐乐希望分组的数目最少。你的任务是写一个程序，找出所有分组方案中分组数最少的一种,输出最少的分组数目。

输入:

输入包含 $n+2$ 行:

第 1 行包括一个整数 w,为每组纪念品价格之和的上限。

第 2 行为一个整数 n,表示购来的纪念品的总件数。

第 3 至 $n+2$ 行每行包含一个正整数 $5 \leqslant p_i \leqslant w$,表示所对应纪念品的价格。

输出:

一个整数,即最少的分组数目。

输入样例:

100

9

90

20

20

30

50

60

70

80

90

输出样例:

6

限制:

50% 的数据满足:$1 \leqslant n \leqslant 15$。

100% 的数据满足:$1 \leqslant n \leqslant 30000, 80 \leqslant w \leqslant 200$。

【分析】

将纪念品价格从小到大排序,然后用 $l=1, r=n$ 分别指向首尾元素,如果第 l 个纪念品和第 r 个纪念品价格和超过上限 w,则将第 r 个纪念品单独分为一组,指针 $r--$,如果第 l 个纪念品和第 r 个纪念品价格和不超过上限,则将第 l 个和第 r 个纪念品分为一组,指针 $l++, r--$。如此重复直到所有纪念品分组结束。

【参考代码】

```cpp
#include <iostream>
#include <algorithm>
using namespace std;

int n, w;
int p[30001];

int main()
{
    cin >> w >> n;
```

```
            for (int i = 1; i <= n; ++i)
                cin >> p[i];
        sort(p + 1, p + n + 1);
        int l = 1, r = n, ans = 0;
        while (l <= r)
        {
            if (p[l] + p[r] <= w)
            {
                ++l;
                -- r;
                ++ans;
            }
            else
            {
                -- r;
                ++ans;
            }
        }
        cout << ans << endl;
        return 0;
    }
```

14.5.7 排座椅（NOIP 2008 普及组）

【题目描述】

上课的时候总有一些学生和前后左右的人交头接耳，这是令班主任十分头疼的一件事情。不过，班主任小雪发现了一些有趣的现象，当学生的座次确定下来之后，只有有限的 D 对学生上课时会交头接耳。学生在教室中坐成了 M 行 N 列，坐在第 i 行第 j 列的学生的位置是 (i,j)，为了方便学生进出，在教室中设置了 K 条横向的通道，L 条纵向的通道。于是，聪明的小雪想到了一个办法，或许可以减少上课时学生交头接耳的问题：她打算重新摆放桌椅，改变学生桌椅间通道的位置，因为如果一条通道隔开了两个会交头接耳的学生，那么他们就不会交头接耳了。

请你帮忙给小雪编写一个程序，给出最好的通道划分方案。在该方案下，上课时交头接耳的学生对数最少。

输入：

第一行，有 5 个用空格隔开的整数，分别是 M、N、K、L、D（$2 \leqslant N, M \leqslant 1000, 0 \leqslant K < M, 0 \leqslant L < N, D \leqslant 2000$）。

接下来 D 行，有 4 个用空格隔开的整数，第 i 行的 4 个整数 X_i、Y_i、P_i、Q_i，表示坐在位置 (X_i, Y_i) 与 (P_i, Q_i) 的两个学生会交头接耳（输入保证他们前后相邻或者左右相邻）。输入数据保证最优方案的唯一性。

输出：

第一行包含 K 个整数 $a_1, a_2, \cdots, a_K$，表示第 a_1 行和 $a_1 + 1$ 行之间、第 a_2 行和第 $a_2 + 1$ 行之间……第 a_K 行和第 $a_K + 1$ 行之间要开辟通道，其中 $a_i < a_{i+1}$，每两个整数之间用空格隔开。

第二行包含 L 个整数 $b_1,b_2,\cdots,b_L$，表示第 b_1 列和 b_1+1 列之间、第 b_2 列和第 b_2+1 列之间……第 b_L 列和第 b_L+1 列之间要开辟通道，其中 $b_i<b_{i+1}$，每两个整数之间用空格隔开。

输入样例：

```
4 5 1 2 3
4 2 4 3
2 3 3 3
2 5 2 4
```

输出样例：

```
2
2 4
```

说明：

如图 14-1 所示用符号 ∗、※、＋标出了 3 对会交头接耳的学生的位置，图中 3 条粗线的位置表示通道，图示的通道划分方案是唯一的最佳方案。

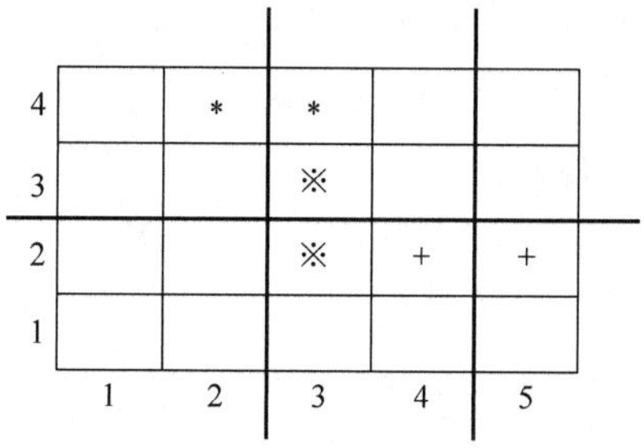

【分析】

这道题隔开某两行和隔开某两列的操作互相之间没有影响，并且题目中指出输入数据保证最优方案的唯一性。可以用贪心法：优先在能隔开最多交头接耳的学生的行或者列上面设置通道。

图 14-1　通道划分

【参考代码】

```cpp
# include <bits/stdc++.h>
using namespace std;
# define N 100005
struct pp{
    int id,sum;
    friend bool operator <(pp a, pp b){return a.sum > b.sum;}
}a[N],b[N];
int m,n,k,l,d, c[N];

int main() {
    cin >> m >> n >> k >> l >> d;
    int ans = 0 , sum = 0;
    for (int i = 0 ; i < N; i++) a[i].sum = 0;
    for (int i = 0 ; i < N; i++) b[i].sum = 0;
    for (int i = 1; i <= d; i++) {
        int x1,y1,x2,y2;
        cin >> x1 >> y1 >> x2 >> y2;
        if (x1 + 1 == x2) a[x1].sum ++, a[x1].id = x1;
        if (x2 + 1 == x1) a[x2].sum ++, a[x2].id = x2;
        if (y1 + 1 == y2) b[y1].sum ++, b[y1].id = y1;
        if (y2 + 1 == y1) b[y2].sum ++, b[y2].id = y2;
    }
```

```
        sort(a,a + m);
        for (int i = 0;i < k;i++) c[i ] = a[i].id ;sort(c,c + k);
        for (int i = 0;i < k;i++) cout << c[i] <<" ";cout << endl;
        sort(b, b + n);
        for (int i = 0;i < l;i++) c[i] = b[i].id ;sort(c,c + l);
        for (int i = 0;i < l;i++) cout << c[i] <<" ";cout << endl;
        return 0;
    }
```

14.5.8　旅行家的预算（NOIP 1999 提高组）

【题目描述】

一个旅行家想驾驶汽车以最少的费用从一个城市到另一个城市（假设出发时油箱是空的）。给定两个城市之间的距离 $D1$、汽车油箱的容量 C（以升为单位）、每升汽油能行驶的距离 $D2$、出发点每升汽油价格 P 和沿途油站数 N（N 可以为零），油站 i 离出发点的距离 Di、每升汽油价格 $P_i(i=1,2,\cdots,N)$。计算结果四舍五入至小数点后两位。如果无法到达目的地，则输出 No Solution。

输入：

第一行：$D1,C,D2,P,N$。

接下来有 N 行。第 $i+1$ 行，两个数字，表示油站 i 离出发点的距离 Di 和每升汽油价格 Pi。

输出：

所需最小费用。

输入样例：

275.6　11.9　27.4　2.8　2

102.0　2.9

220.0　2.2

输出样例：

26.95

限制：

$N\leqslant100$，其余数字$\leqslant500$。

【分析】

贪心策略：尽量用便宜的油。在当前加油站后找更便宜的加油站，假如加满油不能到达该站，那么就在当前站加满油，如果加满油可以到达该站，那么只需要在当前加油站加够刚好到达更便宜加油站的油即可。

【参考代码】

```
# include < iostream >
# include < iomanip >
using namespace std;
const int MAXN = 100;
```

```cpp
int N;
double D[MAXN], P[MAXN];
double D1, C, per;
int main()
{
    cin >> D1 >> C >> per >> P[0] >> N;
    D1 /= per;
    for (int i = 1; i <= N; ++i)
    {
        cin >> D[i] >> P[i];
        D[i] /= per;
    }
    D[0] = 0;
    D[N + 1] = D1;
    P[N + 1] = 0;
    double cur = 0, ans = 0;
    for (int i = 0; i <= N; ++i)
    {
        int ni = N + 1;
        for (int j = i + 1; j <= N + 1; ++j)
        {
            if (P[j] <= P[i])
            {
                ni = j;
                break;
            }
        }
        double req = D[ni] - D[i];
        if (req > C)
            req = C;
        if (req > cur)
        {
            ans += (req - cur) * P[i];
            cur = req;
        }
        cur -= D[i + 1] - D[i];
        if (cur < 0)
            break;
    }
    if (cur < 0)
        cout << "No Solution" << endl;
    else
        cout << fixed << setprecision(2) << ans << endl;
    return 0;
}
```

第15章 递 推

15.1 递推基本思想

递推算法是一种简单的算法,基本思想是从已知条件出发,利用数学推导或分析特定关系得到中间推论,并进而一步步推导,得到最终结果。

递推算法的核心是数学推导、分析特定关系,求得当前项和相邻项的特定关系,这种关系一般表示为递推关系。处理递推问题时,一般需要从已知条件出发,或初始的若干项出发,利用递推关系求得结果,这里的初始条件被称为边界或边界条件。

15.2 递推与递归比较

递推和递归的相同点:递推和递归都用到了递推关系,都是通过相邻项的关联关系进行求解的方法。

递归和递推的不同点:递归一般是从问题本身出发,求什么设什么,将原问题拆解成相关小问题,或将原问题项转化成相邻项,逐步运行,直到遇到边界条件返回,在返回的过程中得出各过程中间结果,返回到最初问题则得到最终结果。

递归需要函数自调用,需要消耗系统栈资源。

递推一般是从初始条件出发,推导分析出特定关系,利用这种关系一步步推向最终结果。中间推导的每一步都得到中间结果,到达最终目标即得最终结果。

递推一般使用循环实现,处理同样的问题,效率比递归高。

比如求斐波那契数列:

递归是从目标出发,求 $f(n)$,发现关系 $f(n)=f(n-1)+f(n-2)$,利用此关系执行递归程序,数据流动是从 $f(n)$ 到 $f(n-1)$ 和 $f(n-2)$,从 $f(n-1)$ 到 $f(n-2)$ 和 $f(n-3)$,从 $f(n-2)$ 到 $f(n-3)$ 和 $f(n-4)$,直到遇到边界 $f(0)=1$,当 $f(1)=1$ 时,逐层返回,返回过程得到中间结果,返回到 $f(n)$ 得到最终结果。

递推是从边界条件出发,$f(0)=1$,$f(1)=1$,发现递推关系 $f(n-1)+f(n-2)$ 可以推出 $f(n)$,所以用 $f(0)+f(1)$ 推出 $f(2)$,利用 $f(1)$ 和 $f(2)$ 推出 $f(3)$,最终推出结果 $f(n)$。

可见,递推的执行效率要比递归高一些。通常情况,同样的问题能用递推就不用递归。当然,递归的功能和作用也非常基础,它在后续的算法程序设计中也有非常重要的作用。

15.3　递推法分类及解决递推问题的一般步骤

递推法一般可以分为顺推法和倒推法。

顺推法：一般指从已知条件、初始数据出发，逐步推导到目标的方法。

倒推法：一般指从已知问题结果出发，通过表达式推算出问题的开始条件，即顺推法的逆过程。

解决递推问题的一般步骤如下。

（1）建立递推关系式。

（2）确定边界条件。

（3）递推求解。

15.4　应用场景

使用递推法的情况，一种是通过推理得到前后项的转移关系，直接从已知条件出发，直到递推到结果。另一种是以递归的思想看待思考问题，研究问题得到递推公式和边界条件，然后以递推（循环）形式进行实现，因为递推的执行效率高于递归。但值得注意的是，并不是所有问题都可以通过递归转化为递推，这点读者在后续实践中会逐步体会到。

同时，很多动态规划的问题，都可以用递推法实现，状态的转移可以理解为由前一项推导到后一项，从初始条件出发一步步递推出结果。

15.5　递推法习题

15.5.1　猴子吃桃子 1

【题目描述】

猴子第 1 天摘下若干个桃子，当即吃了一半又一个。第 2 天又把剩下的桃子吃了一半又一个，以后每天都吃前一天剩下的桃子的一半又一个，到第 10 天猴子想吃时，只剩下 1 个桃子。问：猴子第 1 天一共摘了多少桃子？

输入：

无输入。

输出：

一个整数，第 1 天一共摘的桃子个数。

【分析】

从第 10 天只剩 1 个桃子依次向前递推每天桃子的数量，直至第 1 天，如表 15-1 所示。

表 15-1   每天拥有桃子数量情况

天 数	桃 子 个 数	天 数	桃 子 个 数
10	1	5	(46+1)×2=94
9	(1+1)×2=4	4	(94+1)×2=190
8	(4+1)×2=10	3	(190+1)×2=382
7	(10+1)×2=22	2	(382+1)×2=766
6	(22+1)×2=46	1	(766+1)×2=1534

通过题目分析可知,前一天的桃子个数等于后一天桃子的个数加 1 的 2 倍,A_i 表示第 i 天的桃子个数,则 $A_i=(A_{i+1}+1)*2$,边界条件 $A_{10}=1$,求 A_1。使用递推法,从后往前推,A_{10} 推出 A_9,再推出 A_8,直至推到 A_1。

【参考代码】

```cpp
# include < iostream >
using namespace std;
int main()
{
    int i, x;
    x = 1;
    for(i = 9; i >= 1; i--)
    {
        x = (x+1) * 2;
    }
    cout << x << endl;
    return 0;
}
```

15.5.2   猴子吃桃子 2

【题目描述】

猴子第 1 天摘下若干个桃子,当即吃了一半又一个。第 2 天又把剩下的桃子吃了一半又一个,以后每天都吃前一天剩下的桃子的一半又一个,到第 n 天猴子想吃时,只剩下 x 个桃子。问:猴子第 1 天一共摘了多少桃子?

输入:

一行两个整数 n 和 $x(2 \leqslant n \leqslant 31, 1 \leqslant x \leqslant 10)$,表示第 n 天还剩下 x 个桃子。

输出:

一个整数,第 1 天一共摘的桃子个数。

【分析】

与上一题分析类似,仅仅是经历的天数和最后的桃子数变成变量。前一天的桃子个数等于后一天桃子的个数加 1 的 2 倍,A_i 表示第 i 天的桃子个数,则 $A_i=(A_{i+1}+1)*2$,边界条件 $A_n=x$,求 A_1。使用递推法,从后往前推。分析可知,从第 n 天到第 1 天,递推 $n-1$ 次,n 最大为 31,相当于 2^{30} 量级,注意数据类型要设为 long long。

【参考代码】

```cpp
# include < iostream >
using namespace std;
int main()
{
    long long x, n;
    int i;
    cin >> n >> x;
    for(i = n - 1; i >= 1; i-- )
    {
        x = (x + 1) * 2;
    }
    cout << x << endl;
    return 0;
}
```

15.5.3　上楼梯问题

【题目描述】

设有一个共有 n 级的楼梯,某人每步可走 1 级,也可走 2 级。问:求从底层开始走完全部楼梯有多少种走法?

例如,当 $n=3$ 时,走法如下:

① 1->1->1

② 1->2

③ 2->1

输入:

共一行,一个整数 $n(n \leqslant 80)$,表示台阶数量。

输出:

共一行,一个整数,表示走法数量。

输入样例:

5

输出样例:

8

【分析】

这道题在递归学习中被经常提及。每次上楼梯要么向上迈 1 级台阶,要么迈 2 级台阶,考虑到达 n 级台阶的方法:只能通过在第 $n-1$ 级台阶一步迈 1 级或在 $n-2$ 级台阶一步迈 2 级到达 n 级台阶。所以,到达 n 级台阶的方法数等于到达 $n-1$ 级台阶的方法数加上到达 $n-2$ 级台阶的方法数,注意,这两种方式因为最后到达 n 级时一个是迈 1 步,另一个是迈 2 步,所以这两种方式中的方法不会重复(这里可以把从 1 级到 n 级台阶每步迈 1 级或迈 2 级理解为一个 1、2 的数字序列,两种方式产生的数字序列不重复)。

设 $f(n)$ 为到达 n 级台阶的方法数,则递推公式为 $f(n)=f(n-1)+f(n-2)$,边界条件 $f(1)=1, f(0)=1$,其中 $f(0)$ 本身的意义不好确定,它是通过 $f(2)=f(1)+f(0)$ 求出的,因为 $f(2)=2, f(1)=1$,当 $f(0)=1$ 时,使等式成立。同时,因 n 最大为 80,递归会极大

地消耗栈资源,某些运行环境下会导致栈溢出,程序中断,所以要使用递推,利用递推公式,从边界条件推出结果。

另一种思考方式:站在第 1 级台阶,一步迈 2 级到达第 3 级台阶,站在第 2 级台阶,一步迈 1 级到达第 3 级台阶,到达第 3 级台阶只能通过这两种途径。所以可以算出到达第 3 级台阶的方法数($f(3)$)等于到达第 1 级台阶方法数($f(1)$)加上到达第 2 级台阶的方法数($f(1)$),即知道了 $f(1)$ 和 $f(2)$ 就可以求出 $f(3)$。同理,求出了 $f(2)$ 和 $f(3)$ 就可以求得 $f(4)$,以此类推,知道 $f(n-2)$ 和 $f(n-1)$ 就可以得到 $f(n)$。递推方程为 $f(n)=f(n-1)+f(n-2)$,边界条件 $f(1)=1,f(0)=1$,求法与上一种思路相同。

$f(n)$ 随着 n 的变化形成一个数列,这个数列就是斐波那契数列。

【参考代码】

```cpp
#include <iostream>
using namespace std;
long long a[81];
int main()
{
    int n,i;
    cin >> n;
    a[0] = 1;
    a[1] = 1;
    for(i = 2;i <= n;i++)
    {
        a[i] = a[i - 1] + a[i - 2];
    }
    cout << a[n];
    return 0;
}
```

15.5.4　切煎饼

【题目描述】

由于王小二自夸刀工不错,所以有人放一张大的煎饼在砧板上,问他:"饼不能离开砧板,切 100 刀最多能分成多少块?"

【分析】

若想分成的煎饼块数最多,可按图 15-1 所示的方法进行切割。

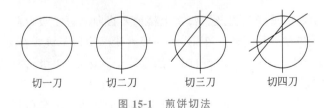

切一刀　　　切二刀　　　切三刀　　　切四刀

图 15-1　煎饼切法

令 $q(n)$ 为切 n 刀能分成的块数,从图 15-1 中可知:
$$q(1)=1+1=2$$
$$q(2)=1+1+2=4$$

$$q(3)=1+1+2+3=7$$
$$q(4)=1+1+2+3+4=11$$

在切法上让每两条线都有交点,则有

$$q(n)=q(n-1)+n$$
$$q(0)=1$$

【参考代码】

```cpp
#include <iostream>
using namespace std;
const int N = 10001 ;
int f[N] ;
int main(){
    int n;
    cin >> n;
    f[0] = 1 ;
    for (int i = 1;i <= n;i++)
    {
        f[i] = f[i-1] + i ;
    }
    cout << f[n] << endl;
    return 0;
}
```

15.5.5 沙漠储油点

【题目描述】

一辆重型卡车欲穿过 S km 的沙漠,卡车耗汽油为 1L/km,卡车总载油能力为 W 公升。显然卡车装一次油是过不了沙漠的。因此司机必须设法在沿途建立若干个储油点,使卡车能顺利穿过沙漠。试问司机该怎样建立这些储油点? 每一储油点应存储多少汽油,才能使卡车以消耗最少汽油的代价通过沙漠?

输入:

仅一行,读入整数 S、W ($S \leqslant 1000$, $W \leqslant 500$)。

输出:

编程计算及打印建立的储油点序号,各储油点距沙漠边沿出发的距离以及存油量(输出到小数点后第二位)。格式如下:

0	0.00	(dist)		×× (oil)
1	××	(dist)		×× (oil)
2	××			××
...	...			...

注意:输出除了编号外距离和存油量均占 10 位。

输入样例:

```
1000  500
```

输出样例:

```
0        0.00      3881.36
```

1	22.43	3500.00
2	60.89	3000.00
3	106.35	2500.00
4	161.90	2000.00
5	233.33	1500.00
6	333.33	1000.00
7	500.00	500.00

【分析】

设 $Way[i]$ 为第 i 个储油点到终点（$i=0$）的距离。

$oil[i]$ 为第 i 个储油点的储油量。

可以用倒推法来解决这个问题。从终点向起点倒推，逐一求出每个储油点的位置及存油量。

从储油点 i 向储油点 $i+1$ 倒推的方法是：卡车在储油点 i 和储油点 $i+1$ 间往返若干次。卡车每次返回 $i+1$ 点时应该正好耗尽 500L 汽油，而每次从 $i+1$ 点出发时又必须装足 500L 汽油。两点之间的距离必须满足在耗油最少的条件下，使 i 点储足 $i*500L$ 汽油的要求（$0\leqslant i\leqslant n-1$）。

倒推第一步如图 15-2 所示。

图 15-2　倒推第一步

第一个储油点 $i=1$ 应距终点 $i=0$ 处 500km，且在该点储藏 500L 汽油，这样才能保证卡车由 $i=1$ 处到达终点 $i=0$ 处，即 $Way[1]=500$；$oil[1]=500$。

倒推第二步如图 15-3 所示。

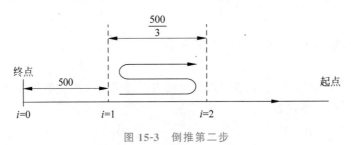

图 15-3　倒推第二步

为了在 $i=1$ 处储藏 500L 汽油，卡车至少从 $i=2$ 处开两趟满载油的车至 $i=1$ 处，所以 $i=2$ 处至少储有 $2*500L$ 汽油，即 $oil[2]=500*2=1000$；另外，再加上从 $i=1$ 返回至 $i=2$ 处的一趟空载，合计往返 3 次。三次往返路程的耗油量按最省要求只能为 500L，即 $d_{1,2}=500/3km$，$Way[2]=Way[1]+d_{1,2}=Way[1]+500/3$。

倒推第三步如图 15-4 所示。

为了在 $i=2$ 处储藏 1000L 汽油，卡车至少从 $i=3$ 处开三趟满载油的车至 $i=2$ 处。所以 $i=3$ 处至少储有 $3*500L$ 汽油，即 $oil[3]=500*3=1500$。加上 $i=2$ 至 $i=3$ 处的两趟

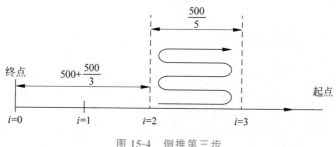

图 15-4 倒推第三步

返程空车，合计 5 次。路途耗油也应为 500L，即 $d_{2,3}=500/5$，$\text{Way}[3]=\text{Way}[2]+d_{2,3}=\text{Way}[2]+500/5$。

倒推第 k 步，为了在 $i=k$ 处储藏 $k*500$L 汽油，卡车至少从 $i=k+1$ 处开 k 趟满载车至 $i=k$ 处，即 $\text{oil}[k+1]=(k+1)*500=\text{oil}[k]+500$，加上从 $i=k$ 返回 $i=k+1$ 的 $k-1$ 趟返程空间，合计 $2k-1$ 次。这 $2k-1$ 次总耗油量按最省要求为 500L，即 $d_{k,k+1}=500/(2k-1)$，$\text{Way}[k+1]=\text{Way}[k]+d_{k,k+1}=\text{Way}[k]+500/(2k-1)$。

$i=n$ 时，如图 15-5 所示。$i=n$ 至始点的距离为 $1000-\text{Way}[n]$，$\text{oil}[n]=500*n$。为了在 $i=n$ 处取得 $n*500$L 汽油，卡车至少从始点开 $n+1$ 次满载车至 $i=n$，加上从 $i=n$ 返回始点的 n 趟返程空车，合计 $2n+1$ 次，$2n+1$ 趟的总耗油量应正好为 $(1000-\text{Way}[n])*(2n+1)$，即始点藏油为 $\text{oil}[n]+(1000-\text{Way}[n])*(2n+1)$。

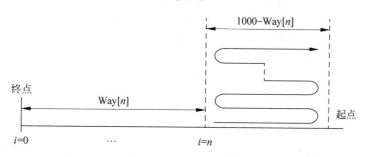

图 15-5 $i=n$ 的情形

【参考代码】

```cpp
# include < iostream >
# include < cstdio >
using namespace std;

int k, S, W ;
float d,d1, oil[100],way[100];
int main()
{
    cin >> S >> W ;
    k = 1;
    d = W;
    way[1] = W;
    oil[1] = W;
    do
```

```
    {
        k = k + 1;
        d = d + W * 1.0/(2 * k - 1);
        way[k] = d;
        oil[k] = oil[k - 1] + W;
    }while(d < = S) ;
    way[k] = S;
    d1 = S - way[k - 1];
    oil[k] = d1 * (2 * k + 1) + oil[k - 1];
    for( int i = 0; i < k; i++)
        printf(" % d % 10.2f % 10.2f\n", i, S - way[k - i], oil[k - i]);
    return 0 ;
}
```

15.5.6　实数数列（NOIP 1994）

【题目描述】

一个实数数列共有 n 项，已知 $a[i]=(a[i-1]-a[i+1])/2+d$，$(1<i<n)$，$(n\leqslant60)$。

输入：

第一行为 n、m、d，第二行为 $a[1]$、$a[n]$两个整数。

输出：

$a[m]$，结果保留 6 位小数。

输入样例：

3　2　2

1　-3

输出样例：

4.000000

【分析】

根据公式 $a_i=(a_{i-1}-a_{i+1})/2+d$ 得 $a_{i+1}=a_{i-1}-2a_i+2d$，因此该数列的通项公式为 $a_i=a_{i-2}-2a_{i-1}+2d$，已知 a_1，如果能求出 a_2，就可以根据公式递推求出 a_m。

$$\because \quad a_i=a_{i-2}-2a_{i-1}+2d \qquad ①$$
$$=a_{i-2}-2(a_{i-3}-2a_{i-2}+2d)+2d$$
$$=-2a_{i-3}+5(a_{i-4}-2a_{i-3}+2d)-2d$$
$$=5a_{i-4}-12a_{i-3}+8d$$

一直迭代下去，直到最后，可以建立 a_i 和 a_1 与 a_2 的关系式。

设 $a_i=P_ia_2+Q_id+R_ia_1$，观察 P_i、Q_i、R_i 的变化规律。

$$\because \quad a_i=a_{i-2}-2a_{i-1}+2d$$
$$\therefore \quad ai=P_{i-2}a_2+Q_{i-2}d+R_{i-2}a_1-2(P_{i-1}a_2+Q_{i-1}d+R_{i-1}a_1)+2d$$
$$=(P_{i-2}-2P_{i-1})a_2+(Q_{i-2}-2Q_{i-1}+2)d+(R_{i-2}-2R_{i-1})a_1$$
$$\therefore \quad P_i=P_{i-2}-2P_{i-1} \qquad ②$$
$$Q_i=Q_{i-2}-2Q_{i-1}+2 \qquad ③$$
$$R_i=R_{i-2}-2R_{i-1} \qquad ④$$

显然，
$$P_1=0 \quad Q_1=0 \quad R_1=1 \qquad (i=1)$$
$$P_2=1 \quad Q_2=0 \quad R_2=0 \qquad (i=2)$$

将初值 P_1、Q_1、R_1 和 P_2、Q_2、R_2 代入②、③、④可以求出 P_n、Q_n、R_n

∵
$$a_n=P_n a_2+Q_n d+R_n a_1$$

∴
$$a_2=(a_n-Q_n d+R_n a_1)/P_n$$

然后根据公式①递推求出 a_m 即可。

仔细分析，上述算法有一个明显的缺陷：由于求 a_2 要运用除法，因此会存在实数误差，这个误差在以后递推求 a_m 的过程中又不断扩大。在实际中，当 m 超过 30 时，求出的 a_m 就明显偏离正确值。显然，这种算法虽简单但不准确。

为了减少误差，可设计如下算法：

∵
$$\begin{aligned}
a_i &=P_i a_2+Q_i d+R_i a_1 \\
&=P_{i-1} a_3+Q_{i-1} d+R_{i-1} a_2 \\
&=P_{i-2} a_4+Q_{i-2} d+R_{i-2} a_3 \\
&\quad \cdots \\
&=P_{i-2+k} a_k+Q_{i-2+k} d+R_{i-2+k} a_{k-1}
\end{aligned}$$

∴
$$a_n=P_{n-k+2} a_k+Q_{n-k+2} d+R_{n-k+2} a_{k-1}$$
$$a_k=(a_n-Q_{n-k+2} d+R_{n-k+2} a_{k-1})/P_{n-k+2} \qquad ⑤$$

根据公式⑤，可以顺推 $a_2,a_3,\cdots,a_m$。虽然仍然存在实数误差，但由于 P_{n-k+2} 递减，因此最后得出的 a_m 要比直接利用公式①精确得多。

【参考代码】

```cpp
# include < iostream >
# include < cstdio >
using namespace std;
const int N = 100 ;
float a[N] , s[N][4] , d ;
int n,m ;

void find()
{
    s[1][1] = 0 , s[1][2] = 0 , s[1][3] = 1 ;
    s[2][1] = 1 , s[2][2] = 0 , s[2][3] = 0 ;
    for (int i = 3;i <= n;i++)
    {
        s[i][1] = s[i-2][1] - 2 * s[i-1][1] ;
        s[i][2] = s[i-2][2] - 2 * s[i-1][2] + 2;
        s[i][3] = s[i-2][3] - 2 * s[i-1][3] ;
    }
}
int main()
{
    cin >> n >> d >> m ;
    cin >> a[1] >> a[n] ;
    find() ;
```

```
    for (int i = 2;i <= m ;i++)
       a[i] = (a[n] - s[n - i + 2][2] * d  - s[n - i + 2][3] * a[i - 1])
             / s[n - i + 2][1] ;
    printf("% 0.6f\n",a[m]) ;
    return 0 ;
}
```

15.5.7　守望者的逃离

【题目描述】

　　恶魔猎手尤迪安野心勃勃,他背叛了暗夜精灵,率深藏在海底的那加企图叛变。守望者在与尤迪安的交锋中遭遇了围杀,被困在一个荒芜的大岛上。为了杀死守望者,尤迪安开始对这个荒岛施咒,这座岛很快就会沉下去,到那时,岛上的所有人都会遇难。守望者的跑步速度为 17m/s,以这样的速度是无法逃离荒岛的。庆幸的是守望者拥有闪烁法术,可在 1s 内移动 60m,不过每次使用闪烁法术都会消耗魔法值 10 点。守望者的魔法值恢复的速度为 4 点/s,只有处在原地休息状态时才能恢复。

　　现在已知守望者的魔法初值 M,他所在的初始位置与岛的出口之间的距离 S,岛沉没的时间 T。你的任务是写一个程序帮助守望者计算如何在最短的时间内逃离荒岛,若不能逃出,则输出守望者在剩下的时间内能走的最远距离。注意,守望者跑步、闪烁或休息活动均以秒(s)为单位,且每次活动的持续时间为整数秒,距离的单位为米(m)。

　　输入:

　　仅一行,包括空格隔开的三个非负整数 M、S、T。

　　输出:

　　包含两行,第一行为字符串 Yes 或 No(区分大小写),即守望者是否能逃离荒岛。第二行包含一个整数,第一行为 Yes(区分大小写)时表示守望着逃离荒岛的最短时间;第一行为 No(区分大小写)时表示守望者能走的最远距离。

　　输入样例 1:

　　39　200　4

　　输出样例 1:

　　No

　　197

　　输入样例 2:

　　36　255　10

　　输出样例 2:

　　Yes

　　6

　　限制:

　　30%的数据满足:$1 \leqslant T \leqslant 10, 1 \leqslant S \leqslant 100$。

　　50%的数据满足:$1 \leqslant T \leqslant 1000, 1 \leqslant S \leqslant 10000$。

　　100%的数据满足:$1 \leqslant T \leqslant 300000, 0 \leqslant M \leqslant 10001 \leqslant S \leqslant 10^8$。

【分析】

(1) 休息和闪烁法术是有关联的(否则还不如不休息)。

(2) 一开始有魔法的情况下,尽量用闪烁法术。

(3) 在魔法不够的情况下,休息(等待闪烁法术可以使用)还是跑步,分类讨论。

设想:

(1) 假如守望者没有魔法,也不会闪烁法术。

(2) 假设守望者不会跑步。记第 i 秒的能到达最大距离为 $\text{Dis}[i]$。由于守望者不会跑步,所以,他到达的最大距离 $\text{Dis}[i]$ 应是:当 m(魔法)$\geqslant 10$ 时,$\text{Dis}[i] = \text{Dis}[i-1] + 60$,同时 $m = m - 10$;当 $m < 10$ 时,$\text{Dis}[i] = \text{Dis}[i-1]$,同时 $m = m + 4$。通过这样一个预处理,把闪烁法术解决了。

(3) 把跑步的情况加入,容易得到 $\text{Dis}[i] = \text{Max}\{\text{Dis}[i], \text{Dis}[i-1] + 17\}$(注意,令 $\text{Dis}[0] = 0$)。这道题基本解决了。输出 No 时输出的数值应为 $\text{Dis}[t]$(t 为限定的时间);输出 Yes 时还要计算一下最小秒数。

【参考代码】

```cpp
# include < iostream >
# include < cstring >
# include < cstdio >
# include < cstdlib >
# include < algorithm >

using namespace std;
const int N = 300005 ;
int f[N] ,m,s,t;
int main() {
   cin >> m >> s >> t ;
   memset(f,0 ,sizeof(f)) ;
   for (int i = 1;i <= t ;i++)
      if (m >= 10 )
         f[i] = f[i-1] + 60, m -= 10 ;
      else
         f[i] = f[i-1], m += 4 ;
   for (int i = 1;i <= t; i++)
   {
      f[i] = max(f[i], f[i-1] + 17) ;
      if (f[i] >= s)
      {
         printf("Yes\n%d\n",i) ;
         return 0 ;
      }
   }
   printf("No\n%d\n",f[t]) ;
   return 0;
}
```

15.5.8 栈

【题目描述】

栈是计算机中经典的数据结构,简单说,栈就是限制在一端进行插入删除操作的线性表。

栈有两种最重要的操作,即 pop(从栈顶弹出一个元素)和 push(将一个元素进栈)。

栈的重要性不言自明,任何一门数据结构的课程都会介绍栈。宁宁在复习栈的基本概念时,想到了一个书上没有讲过的问题,而他无法给出答案,所以需要你的帮忙。

宁宁考虑的是这样一个问题:一个操作数序列,从 $1, 2, \cdots, n$,如图 15-6 所示,栈 A 的深度大于 n。

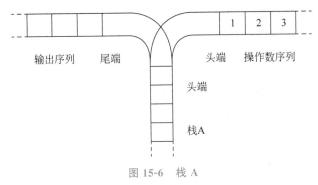

图 15-6　栈 A

现在可以进行如下两种操作。

(1) 将一个数,从操作数序列的头端移到栈的头端(对应数据结构栈的 push 操作)。

(2) 将一个数,从栈的头端移到输出序列的尾端(对应数据结构栈的 pop 操作)。

使用这两种操作,由一个操作数序列就可以得到一系列的输出序列,如图 15-7 所示为由 $1, 2, 3$ 生成序列 $2, 3, 1$ 的过程。

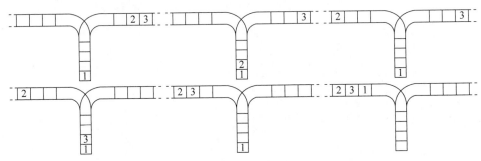

图 15-7　由 $1, 2, 3$ 生成 $2, 3, 1$

编写程序将对给定的 n,计算并输出由操作数序列 $1, 2, \cdots, n$ 经过操作可能得到的输出序列的总数。

输入:

输入文件只含一个整数 n。

输出:

输出文件只有一行,即可能输出序列的总数目。

输入样例:

3

输出样例:

5

限制：

60％的数据保证 $n \leqslant 5000$。

80％的数据保证 $n \leqslant 20000$。

100％的数据保证 $n \leqslant 50000$。

内存限制 4M。

【分析】

先从简单而经典的单堆栈问题谈起。所谓单堆栈问题，就是有如图 15-8 所示的一个栈。

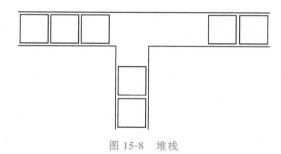

图 15-8　堆栈

这个堆栈由 3 个栈组成。左边的为 A，中间的为 T，右边的为 B。图中的方块代表货物。初始状态下货物都在 A 栈，并且从前到后按 $1, 2, \cdots, N$ 编号，目的是将它们全部搬到 B 栈。在搬运的过程中有三种操作：A→T、T→B 或者 A→B。每种操作是指将箭头相应的栈最上面的货物搬到箭头右边的栈中。现在，问出栈的货物顺序（即货物进入 B 栈的顺序）一共有多少种？

显然，如果用枚举法来解决这个问题是很不现实的。因为当货物的数量增加的时候，时间复杂度几乎呈几何级数形式增长，所以根本无法满足要求。那么，要解决这个问题，就需要考察这个问题的特殊性质。

在此之前，需要先定义如下几个名称。

(1) 压入：货物出了右边的通道，被搬向栈顶。

(2) 弹出：货物被搬出栈顶，即出栈。

默认每一个货物都有两个过程，因为直接出栈可以看作先被压入，然后马上弹出。

记问题的解为 C_N。

令其中的一种出栈序列为 $A[1], A[2], \cdots, A[n]$。其中序列 A 是 1 到 N 的某个排列。先从这个序列中找到 N 的位置（假设为第 $(k+1)$ 位），然后根据它的位置把数列截为前后两段。由于 N 是最后一个离开 A 栈的元素，所以它只有 1 种选择——直接送往 B 栈。这时，B 栈里已经有 k 个元素；而 T 栈里面还有剩下的 $(N-k-1)$ 个元素。B 栈里前面的 k 个元素的排列遵循堆栈原则，也就是说，将它们按照序号从小到大看成 1 到 k，则现在的排列相当于问题在规模为 k 时的一个解；同样，T 栈里的 $(N-k-1)$ 个元素也遵循堆栈原则。由上面的分析可以知道：规模为 N 的问题可以转为规模小些的问题。运用递归的思想，可以很快地解决这个问题。回到分析中，根据乘法原理，在元素 N 处于第 $(k+1)$ 位时，共有 $C_k * C_{N-k-1}$ 种方法。K 是一个 0 到 $N-1$ 之间的数。最后，根据加法原理可以得出当货物的数目为 N 时问题的解的递推式：

$$C_N = C_0 * C_{N-1} + C_1 * C_{N-2} + \cdots + C_N * C_0$$

边界条件：$C_0 = 1, C_1 = 1$。

当然，这个递推公式可以较好地解决单堆栈问题（容易知道它需要的时间为 $O(N^2)$，对比前面的枚举已经改进颇多）。但是在 N 很大的时候，仍然效率低下。所以，希望能找到 C_N 的通项公式，简化计算。

用 $(2N, N)$ 表示从 $2N$ 个元素中取出 N 个元素的不同方案数，并且用一个序列来表示操作。在这里，为了使问题具有对称而且统一的性质，可以忽略操作 A→B，将其视为 A→T 和 T→B 的总作用。那么现在的操作只有两种。仔细分析后发现这两种操作的本质就是进栈和出栈。为了使所有的物品都到达右边的栈，所以两种操作都各要进行 N 次。如果记进栈操作为 +1，出栈操作为 -1，那么整个序列长度就是 $2N$，并且有 N 个 +1 和 N 个 -1。为了保证序列的合法性，只需要做到一点：在任何一个时刻，不对空的 T 栈下达出栈命令。即在序列前面的任意项中，必须有 +1 的个数大于或等于 -1 的个数。这样，就把一个抽象的记数问题转化为了序列的问题。

很显然，所有的 +1 和 -1 个数相等序列一共有 $(2N, N)$ 个。但是，其中肯定有不符合题目要求的，必须将它们剔除。现在取出一个不合法的序列，观察它的性质。根据合法的定义，这个序列必然存在一个元素，在这个元素前面（包括这个元素）的所有元素中 +1 比 -1 少恰好一个。一个序列可能不止存在一个这样的元素，可以取其中最后的一个元素。显然，这个元素肯定是 -1（否则，更前面的元素已经符合要求，与当前的元素最前面矛盾）。下面，对这个序列做变换：将这个元素从 -1 变为 +1。现在，序列中所有元素就从原来的 N 个 +1，N 个 -1 变成 $(N+1)$ 个 +1，$(N-1)$ 个 -1 了。所以，每个不同的非法序列，都可以找到一个含有 $(N+1)$ 个 +1 和 $(N-1)$ 个 -1 的序列；同样，对于每个含有 $(N+1)$ 个 +1 和 $(N-1)$ 个 -1 的序列，可以找到这样一个元素：它前面（含这个元素）的所有元素和为 0。如果有多个，找最后一个。将这个元素后面的那个元素（同样地，一定是 +1）改为 -1。现在，序列又变成了有 N 个 +1 和 N 个 -1 的序列，而且这个序列一定不合法。因为在改动之前，-1 比 +1 恰好多了一个。经过上面的变换，找到了一种建立在非法序列和具有 $(N+1)$ 个 +1 和 $(N-1)$ 个 -1 的序列间的一一对应的关系，所以可以断定：非法的序列一共有 $(2N, N-1)$ 个。

$C_N = (2N, N) - (2N, N-1) = (2N, N)/(N+1)$，到这里，问题已经圆满地解决了，$C_N$ 称为 Catalan 数，是组合数学中的一个重要内容。下面给出卡特兰数的四个公式。

公式一：递归公式。

$$h(0) = h(1) = 1$$
$$h(n) = h(0) * h(n-1) + h(1) * h(n-2) + \cdots + h(n-1) * h(0)(n >= 2)$$

使用这个公式时需要使用递归算法，故不适合大数据运算。

公式二：递推公式。

$$h(n) = h(n-1) * (4 * n - 2)/(n+1)$$

这个公式应用递推，但大数据的时候 $h(n)$ 会很大。这时候题目一般会要求对某素数取模，在取模过程中难保一个 $h(n) \% \mathrm{mod} = 0$，带除法的表达式不适用取模运算。

公式三：组合数公式 1。

$$h(n) = C(2n, n)/(n+1) \quad (n = 0, 1, 2, \cdots)$$

卡特兰数可以与组合数联系起来,得到上面的公式,而组合数就是一个杨辉三角,可以递推得到,但对于除法没办法用模的性质(当然可以应用逆元解决问题)。

公式四：组合数公式 2(推荐)。

$$h(n)=c(2n,n)-c(2n,n-1) \quad (n=0,1,2,\cdots)$$

与组合数公式 1 不同,这个是两个组合数的减法,减法可以用模的性质。

【参考代码】

```
#include<cstdio>
#define siz 20
using namespace std;
int n;
int c[siz*2][siz];
int main(){
    scanf("%d",&n);
    for(int i=1;i<=2*n;i++)
      c[i][1]=c[i][i]=1;
    for(int i=3;i<=2*n;i++)
    for(int j=2;j<i;j++)
      c[i][j]=c[i-1][j]+c[i-1][j-1];
    printf("%d",c[2*n][n]-c[2*n][n-1]);
    return 0;
}
```

第 16 章　常用库函数

16.1 ▶ 概念

函数库是由系统建立的具有一定功能的函数的集合。函数库中存放函数的名称和代码，以及调用过程中所需要的信息。

库函数就是函数库中的函数，是系统为方便用户使用而提供的已经编写好的函数。库函数具有明确的功能、函数名、入口调用参数和返回值。

C/C++库函数并不是语言本身的一部分，它是根据一般用户使用需求由编译程序编制的一组程序，是对语言本身的补充。所以使用库函数时，要在程序的开头嵌入对应库函数的头文件。头文件内部主要包含了功能函数、数据接口声明，其本身不需要包含程序的逻辑实现代码。使用时，用户只需要按照头文件中的接口声明来调用相关库函数，连接器就会从函数库中寻找相应的定义代码。

目前，编译系统提供的库函数还没有国际标准，不同版本的C/C++语言具有不同的库函数，使用时可以先查阅有关版本的库函数参考手册。

下面给出部分较为常用的库函数，还有大量的库函数这里并不一一列出，若读者有兴趣可以查阅相关库函数介绍资料。

16.2 ▶ 输入/输出函数

16.2.1　C语言的基本输入/输出函数

C语言输入/输出函数如表 16-1 所示，使用这些函数时需要包含头文件 #include<cstdio>。

表 16-1　C语言输入/输出函数

函　　数	说　　明
scanf("%d",&a)	完整表达形式 int scanf (const char * format,…)，按照指定格式(%d 整型)从键盘上把数据输入指定的变量(a)中。 输入时，要使用变量 a 的地址，也是使用 & 符号(取地址符号)。 不同数据类型对应不同的指定格式： 　　int: %d;　　float: %f;　　double: %lf;　　char: %c 　　char *: %s 用法示例： 　　int a; 　　scanf("%d",&a);

续表

函　　数	说　　明

printf("%d",a)	完整表达形式 int printf (const char * format,...)，按照指定格式(%d 整型)将指定变量(a)的值输出到屏幕上。
	不同数据类型对应不同的指定格式：
	　　int:　%d　　float:　%f　　double:　%lf　　char:　%c
	　　char *：%s
	格式化输出：
	　　printf("%3d",a); //表示整数至少占 3 个字符,右对齐
	　　printf("%.3f",a); //表示浮点数 a 小数点后精确 3 位有效数字,四舍五入
	用法示例：
	　　int a;
	　　printf ("%d",&a);

gets(cs)	完整表达形式 char * gets (char * cs)，从标准输入设备读入字符，并保存到指定内存空间 cs 中，直到出现换行符或读到文件结尾为止。cs 为字符串首地址。 gets(cs)允许读入的字符串含有空格；scanf("%s",cs)不允许含有空格，或理解为遇到空格自动停止读入。 用法示例： 　　char s[10]; 　　gets(s);
puts (cs)	完整表达形式 int puts (const char * cs)，将一个字符串 cs 输出到标准设备。cs 为字符串首地址。 用法示例： 　　char s[10]; 　　puts(s);
getchar()	完整表达形式 int getchar (void)，从标准输入设备里读取下一个字符，函数返回值为输入字符的 ASCII 码值，可以赋值给一个字符变量或整型变量，也可以不赋值任何变量。 用法示例： 　　char c; 　　c = getchar();
putchar(ch)	完整表达形式 int putchar (int ch)，把参数 ch 指定的字符(一个无符号字符)输出到标准设备，输出为字符。参数 ch 可以是介于 0～127 之间的一个十进制整型数，也可以是用 char 定义好的一个字符型变量。 用法示例： 　　char ch; 　　putchar(ch);

16.2.2　C++语言的基本输入/输出函数

　　C++语言的基本输入/输出函数如表 16-2 所示，使用这些函数时需要包含头文件 #include<iostream>。

表 16-2　C++基本输入/输出函数

函　　数	说　　明
cin >> a	完整表达形式 extern istream cin,从标准输入设备接收输入内容,支持多种数据类型直接输入。注意,cin()函数输入时遇到空格、Tab 键、回车键也会终止,若需要读入空格,可以使用 cin.getline 等方法。 用法示例: 　　int a; 　　cin >> a; 　　char s[10]; 　　cin.getline(a,10);
cout << a	完整表达形式 extern ostream cout,将内容输出到标准设备,支持多种数据类型直接输出,输出字符串时可以包含空格。 用法示例: 　　int a; 　　cout << a; 　　char s[10]; 　　cout << s;

16.3　字符串处理函数

字符串处理函数如表 16-3 所示,使用这些函数时需要包含头文件♯include<cstring>。

表 16-3　字符串处理函数

函　　数	说　　明
strlen(cs)	完整表达形式 size_t strlen (const char * cs),返回字符串 cs 的实际长度,长度不包括字符串结束符\0。 这里 size_t 表示一个与机器相关的 unsigned 类型,是 sizeof 操作符返回的结果类型。 用法示例: 　　char s[10] = "hello"; 　　int len; 　　len = strlen(s);
strcpy(cs,ct)	完整表达形式 char * strcpy (char * cs,const char * ct),将 ct 字符串内容复制到 cs 字符串中。 用法示例: 　　char cs[10] = "abc",ct[10] = "ABC"; 　　strcpy(cs,ct); 　　cout << cs;

函　　数	说　　明

strcmp(str1,str2)	完整表达形式 int strcmp (const char ＊ str1,const char ＊ str2),比较字符串 str1 和字符串 str2 的大小。字符串比较的规则是:将两个字符串自左至右逐个字符相比,直到出现不同的字符或遇到\0 为止;如全部字符相同,认为两个字符串相等;若出现不相同的字符,则以第一对不相同的字符的比较结果为准。如果字符串 str1 与字符串 str2 相等,函数值为 0;若字符串 str1 大于字符串 str2,函数值为一个正整数;若字符串 str1 小于字符串 str2,函数值为一个负整数。
	用法示例:
	<pre>char cs[10] = "abc",ct[10] = "ABC";
	if(strcmp (cs,ct) == 0)
	{
	        cout <<"same";
	}</pre>

strcat(cs,ct)	完整表达形式 char ＊ strcat (char ＊ cs,const char ＊ ct),把两个字符串连接起来,把字符串 ct 接到字符串 cs 的后面,结果放在字符串 cs 中。
	用法示例:
	<pre>char cs[10] = "abc",ct[10] = "ABC";
	strcat (cs,ct);
	cout << cs;</pre>

strlwr(cs)	完整表达形式 extern char ＊ strlwr(char ＊ cs),将字符串 cs 中大写字母换成小写字母。
	注意:strlwr 不是标准库函数,只能在 Windows 下使用,在 Linux Gcc 中需要自己定义。
	用法示例:
	<pre>char cs[10] = "abcEFG";
	strlwr (cs);</pre>

strupr(cs)	完整表达形式 extern char ＊ strupr(char ＊ cs),将字符串中小写字母换成大写字母。
	注意:strupr 不是标准库函数,只能在 Windows 下使用,在 Linux Gcc 中需要自己定义。
	用法示例:
	<pre>char cs[10] = "abcEFG";
	strupr (cs);</pre>

memset(cs,value,num)	完整表达形式 void ＊ memset (void ＊ cs,int value,size_t num),将字符串 cs 中每个字节都赋值为 value,其中 num 为 cs 的长度。
	用法示例:
	<pre>char cs[10];
	memset (cs,'a',sizeof(cs));
	int a[100];
	memset (a,0,sizeof(a));</pre>

16.4 ▶ 算法函数

算法函数如表 16-4 所示,使用这些函数时需要包含头文件 ♯include＜algorithm＞。

表 16-4 算法函数

函　数	说　明

max(a,b)	完整表达形式 template ＜class T＞ constexpr const T& max（const T& a,const T& b），返回 *a* 和 *b* 中较大值。
	用法示例:
	　　int a = 1,b = 2,c;
	　　c = max(a,b);

min(a,b)	完整表达形式 template ＜class T＞ constexpr const T& min（const T& a,const T& b），返回 *a* 和 *b* 中较小值。
	用法示例:
	　　int a = 1,b = 2,c;
	　　c = min(a,b);

swap(a,b)	完整表达形式 template ＜class T＞ void swap（T& a,T& b），将变量 *a* 和变量 *b* 存储的值交换。注意: swap 所在库的变化 C++98: ＜algorithm＞,C++11: ＜utility＞,但一般情况,都可以使用＜algorithm＞库。
	用法示例:
	　　int a = 1,b = 2;
	　　swap(a,b);

reverse(a,a＋n)	完整表达形式 template ＜class BidirectionalIterator＞ void reverse（BidirectionalIterator first,BidirectionalIterator last),将区间［first,last)内的元素翻转,一般情况,可以写为 reverse(*a*,*a*＋n),将［*a*,*a*＋n)内的元素翻转,*a* 可以是数组也可以是顺序容器。 用法示例: 　　int a[4] = {1,2,3,4}; 　　reverse(a,a + 4);

next_permutation (a,a＋n)	完整表达形式 template ＜class BidirectionalIterator＞ bool next_permutation (BidirectionalIterator first,BidirectionalIterator last),求下一个排列。若下一个排列存在,则返回真,如果不存在则返回假。此函数会按照字典序产生［first,last]内所有数字的全排列,并且是从当前的字典序开始依次增大直至到最大字典序。一般情况,可以写为 next_permutation(a,a＋n),*a* 可以是数组也可以是顺序容器,*a* 中最后存储的就是排列的结果。
	用法示例:
	　　int p[3] = {1,2,3},n = 3;
	　　do{
	　　　　for(int i = 0; i < n; i++)　　cout << p[i] <<" ";
	　　　　cout << endl;
	　　}while(next_permutation(p,p + n));

续表

函　　数	说　　明

find(a,a+n,val)	完整表达形式 template ＜class InputIterator,class T＞ InputIterator find (InputIterator first,InputIterator last,const T& val),在区间[first,last)内查找 val 值第一次出现的位置,若查找成功返回对应元素的位置,若查找不成功返回 last。一般情况,可以写为 find(a,a+n,val),a 可以是数组也可以是顺序容器。
	用法示例:
	<pre>int a[4] = {1,2,3,4};
	find(a,a + 4,2);</pre>

sort (a, a + n) 和 sort(a,a+n,cmp)	完整表达形式 template ＜class RandomAccessIterator＞ void sort (RandomAccessIterator first,RandomAccessIterator last)和 template ＜class RandomAccessIterator,class Compare＞ void sort (RandomAccessIterator first, RandomAccessIterator last, Compare cmp),将[first,last]内所有数字排序,默认是从小到大排序。一般情况,可以写为 sort(a,a+n,cmp)。a 和 a+n 表示首地址和尾地址,是必填项;cmp 非必填,可以通过编写 cmp 函数改变排序规则。
	用法示例:
	<pre>int a[4] = {1,3,2,4};
	sort (a,a + 4);</pre>

lower_bound(first, last,val)	完整表达形式 template ＜class ForwardIterator,class T＞ ForwardIterator lower_bound (ForwardIterator first,ForwardIterator last,const T& val),寻找在数组或容器的[first,last)范围内第一个值大于或等于 val 元素的位置,如果是数组,返回该位置;如果是容器,返回该位置的迭代器。
	用法示例:
	<pre>int a[4] = {1,2,3,4};
	lower_bound (a,a + 4,2);</pre>

upper_bound(first, last,val)	完整表达形式 template ＜class ForwardIterator,class T＞ ForwardIterator upper_bound (ForwardIterator first,ForwardIterator last,const T& val),寻找在数组或容器的[first,last)范围内第一个值大于 val 元素的位置,如果是数组,返回该位置;如果是容器,返回该位置的迭代器。
	用法示例:
	<pre>int a[4] = {1,2,3,4};
	upper_bound (a,a + 4,2);</pre>

binary_search(first, last,val)	完整表达形式 template ＜class ForwardIterator, class T＞ bool binary_search (ForwardIterator first,ForwardIterator last,const T& val),二分查找数组或容器的[first,last)范围内是否存在 val 元素,若存在返回 true,否则返回 false。二分查找的前提是数组有序。
	用法示例:
	<pre>int a[4] = {1,2,3,4};
	binary_search (a,a + 4,2);</pre>

16.5   数学函数

数学函数如表 16-5 所示，使用这些函数时需要包含头文件 ♯ include＜cmath＞。这些函数默认使用的类型大部分都为 double，使用时可以根据需要进行类型转换，但转换时注意精度。

表 16-5   数学函数

函　　数	说　　明

cos(x)	完整表达形式 double cos（double x），三角函数，求 $\cos(x)$ 的值。
	用法示例：
	
	　　double x = 1,y;
	　　y = cos(x);

sin(x)	完整表达形式 double sin（double x），三角函数，求 $\sin(x)$ 的值。
	用法示例：
	
	　　double x = 1,y;
	　　y = sin (x);

tan(x)	完整表达形式 double tan（double x），三角函数，求 $\tan(x)$ 的值。
	用法示例：
	
	　　double x = 1,y;
	　　y = tan (x);

pow(x,n)	完整表达形式 double pow（double x,double n），求 x 的 n 次方。
	用法示例：
	
	　　double x = 2,n = 10,y;
	　　y = pow(x,n);

sqrt(x)	完整表达形式 double sqrt（double x），求 x 的平方根。
	用法示例：
	
	　　double x = 9,y;
	　　y = sqrt (x);

fabs(x)	完整表达形式 double fabs（double x），返回浮点数的绝对值。 用法示例： 　　double x = － 5,y; 　　y = fabs (x);

log(x)	完整表达形式 double log（double x），返回自然 e 为底的对数函数的值。
	用法示例：
	
	　　double x = 10,y;
	　　y = log (x);

log2(x)	完整表达形式 double log2（double x），返回以 2 为底的对数函数的值。
	用法示例：
	
	　　double x = 1024,y;
	　　y = log2 (x);

续表

函　　数	说　　明

log10(x)	完整表达形式 double log10 (double x),返回以 10 为底的对数函数的值。
	用法示例:
	　　double x = 10,y;
	　　y = log10 (x);

fmod(x,y)	完整表达形式 double fmod(double x,double y),计算 x 对 y 的模,返回 x/y 的余数,相当于取余运算(%)在浮点数域的扩展。
	用法示例:
	　　double x = 5.9,y = 2,z;
	　　z = fmod(x,y);

ceil(x)	完整表达形式 double ceil (double x),得到大于或等于 x 的最小整数。一般理解为对 x 向上取整。
	用法示例:
	　　double x = 5.9,y;
	　　y = ceil (x);

floor(x)	完整表达形式 double floor (double x),得到小于或等于 x 的最大整数。一般理解为对 x 向下取整。
	注意:强制类型转换也可以达到相同的效果,一般更为常用。
	用法示例:
	　　double x = 5.9,y;
	　　y = floor (x);

绝对值函数如表 16-6 所示,使用该函数时需要包含头文件 #include<cstdlib>。

表 16-6　绝对值函数

函　　数	说　　明

abs(x)	完整表达形式 int abs (int n),求 x 的绝对值。
	用法示例:
	　　int x = -1,y;
	　　y = abs (x);

参 考 文 献

[1] 陈颖,邱桂香,朱全民.中学生计算机程序设计[M].北京:科学出版社,2016.

[2] 科尔曼,雷瑟尔森,李维斯特,等.算法导论[M].徐建平,徐云,王刚,等译.北京:机械工业出版社,2020.

[3] 罗勇军,郭卫斌.算法竞赛入门到进阶[M].北京:清华大学出版社,2019.